中西丛书

INQUIRING
INTO
THE
WEST-EAST

长问西东

刘东

——

著

中华书局

图书在版编目(CIP)数据

长问西东/刘东著. —北京:中华书局,2021.1
(中西丛书)
ISBN 978-7-101-14838-1

Ⅰ.长… Ⅱ.刘… Ⅲ.东西文化-文集 Ⅳ.G0-53

中国版本图书馆 CIP 数据核字(2020)第 198990 号

书　　名	长问西东
著　　者	刘　东
丛 书 名	中西丛书
责任编辑	张　伟　朱兆虎
出版发行	中华书局
	(北京市丰台区太平桥西里 38 号　100073)
	http://www.zhbc.com.cn
	E-mail:zhbc@zhbc.com.cn
印　　刷	北京瑞古冠中印刷厂
版　　次	2021 年 1 月北京第 1 版
	2021 年 1 月北京第 1 次印刷
规　　格	开本/920×1250 毫米　1/32
	印张 10¾　插页 2　字数 256 千字
印　　数	1-3000 册
国际书号	ISBN 978-7-101-14838-1
定　　价	49.00 元

总　序

　　由于总在念着"靡不有初，鲜克有终"的古训，也总在勉励自己务必要"慎终如始"，所以一般来说，只要我认准了又干上瘾的学业，无论是我所创办的丛书、所主持的杂志、所发起的机构，乃至所从事的治学活动，总还被公认为有始有终，乃至终于"熬成了传统"的。

　　当然，也曾遭遇过很多波折顿挫，比如早年参加的丛书和杂志，以及后来倡议的民间学术组织。而每一回这样的碰壁，都并非缘于自己的心灰意懒，无非是撞上了无可抗拒的，还往往有些相似的缘由。同样事出无奈的是，也刚刚在半年之前，不得不又忍痛离别了清华国学院，——这个我曾以高度热情去复建的、冀望它能续写辉煌的研究机构。

　　至少从相当长一段时间算起，相对于自己总还算不乏耐力的、仿佛已能自在充满的学术生涯，这都属于一种罕见的例外了，而且是代价惨重、不堪回首的例外。——不过，既然一时间这般的不堪回首，也就姑且按下心头的隐痛，干脆等过些时日再来回顾吧。义山所讲的"此情可待成追忆"，正可用来状摹此时的心境。

　　不过反过来说，如从更积极的角度来宽解，总还能把由此得出的人生教训，带到今后的规划与企图中；而且，一旦转移到了久别的西子湖畔，还油然记起了已有些淡忘的夙愿，那正是三十八年前在湖边立下的，希望能在"学业有成"之后，再返回这座"画中游"的校园。——基于这种自我宽解的意义，这趟磕磕绊绊的人生轨迹，也总算画出了一个完满的圆周吧？

还可聊以自慰的是，虽说已然"三十八年过去"，而且，任何学者用功到此时，也总难免或多或少地，带上了某些身体上的伤损，可不管怎么说，毕竟自度还远没有衰老；无论是远近的友人，还是身边的弟子，都往往在惊叹我的"精力过人"。更不要说，这次再把书桌又搬回杭州，也正是借以"抗拒衰老"的手段，由此就获得了更多的工作时间，来享受自己挚爱的治学活动，以完成许多藏在心底的未竟计划，——这就益发逼得不敢认命老去了！

此外，还可借机再找一点方便。虽然昔日在"清华国学院"里，也曾一再提示那边的弟子们，先不要讲早年的"五大导师"，其国学造诣是如何的深厚，至少要同样看到他们的西学，在当年也属于领先或超前的；可无论如何，毕竟创办在西湖边的"中西书院"，更可以由自己来自主地命名了，于是从感觉上就来得更加平衡和妥帖，远比像"国学院"那样单向度的名号，更能匹配自己此生的用心所在。

正是在这样的意义上，一旦调整好了运思的角度，那么自己这次搬迁或挪移，虽说也颇费时间与精力，甚至经常弄得夜不成寐，也就算不上什么舍弃或断裂了。无论如何，自己一手打造的这两个机构，虽说分别坐落在北国与南国，可至少在我的内心深处，后者正乃前者的逻辑延续。——这也就意味着，不管清华那边会怎么办下去，自己当初所企划的办院宗旨，都会在中西书院里接续下去，乃至更加发扬光大。

也正是借助于此间的连贯，自己这个原本就嫌开始得太晚，故更怕它结束得太早的学术生涯，即使已算是勉强画出了个圆周，可在我心里却毫无告老还乡、颐养天年之念；刚好相反，恰是在某种"重临起点"的新鲜感中，反让自己重又鼓起了一股心劲，希望能在"乐以忘忧"的心态之中，去"不知老之将至"地忘情写作，——那不光会从数量上，意味着很多很多的新作，还更将从质量上，意味着越写越好的新作。

说到了这里，就不免要再来分说一下：从当年那个返本开新的"国学院"，到如今这个更加平衡的"中西书院"，都贯穿了一条怎样的思想脉络，乃至对准了一个怎样的思想目标？——如果一言以蔽之，那正是因为我一向坚定地认为：真能让我们度过当前这场人类危机的，绝不会来自哪种特定的"殊别文化"，而只会更宽广地来自"文化间性"。

基于这样的信念，如果我当年为清华国学院所拟的院训，是"宽正、沉潜、广大、高明"这八个字，旨在提倡一种中正平远的学风，那么，我现在为中西书院拟出的楹联，则是"日就月将，学究中西之际；朝乾夕惕，思通今古其间"，其中又隐藏了自己新拟的院训，以提示什么才是当今思想的要冲。——事实上，自从中西文化开始了剧烈碰撞，为了适应并走出其中的困境，至少在中国文化的地界中，成为一位"大学者"的自我期许，也跟着从往昔的"经史子集"，拓展成了此后的"学贯中西"；或者说，对于以治学为业的学者，他以往那种"刚日读经，柔日读史"的寒窗生涯，也随之变成了"半日古文，半日外文"的日常功课。

正如我在北大教书时所写到的："每天都摞向我们案头的西方学术译著，和林立于我们四壁书架上的中国古代典籍，已经非常鲜明和直观地提示着我们，如今不管谁想要'接着讲'，也至少要承袭着两种精神传统去开讲，——而且是两种经常相互在解构和解毒的传统！由此很自然地，如果我们自信还并非只是在以西方传统或中国传统为业，而是在以思想本身为自己的事业，那么两种传统之间的'对着讲'，就无疑是一种更合理也更宽容的学术选择。"——这就意味着，在相互解构的"诸神之争"中，任何只愿去倚靠一个文明的想法，都不啻放弃了思想上的选择自由，说到底不过是沦为了文化宿命论。

又正如我在清华教书时所写到的："正是在这种具有'自反性'的'对着讲'中，我们在把自己的国学带入那个'大空间'的同时，也应当头脑清醒地意识到，自己身后的传统无论多么厚重和伟大，都绝不是什么僵硬的、刀枪不入的死物；恰恰相反，它会在我们同世界进行持续对话的同时，不断借助于这种对话的'反作用力'，而同整个国际文化展开良性的互动，从而不断地谋求自身的递进，也日益地走向开放与自由。如果宏观地展望，实际上全世界各个民族的'国学'，都在百川归海地加入这场'重铸金身'的运动，而我们的传统当然也不能自外于它。"

如此这般的"对着讲"，意味着眼下所要进行的，不再是以往那种"点与点"之间的对话，那种直如"思想儿戏"般的对话，更像能变出任何东西的魔术，或者用我以往的形容，是所谓"比较的巫术"；与此相反，立足于犬牙交错的文明边际，也只能去进行"河流与河流"之间的对话。换句话说，我们更需深入到价值内核中，去探索各大文明的基本运势，以反思其中的成败利钝、进退得失；而绝不只是在某个文明史的转弯处，去随意对比哪两段曲率的碰巧相似。——只有在这样的思想力度和宽度上，我们眼下正盯紧的这个"中西之际"，才有可能成为未来文明价值的生长点。

可想而知，这岂止是成倍地增加了难度！而且，又正是因为这样的难度，越是到了人生的这个阶段，也就越痛惜早年被耽误的时光。要是能拿"十年寒窗"的充实，来替换那"十年浩劫"的空耗，那么，此生又该能多读多少好书、多掌握几种语言？那样的话，或许现在的学术可能性，就足以获得成比例的增加？所以，一直活到了今天这个份上，生命中还是这般充满偶然，——而且，下一个更加不确定的因素，就在于究竟是否"天假以年"，让自己去完成那个心心念念的目标？

话虽如此，还是要充满历史感地看到，当今整个世界所遭遇的危机，对于任何一位思想家而言，又偏都属于"千载难逢"的机运。——正如我在社科院工作时又写到的："历史阵痛最剧烈的时代，往往也正是历史惰性最小的时代。纵观孔子、苏格拉底、释迦牟尼和耶稣之后的全部世界史，也许再没有哪个时代的哪个民族，会像近现代中国人这样苦难深重地游离于各种既成的文化秩序之外；但也正因为这样，也就再没有谁会比他们更容易从心情上接近敞开着最大创造机会的新的'轴心时代'。为了不辜负这样千载难逢的返本开新的历史良机，或者更干脆一点儿说，为了不白遭这一场大罪，当代中国的真正主题，就……在于平心静气地参考着中国、西方及其他文明历程的全部正反经验，敏感着已经对全人类构成巨大挑战的所有当代问题，去比较和检讨过去那几个伟大先知的一切长短得失，借此思想出融汇了东西文明之优点的更正确的价值理念，并把它有效地注入正待激活的中国传统之中。"

不管能否最终完成这种使命，可毕竟在前述那几个"十年"中，自己既没有片刻地消歇过，更没有哪怕一次沉沦过，还是由于心存了这样的念想。此外，也不管在新的"轴心时代"里，那样一种崭新的"人生解决方案"，到头来会产生自哪一副头脑中，可毕竟，它终究要由哪个人去想出来，——反正不是你的，就是我的，要不就是他的，绝不会听命于任何指令，也绝不会产生于任何机器。此外，既已创办了以此为名的学术机构，那么，这种念头也势必从个人的念想，更其转化成某种集体的使命，并非唯有一人在孤独地思考。也正因为这样，这套再次创办的《中西丛书》，也自然要从一个重要的侧面，记录下我和我的同事的、朝着这种方向的接力探求。

好吧，既是这般"路漫漫其修远兮"，那就权且以眼下这套书，发出"再次出发"的启动讯号吧！

刘　东

2020 年 12 月 9 日于浙江大学中西书院

目　录

001 ｜ "无问西东"，还是"长问西东"？
　　　——自序

001 ｜ 对于往事的中国记述
　　　——作为一种文化的历史学
017 ｜ 论史料的颠覆性

045 ｜ 多重误读下的国民性话语：以汉学史中的明恩溥为主线
133 ｜ 如何看待"汉化"
　　　——也谈"乾隆下江南"的问题

211 ｜ 比较的风险
221 ｜ 马戏团的母猴子
　　　——比较思维的放纵与收束

233 ｜ 当先锋艺术不再挑战
239 ｜ 审美现代性，还是现代感应性？
　　　——写在《西方的丑学》出版 30 年之后

267 | 江苏文脉的激活
　　——从大学发展的角度看

279 | 重振江南文运

291 | 大学并非天然合理
　　——序《大学之思》丛书

297 | 这回是别人"厉害了"
　　——在《海外中国研究丛书》出版30周年回顾暨学术研讨
　　　会上的发言

305 | 仁心一刻也不能断根

313 | 真理原在辩难中
　　——就《海外中国研究丛书》答南都记者问

323 | 我们并未"功成名就"（代后记）

"无问西东"，还是"长问西东"？

——自序

　　本书的标题，显然脱出于清华大学的校歌，即那句"立德立言，无问西东"。会想到这一点是很自然的，既然自己早从十一年前起，就从北大转移到了隔壁的这所学校。

　　应当说，当年能讲出那句"无问西东"来，也是自有一番道理的。不过，于今又要来讲"长问西东"，却也另有一番道理，——而且这样的道理，还有更大的紧迫性。

　　这并不是在"和稀泥"，仿佛在主张"此亦一是非，彼亦一是非"。而实在是因为，各有各的时机，也各有各的侧重，以至于校歌中的观念，也要与时俱进地有所更新。

　　当年所讲的"无问西东"，无疑也表达了美好的愿望，——巴望着世上的学术与文化，都能够"出于公心"，并成为"天下公器"。由是，那愿景中的人类文明，也就能立于"文化间性"之上，支撑我们去走向"天下大同"。

　　此外，依照当时岌岌可危的国势，由于很多借以"应战"的武器，又要先谋之于"挑战者"，所以这种"无问西东"的态度，或也不失为"后发"的策略，以便尽快地把武器"拿来"，也能尽快地以此装备自己。

　　可话说回来，难免的负面效应又在于，久而久之也便浸习出了：

在"话语—权力"的重压之下,这种"无问西东"的、或"不加分析"的接受态度,往往又暗含着某种盲从的心态。

这种情势再演变到了当今,我们再朝身边打量一下,就会如梦方醒地发现,凡是继续去声称"无问西东"的,其实在他的潜意识里面,都是默默地在以"西方"为标准的。

所以,一旦到了这样的场合,所谓"无问西东"也就意味着,不再保有自家的"文化本根",也不再对于文明间的接触,保持"追根究底"的好奇心,而无非是亦步亦趋,且还是邯郸学步。

在国际学界,这正是高涨的后殖民主义思潮,要坚持去揭露与批判的殖民心态。只可惜,不要说国内的理工科同事了,就是人文社科领域的同事,不自觉地保有这种心态的,仍可说是"不在少数",甚至仍属于"相对多数"。

而另一方面,那个"西学"本身却在斗转星移。这也就意味着,正由于西方渗入中国的烈度,已经钻到了意识的地平线下,构成了文化上的"无意识",所以在中国本土的观念转变,反而需要更新颖的"西学"知识相助,以便了解到自己所执的那些妄念,其实在"西方"那边也早已"过时"了。

当然相对而言,这种"无问西东"的文化态度,如果对一所以理工为主的学校,原本也可说是无伤大雅。——不过,这个判断的反命题却是,一旦又要恢复成综合性大学了,这就会对整个清华园的学科布局,构成既无形、却又无所不在的限制。

特别是,娱乐界还恰好刚刚以此为题,并且就以这里的校园作为背景,拍出了那部《无问西东》的电影,——这就更加固了人们的通常印象,觉得那种"不中不西"的过渡色彩,或曰无所傍依的、灰蒙蒙的"国际特色",就算是这所大学的主要特色了。

然则再来回顾一下,自从舰炮声中的"中西开埠",但凡那些大学者的自我期许，也都迅速地从以往的"博古通今"，转变成了此后的"学贯中西"。——这不仅意味着，同时在渴望着来自中西的学识，还更意味着，要去巡弋这两大文明的边界，思索其中的成败利钝、功过得失。

于是，这里所提出的"长问西东"，也正是在新的历史环境下，向着在学力上足以"学贯中西"的学者——当然首先就是向着区区自己——提出了更进一步的、需要付出更多艰辛努力的任务。

这种"艰辛"意味着，既是在明确主张"长问西东"，那就不能再是"只西不东"，也不能再是"只东不西"，而要对来自双方的学术佳作，都以至少是双倍之力，去进行双向的、相互诘问的对读，以期在文明之间的"对话性"上，再对之进行双向的创造性转化。

由此说来，只有首先这样去"长问西东"了，才能意识到双方的文化边界，和价值特色，从而再将自己跨越性的思想，宽广地奠基于"东、西"之上，由此思考出足以"超越西东"的价值。

而且，我们的真正富于力道与成效的运思，也便只能发生在"中西"的边际上，也唯有那个足以"跨越文化"的宽广所在，才可能进而成为全人类的价值增长点。——我们由此或许又不妨说，只有眼下先去"长问西东"了，将来才有资格再来"无问西东"。

是为本书之序。

刘 东

2020 年 3 月 21 日

于三亚湾·双台阁

对于往事的中国记述

——作为一种文化的历史学

（一）

让我们从亚里士多德的《诗学》谈起。作为一个"爱智者"，他虽然淡化了其老师柏拉图对于诗人的愤怒与轻蔑，却仍在这本书中排出了"哲学强于文学、文学强于史学"的知识等级序列。

所以，如果我们还保有对于异在文明的敏感，尚未被近代以来的西方冲击所全然同化，那么我们就不妨说，在古希腊的文化发展历程中，之所以有传统上所谓的"文学年代"和"哲学年代"等等，其底层的原因就在于，文学、哲学和史学各科，一直都在相争与角力。

然而这种情况，对于同样处在"轴心时代"的中国人来说，却完全是不可想象的。无论如何，史家在中国文明中的地位，显然都是相对更高的，和不受争议的；而他们所代表的那种知识类型，也是所有学者都必须具备的。

由此，也就想到了露丝·本尼迪克特的"文化相对主义"，——无论她的具体论点如何受到学术史的洗汰，而且对于这种观点的僵硬效仿也产生了相当的流弊，然而她那种富含平等精神的方法革新，都从未显得过时。

而从这样的立场革新出发，我们就可以推导出，对于处于不同

"文化模式"的人类部落而言，"记述往事"这样一件文化工作，尽管从来都属不可缺少，但其意义也是不可通分的，而它们经由源头流过来的河床，也是大相径庭的。

就中国的与西方的不同史家传统而言，简要一点儿说，它们一个是来自《尚书》和孔夫子、司马迁和司马光，另一个则是来自希罗多德和修昔底德，吉本和兰克。

那么与此相应，虽然同样都在记述往事，然而文化记忆这件事本身，在中国文明的结构中，却是由具有不同地位的社会精英所承担的，由此它的地位也要显赫得多，和被看重得多。

对于这一点，即使到了中国文明已在解体的时代，我们也还能从早期清华国学院的教师构成中看出来，——它那举世闻名的"五大导师"（梁启超、王国维、陈寅恪、赵元任、李济），虽然其知识面都非常渊博，但其中为主的都还是以史学名家的。

（二）

尽管在运用像"文学"、"哲学"这类产生于文明间的"洋泾浜术语"时，需要特别小心，因为如今被视作"文学"的、代表着礼乐精神的《诗经》，在当年的语境下更应被说成是"经学"，不过，我们眼下可以姑且假设一下，如果在古代中国确实有过类乎"文学"和"史学"的精神样态的话，那么，对应着古希腊的从"迷索斯"向"逻格斯"的过渡、或者对应着它从"文学年代"向"哲学年代"的过渡，在中国这边的相应知识类型分化或发展，就应当是孟子所说的"王者之迹熄而《诗》亡，《诗》亡然后《春秋》作。"（《孟子·离娄下》）

当然这并不是说，在写作《春秋》之前，神州就没有对于往事的记述了，相反，这种工作在此前也是由来已久的。——比如，李泽厚就曾撰文认为，当时的史官这个职业，是从再往前的巫师那里演化而来的。

但无论如何，儒家当时对于历史叙事的突出的道德关切，却开辟了记述往事的新型流派乃至主流流派，从而决定性地构成了中国史学的主要底色。

正是基于它的高蹈于众的地位，我们才能领悟到，为什么孔子又会说出"质胜文则野，文胜质则史。文质彬彬，然后君子"（《论语·雍也》）。——事实上，正如我以前撰文论述过的，孔子这里所使用的、和"野"相对的那"史"字，首先都不是在描摹某种状态，而是在刻画某种社会分工。

也就是说，它们的原初意义应当更为生鲜，是在切实地指谓某类实存的对象，并不能跟现代汉语中分工明确的形容词直接划上等号。我觉得，只有在明确了这一层之后，我们才有可能进一步领悟到，其实除掉上面提到的第一重关系——即"文"与"质"之间的关系之外，孔子这句话还涉及了另一重关系，即在"野（人）"和"（祝）史"乃至"君子"这三个群体之间的对应关系。[1]

这也就意味着，"史"这个字在这里指称的，当然不会是能写出《春秋》的"良史"，而是在此之前已然普遍堕落的、正分工掌管着文书的"祝史"，或者被孔子所深度厌恶的、只会"巧言令色"的"佞

---

[1]刘东：《"文胜质则史"的真义——历史与现实中的佞史传统》，刘东著：《我们的学术生态：被污染与被损害的》，杭州：浙江大学出版社，2012年，第84页。

史"。对于这种社会的分化，章学诚的表述虽然不同，但也有大致仿佛的论述：

> 三代以上之为史，与三代以下之为史，其同异之故可知也。三代以上，记注有成法，而撰述无定名；三代以下，撰述有定名，而记注无成法。夫记注无成法，则取材也难；撰述有定名，则成书也易。成书易，则文胜质矣。取材难，则伪乱真矣。伪乱真而文胜质，史学不亡而亡矣。良史之才，间世一出，补偏救弊，愈且不支。非后人学识不如前人，《周官》之法亡，而《尚书》之教绝，其势不得不然也。[1]

由此可知，虽然此前早已有了这方面的从业者，但由《春秋》所代表的史学革新，仍然是非常关键的转折。——无论孟子"《诗》亡然后《春秋》作"的说法，是否确实是于史有征的，总之都因其演成了儒家的标准说法，所以至少在后世的沿革中，对于中国的史学起到了关键的形塑作用。

正因为这样，我们才会顺势看到，对于道义和价值的深切关怀，对于人物品行的评判臧否，对于历史责任的牢牢铭记，也就贯穿始终地成为这种独特史学的典型特征。

（三）

进一步说，既然是"《诗》亡然后《春秋》作"，那么进行"作《春秋》"

---

[1] 章学诚著；叶瑛校注：《文史通义校注》，北京：中华书局，1985 年，第 30 页。

这样的积极主体活动，也就获得了其先入为主的目的和动机。——也就是说，人们记述、提醒和评论往事的基本目的，不可动摇地在于修正和扳回此后的历史轨迹，使之逐渐返回到那个足以产生"思无邪"的《诗经》的淳厚年代，这也就是所谓有着"王者之迹"的"三代"。

对于这一点，如果那些有考古癖的还原主义者，此刻又想科学地来"古史辨"一把，那是根本没有用武之地的。——就算这个理想化的"三代"，是被前人虚拟地幻想出来的，然而对于后人来说，他们对于"三代"的不断热心怀想，却也是现实存在和确凿无疑的。

在这个意义上，我们也就不妨说，实则此后的中国历史，就是在以一种"向后回溯"的表面形式，来独特地展开其向前的展望，和开辟其发展的路径。——它很有理由地认为，要是没有对于原初人类生活状态的理想假设，也就失去了让后世复归于此的说服力。

由此，就可以顺便澄清一个由来已久的误解了。自从中西文化在近代碰撞以来，人们便一直循着"种加属差"的定义规则，来寻找某种导致中国"落后"的肇因，——而这样一来，跟没有"悲剧"的文体大体相同，人们也一直在为中国自古以来就没有荷马式的"史诗"文体，而深深地引以为耻。

有意思的是，大概正是为了洗雪这种"国耻"，还专门在这么一个现时代，利用位于中国境内的边远西藏，以现代手段发明了举世最长的中国史诗——《格萨尔王》。可惜，大概除了有意发明它的人，和不得不努力校对它的人，它已经长到了不可卒读的程度。

然而，如果把思想解放一下，反而可以转而悟到，不再依靠盲诗人的集体传唱来记述往事，正说明古代中国早在往事记述方面，有了更加个性化的、从而更加发达的写作方式，——也正是这一点，才使得史学在中国社会的权重更大。

这种尊重史学的文化心理，作为一种必备的文化修养，当然也同样传递给了后来的统治者，对此只要看看范祖禹的《帝学》，就可以获得笃定的了解。而由此就更反过来保障了，中国历代史官的高尚地位，从来都跟西方历史学家的地位完全不同。

我们再看看素为历代士夫所重的官修正史，再回想一下它的俨然编修过程，也同样可以知道，这种把对于往事的记述看得"惟此为大"的传统，的确是一直在中国文明的进程中传递和延续了下来。

另一方面，正由于有了"《诗》亡然后《春秋》作"的道义起点，有了圣人训诫的耳提面命，又使得中国的那些史家们，即使身在官场甚至宫中，也仍然相当程度地保留了"秉笔直书"的史德，——在这方面，正如人们所长期熟知和传诵的，出现过许多非常感人的英雄故事。

（四）

由此，基于比较文学的警惕眼光，还确实不能把古代中国的史部文化，径直地等同于西方的 history。——或许可以不太精确地说，在人类知识谱系的钟摆架上，"史部"曾经在中国更靠近于人文一极，而 history 在西方曾经更靠近于科学一极？要不就干脆这么说，史部在传统中国的文化中，主要地还不是一个知识系统，而属于一个价值系统？

与此同时，想一想孔子、司马迁和司马光，我们又可以知道，中国的文化传统相当地不同于希腊，在其内部的诸学问分野，并不是在相互争执与贬损，反而经常要由四部之间（经史子集）来相互补充。

也正因为这样，所谓"刚日读经，柔日读史"，才会成为士大夫们的标准日常功课。我多次就此强调指出，这种分为"四部"的知识，更像一个人的五腑六脏，根本就不容割裂式的分工。所以，经学和史学之间的互动与促进，即既从过去的往事中找出道德教训，又基于纲常伦理来反思既往历史，从来都是最典型和常见的中国阅读心态。

在这个意义上，由于都是从"六艺"或"六经"传递下来，就像本于《诗经》的后世"诗教"一样，这种本于《春秋》而发展到后世的史学，也应当被视为一种中国特有的"史教"，也就是说，它曾表现为任何寻常士子的日常功课，而且人们是否对它进行反复的温习，也曾构成文明能否正常延续下去的关键。

当然要注意，在这种意义上，这种"史教"中的"教"字，毋宁说就更偏向于所谓"教化"之"教"，而非所谓"宗教"之"教"。——也就是说，它反而是充满历史经验的，而不是属于先验世界的；它反而是富于理性精神的，而不是属于独断信仰的；它反而是记述人间事务的，而不是去狂想化外之域的。

作为华夏文化"历数千年之演进"而达到的最高峰，这一点也理所当然地，在一个被称作"儒者统治"的高峰朝代，要表现为辉煌的宋代史学的基本特色。——也正因为这样，这种宋代史学的基本倾向，也就同样要理所当然地，被本院导师陈寅恪的史学实践继承下来。

只有在这样的基础上，像赵翼《廿二史札记》那样的精彩点评，作为一种个人的读史心得，才具有一种补充的重要性。——此外，无论发挥了多少个人特色，既然是立意要来"秉笔直书"，就不能过分地文过饰非，于是在中国的史学中，就贯穿着一种朴素的"求是"精神，而正由于此，这种史家笔法还是和"文学"笔法，截然地拉开了心理距离。

出于同样的心理原因，基本的史实，作为一种共通的经验，作为一种认同的基础、一种诵念的常项、一种标准的记忆，也并不需要过于别出心裁的、作为个人专利的刻意"创新"。所以，如果有人执意去做"翻案文章"，这种小知间间地要"小聪明"，绝对会被具有古风的史家们所厌弃。

由此，一个相关的要点也就在于，也正是借助于这种朴素的信赖，这种普遍的认同，这种持续的传习，中国史家对于往事的、具有某种朴素确定性的记述，才反而会作为一种"替代"手段，具有了"史诗"般的文化功能，给整个民族留下了集体的记忆。

（五）

由此看来，芝加哥大学的苏源熙（Haun Saussy）近来冷然向我提出的问题，即中国历史写作如何不同于西方历史写作的问题，看来大体上还属于美国式的"平行比较"的问题。——我胡乱地、未加验证地猜想，他大概还是在冒着某种"比较的风险"，要从这个遥远的、孤离的文化传统中，找到一个足以为其本国史学所借鉴的参照系吧？

而可惜的是，作为受到了他所属的那个传统之强烈冲击的现代中国人，我所看到的当今文明间的借鉴或传播，却主要表现为单方向的和压倒性的，也即主要是由"先进的"西方史学来冲击"落后的"中国史学，所以，我反而更倾向于运用"影响研究"的思路，去历史地考察和追踪自家传统的"失落"问题。

原本，正如我早就撰文认可的，"国学"与"汉学"应当是并立的两造：

> 中国人虽久有自家的以"经史子集"分类的学问，但倘非在近代发觉别家也有自成谱系的学问，"国学"二字便绝无提出的必要。在此意义上，"国学"从一开始便是作为"不完备"的对待物问世的，意味着国人已意识到从未将天下学识"尽入彀中"。如此，"国学"在本质上不仅不排斥属于外缘知识系统的"汉学"，还坚信凡"旁观"者必有其"清"的一面。①

可真正的麻烦和干扰却是，由于西方摧枯拉朽般的冲击，正如我后来又指出的，大多数中国学者在研究方法上，也都欣欣然地"自我殖民化"了：

> 由于西方文明长期以来太过强势，以至于某些来自外部的方法与视角，也在巨大的压强下移入了我们文明的内部，甚至竟完全压倒了内部的声音。比如最近，人们对于某些字面上的雷同，投以了普遍而持续的关注；然而，除了这种较易鉴别的抄袭之外，其实更足以毁灭国内学术界的，恐怕还不是单纯字面上的剽窃，而是对于来自外部的"问题意识"的、不足与外人道的拷贝。②

比如，所谓"古史辨派"在现代中国的兴起，以及它所带来的对于传世史料的局外人般的怀疑，就是西方的"科学史学"投向中

---

① 刘东：《国学与汉学》，载《理论与心智》，南京：江苏人民出版社，2001年，第185页。
② 刘东：《清华国学和域外汉学》，载《道术与天下》，北京：北京大学出版社，2011年，第400页。

国的强烈阴影。再比如，所谓"整理国故"的无谓学术努力，也无非是要尽量抚平中国文化胆敢跟西方的任何疏离与不同，——在胡适看来，那无非是把这样一堆只有文物价值的死物，统统整理和收纳到他所带来的西方知识系统的抽屉里。

可实际上，如果再度回到露丝·本尼迪克特的前述立场，我们并不难发现，其实任何模式的人类文明——当然也包括科学的西方文明——都会有自己的难以自觉到的"文化前理解"，都有它们掩藏在基本学识之下的地平线。

的确不错，从李济的挖掘工作开始，中国新兴的考古学家们，就总是需要将考古学验证于传世的材料。这种所谓"二重史证"的方法，似乎属于本土学者的"迷信"。——然而转过来想想，在对特洛伊的古迹进行有名的挖掘之前，西方的考古学家及其赞助人，不也是先受到了荷马史诗的导引和鼓动么？

话虽如此，却正如李零曾经在《中国学术》上所转述的，他们竟连中国史家的"二重史证"也看不大上，而只相信必然是零散破碎的、看似科学的考古学报告，由此就批评王国维是把"大坛子"装进了"小坛子"里边。——然而我就不信，西方人难道只靠鸡零狗碎的考古学材料，就能拼凑起自家文明的古史图谱么？

这就是我常常揭露的、眼下在中国学界竟也常见的"汉学心态"。无巧不巧的映照则在于：中国现代史学的主流，由于胡适和史语所占据了主要的资源，也就总是显得洋派十足；而与之相应，由费正清开辟的美国汉学，其主要的存在形态也恰恰正是历史学。——这就使得前者在知识的样态上，倒很像是美国汉学的回声或支部；而且，他们到了台湾以后就更像，而且是越来越像。

与之对应，倒是台湾民间的学术界，特别是在某些边缘的哲学系里，反而产生了更有活力的新儒家。甚至，即使是在现在的台湾，也往往是大学里的文学系里，反而更多地保留了稍微原样点的国学。

不久前看到台大的叶国良教授在讲，他们那边现在的学者们只敢循着知识性的立法，去讨论古代人物和材料的真伪、时代等问题，而不敢再随便利用传世材料去立论，也看不到在传世文献与传世文献之间，其实也可以进行彼此之间的互证。

而与此相应，我也不去讳言，中国大陆在改革开放以后，或许是以我创办的《中国学术》为代表，和以我主持的《海外中国研究丛书》为模板，也更加进入了史学的"现代化"时期，——以前的论文还不是这样的写法。

然而，也正因为担负了"始作俑者"的责任，针对着这种压倒性影响的负面效应，我又不得不再三地提出警告：千万不要把美国汉学学得"太像"了，——尤其是那些正在构思博士论文的年轻人，现在竟连标题的句式都设计得简直是如出一辙。

（六）

当然也无可否认，西方史学作为一种重要的知识系统，从来都有它值得学习的一面，包括晚近以来的似乎特别走红的全球史、环境史、妇女史等等，我今后还会一如既往地，继续主持这方面的介绍与引进。——只是，这种跨文化的学习，又不能是失去主体性的，和矫枉过正的。

回顾起来，过去时代的中国人，哪怕是他们中间的史家，对于历史的了解也是管窥式的、散点式的、不无模糊的，而缺乏西方式的知识系统，——正是这种明显的缺陷，说服了包括梁启超等人在内的学者，必须要从西方那里汲取史学的营养。

到了现在，我们的史学倒是越来越科学化、知识化、系统化了。只可惜，在以个人为创新本位的西式专利制度下，由于各种各样的身外之物的诱惑，致使种种挖空心思的"反弹琵琶"，几乎已是层出不穷和见怪不怪，从而使得史学不仅不再能倚靠经学，反而往往更加雷同于文学。

这就不光是矫枉过正的问题了，这是完全发展到事情的反面了！本来，人们是嫌古代的史学还不够"求是"和"求真"，才动议要向西方史学学习的。可他们万万没有想到，如今这种学习的结果却是，反而丧失了做学问的道义前提，沦落到了各种随心所欲的文字游戏中。

最可怕的是，就连很多研究者本人，也是非常坦然地、不以为耻地、自觉自愿地，以此来游戏人生和游戏文字，——而这样一来，中国人希望取法西学而获得的"进步"，也就突然变得已是适得其反了。

公正而平心地说，中国的史学传统本身，本来当然既有优秀的、需要保留的一面，也有不好的、需要改进的一面。——而犬牙交错的是，我们现在当然也向西方学界讨教了一些值得学习的东西，不过与此同时，我们也把自家原本较有价值的东西，给心怀鄙夷地自暴自弃掉了。

尤其是，如果考虑到路径依赖的问题，由于对于往事的记述，在中国文明的特有结构与文化心理中，原本占据着更为重要的地位，那么，由此带来的文化紊乱与失序，也就意味着更加深重的问题，——由于"史教"的衰微，这个文明正遭遇到非常独特的重大危机。

也就是说，尽管中国并无宗教式的精神形态，但正由于"孔子成《春秋》而乱臣贼子惧"（《孟子·滕文公下》），史学才使得人们对于身后，也有了同样的关怀和惕惧。——而中国式的、具有人格品格的伦理道德，很大程度上就附丽于此。

> 齐景公有马千驷，死之日，民无德而称焉。伯夷、叔齐饿于首阳之下，民到于今称之。其斯之谓与？（《论语·季氏》）
> 世衰道微，邪说暴行有作，臣弑其君者有之，子弑其父者有之。孔子惧，作《春秋》。《春秋》，天子之事也，是故孔子曰："知我者，其惟《春秋》乎；罪我者，其惟《春秋》乎。"（《孟子·滕文公下》）

同样地，现在再来读早期北岛最有名的那首诗，也会读到对于历史的这种敬畏，那是中国人在绝望状态下的最后希望：

> 卑鄙是卑鄙者的通行证，
> 高尚是高尚者的墓志铭。
> …………
> 新的转机和闪闪星斗，
> 正在缀满没有遮拦的天空。
> 那是五千年的象形文字，
> 那是未来人们凝视的眼睛。①

然而，既然现在连"良史"本身都不存在了，那些想要为非作歹的人，也就更加肆无忌惮了。比路易十五那句"我死后，管他洪水滔天"更为可怕的是，眼下就连古代帝王都要牵念的"死后"，也

---

① 北岛：《回答》，《北岛诗歌集》，海口：南海出版公司，2003年，第7—8页。

都再没有人感到畏惧了，因为干脆再没有史家们去秉笔直书了，而且人们也干脆不再阅读历史了。

既然只剩下"卑鄙是卑鄙者的通行证"了，那就索性借着这一肚子的下流去畅通无阻吧，——这就是当今司空见惯的恶劣风习！

（七）

更加讽刺的是，在解构掉了史学的主流之后，反而是曾被儒家强力压制的、以往不能登堂入室的"佞史"传统，倒在官僚统治的现代社会遍地开花了。——回顾起来，沉浸在经学诠释中的历代学者，早就借着对于所谓"质胜文则野，文胜质则史"的解释，而指出了这种"小传统"的暗中存在：

> 史，掌文书，多闻习事，而诚或不足也。[1]
> 策祝文胜质，则礼所讥失其义、陈其数是也。史官文胜质，则当时纪载或讥为浮夸者，是也。[2]
> 质朴胜过文采，则像一乡野人。文采胜过了质朴，则像庙里的祝官（或衙门里的文书员）。[3]

这样一来，历史学家们，也就从最值得尊重的、代表文明高度的人，一下子转变成了最可有可无的、根本不值一提的人了。——这也就是陈寅恪所代表的那种气节和气度，为什么突然显得如此遥不可及

---

[1] 朱熹：《四书章句集注》，北京：中华书局，1983 年，第 89 页。
[2] 刘宝楠：《论语正义》上册，北京：中华书局，1990 年，第 234 页。
[3] 钱穆：《论语新解》，北京：九州出版社，2011 年，第 145–146 页。

的原因。

更加要命的是，晚近以来，在科技官僚的外行压力下，在"世界一流大学"的空洞诱惑下，西方史学所带来的那种形式合理性，也已成为"国家社科基金"的主要考核指标，而在这种徒具表面的学术外衣之下，所谓"秉笔直书"的道义冲动，反而更加要被抑制住了。——否则岂有得到批准立项的可能？

> 事实上，那些被孔子深度厌恶的"巧言令色"的佞史，向来都比胆识俱备的令人钦敬的良史更容易谬种流传，因而也更容易形成气候。于是长期以来，他们总是可以提供大部头的史籍来粉饰太平，总是可以提供最琐碎的断烂朝报来堆满书架，总是可以提供无厘头的野史掌故来充斥巷议，总是可以反复炒作旧芝麻陈谷子来为传媒补白……然而，他们到头来也总是逃不脱这样的不治之症：无论如何也提不出任何独立的识断、判定与抉择。而由此一来，这群人简直就把整个历史学科都给消费和透支掉了，也就是说，他们既已向当朝的权贵证明了，历史编纂对于任何不合理的东西都是有益无害的，其实也就向后世的子孙证明了，历史编纂对于任何严肃的精神事业都是毫无意义的！[1]

正因为这样，当今的中国史学家们，也都罕有那种奋勇的担当了。——作为一个显著案例，我反而经常痛心地看到，那些研究中国经学史的人，可以比朱熹还更清楚历史的细节，然而这些从业者

---

①刘东：《"文胜质则史"的真义——历史与现实中的佞史传统》，刘东著：《我们的学术生态：被污染与被损害的》，杭州：浙江大学出版社，2012年，第88—89页。

的平均道德水准，即使以较为委婉的口气来表述，也绝对不会高于普通的百姓。

与之相反，倒是在狭小的民间社会，还有些以业余兴趣来记述往事的人，也反而倒是他们，还更多地保留了以往那种史家的风格，比如从老年人写作的回忆录，到记者们写作的历史演义，从已有的《东方历史评论》，到新创的《国家人文历史》。

只可惜，又显得相当吊诡的是，这些人所表现出的学术水准，也大多只是业余的，所以，那些受过更加严格训练的——其中当然已包含西学的训练的——所谓"学院派的"史学家们，又往往不大能看得起他们。

所以说，下一位陈寅恪、下一位欧阳修或司马光，乃至下一位孔夫子，才是应被我们焦急等待的、真正具有文化聚敛意义的"良史"。

2013 年 4 月 6 日

论史料的颠覆性

（一）

我们在什么意义上，可以说"历史是由人写下的"呢？

这句话只要稍微分解一下，就可以出现两种不同的含义；而其中的较为朴素的一种，是认为这"历史"既在指称人类的历史，那么，人类本身作为这个过程的主体，当然是靠着自己的主动行为，而勾画出了这个过程的轨迹。由此在这个意义上，所谓"写下"就不过是个方便的比喻，它意味着在迄今为止的时间中，由生命力的宣泄而留下了来自主体的刻痕。

与此同时，还有另一种由此派生出来的、稍许增加了复杂性的含义，它意味着人类对于自己留下的上述印迹，又生出了不够满足的警觉意识，以致又会去有意识地打磨它或掩饰它，使之变得清晰化或模糊化。只有在这一回，他们才真正算是在"书写"历史了，而且，他们也就是靠着这样的书写行为，才让过去的轨迹再被创造了一次。

照此说来，我们就有了两种不同的历史轨迹，而如果人们愿意的话，也不妨把它们称作"历史一"和"历史二"。不过，诸如此类的截然"二分法"，总难免显得机械、单调与割裂，所以我们跟着就必须补充说：上述这两种不同的历史维度，从来都是既不可或缺的、又彼此互动的；也正因为这样，这两者之间又并非总是那么界限分明的。

甚至，受制于自身认识能力的局限，上述那种可称为"历史一"和"历史二"的区分，又让人想起悬在康德头顶的那种既显得累赘、又不可缺少的东西。——它意味着，在一方面，我们还是要保留"历史一"的预设，否则所有的认识就都失去了来源、校准与证据，可在另一方面，就算这种历史学中的"物自体"确凿地存在着，我们自身作为文明历程的一个具体中间环节，也并无"理性直观"的能力去全面把握它。

由此想起，汉学家柯文的那本《历史三调》，竟是不大经得起推敲地指出，历史是通过"事件""经历"和"神话"这三种形态，而分别和依次地呈现在人们面前的。[①]然而，真正追根究底起来，在我们对于过往历史的阅读中，又哪有什么未曾经过主观描述的事件，哪有什么未曾经过神话的描述呢？在这个意义上，柯文所讲的有关义和团运动的"事件"本身，就很像是个历史学中的"物自体"了。

所以令人无奈的是，撇开那种朴素而执迷的"先验幻象"，我们必须充满警觉地意识到，尽管那个"历史一"也是人们创造的，可是一旦时间流逝了过去，他们在一般情况下，便只能接触到那个隔膜的"历史二"了。——由此也便展开了这篇文章的脉络，因为我们一方面既可以说，前人对于史料的选择性或创造性编纂，当然也属于主动建构知识的人类意图；另一方面又可以说，针对这种被编纂出来并强加下来的"宿命"般的东西，后人却必须付出相应的努力来进行反抗，以便在智识上至少部分地重返"历史一"。

[①]参阅柯文：《历史三调：作为事件、经历和神话的义和团》，杜继东译，南京：江苏人民出版社，2000年。

（二）

　　沿着上面的话题，又可以把这种"历史一"说成是"实际历史"，而把这种"历史二"说成是"书写历史"。而值得注意的是，无论那被理解为"裂缝"还是"弹性"，在"实际历史"和"书写历史"之间的差别，总是构成了人类历程中的一股很特别和很微妙的张力。

　　正因此才导致了，尽管"历史学家"或"史官"这类职业，算得上最早出现的社会分工了，然而他们不断宣告过完成的工作，还是一而再、再而三地需要返工。无论如何，受制于上述两种历史维度的互动，人类任何有意识地"书写"出来的自身历史，从来都不可能是一蹴而就的，也从来都无法处于稳定的状态。所以，即使人类的历程还部分地享有"连续性"，那"连续性"也要同时来自上述两种"历史"，尤其是来自这两种"历史"之间的相互牵制。

　　当然也可以说，我们由此才看到了人类的主动性。就像"学会了撒谎"在发生心理学中，并不意味着儿童的道德缺陷，反而会属于他们智力进展一样，尽管所有的生物都有它们自然的历史，却毕竟只有"晚期智人"这种动物，才会更加自觉和警惕地回顾自己的历史。而且，他们还相当自觉地，就叠加应用着这两种留下自身刻痕的行为，也即先在真实层面留下了历史的行为，后又在虚拟层面涂抹上历史的书写，来更加积极地规定着今后的方向。与此同时，也正是通过这样的双重创造行为，他们才能作为超出个人生存瞬间的力量，影响到将要接续的未来历史发展。

　　只可惜，陷身于现代职业分工中的人们，即使正从事着专业的历史书写，也很难再像先贤那样自觉地意识到，那些专事描摹或修饰过往轨迹的人，在"形塑以往以图影响今后"的方面，从而在"勾连出过去与未来"的连续性上，并非只属于一些被圈养在高楼深院里的，百无一用的或可有可无的书生；正相反，他们从来都享有着历史的主动性，甚至默默垄断着对于人类社会的、令人生畏的巨大话语权。

当然也正因为这样，在代际公平的意义上，那些生于后世的、必然受到前人决定性影响的个人，也同样可以拥有他们自己的、作为一种平衡的主动性，也就是说，他们在必然有所继承的前提下，又必然希望去修正既定的历史轨迹，从而至少去部分地反抗前人为自己留下的这种"宿命"。进一步说，他们这种进行部分矫正的努力，也注定会在两种"历史"的维度上同时展开；而且，他们在"书写历史"方面付出的虚拟努力，也一定会去配合他们在"实际历史"中做出的现实努力。

在这个意义上，应当高瞻远瞩地意识到，尽管不能亲身地返回到过去，去更改"历史一"中的实际进程，然而，这些同样禀有了主动精神的、因而同样掌握了话语权力的史学家，仍然可以通过对于"历史二"的涂抹与修正，来微妙地调整从古到今的轨迹，从而扭转和矫正这种轨迹的延伸方向。正因为这样，这种总是在不知不觉地发生着的、对于历史导轨进行"扳道岔"的工作，绝不只是什么"茶杯里的风波"，倒可能演示着充满了戏剧化的"反权力"。

（三）

在汉语里，人们常把"危机"这个现代词汇，脱开其英文的对称"crisis"，分解成模棱两可的"危险＋机遇"，或者是乐观主义的"危中有机"。

而从本文的角度看，人类社会本身的这种"危中之机"，也正体现在它的"历史一"和"历史二"之间。也就是说，如果"历史二"

是在不断寻求去形塑"连续性",那么,它曾经有意无意忽略过去的,潜藏或隐退于"历史一"中的某些细节,也总会透过纸面来不断地要求"断裂性"。于是,所谓"危险+机遇"就这样共时地发生了:那些曾经发生在"实际历史"中、却未被收纳进"书写历史"中的、曾被判定为无关宏旨或无非例外的偶然性,就既会体现为前辈史学家的"危险",又会凸显为后代史学家的"机遇"。

再说到根子上,如今已然覆盖于整个地球表面的、当年全都走出于东非的这些"晚期智人",他们本身就是既有"连续性"又有"断裂性"的。绝非巧合的是,在茫茫的人海中间,任何一个同心圆的向心圆点,或者任何一种支撑起认同的内核,都必然同某种宏大的历史叙事相联系,而又正是这种宏大又久远的故事,既回答了后印象派画家高更的问题——"我们从哪里来,我们是谁,我们到哪里去",也借机在"自我"和"他者"之间扎起了虚拟的篱笆。

在过去的文明进展里,任何这类同心圆的外向扩展,又都曾经表现为相应叙事的外向扩张。无论是中国早期的《尚书》,还是希腊早期的《荷马史诗》,乃至犹太早期的《圣经·旧约》,都是在以一种历史传说的形式,记载下相应的特定人群的来源与走向。而如此令人敬畏的、作为崇高经典的"历史二",其内容又既是无可验证的,也超出了人们想要认识的边界。在这个意义上,其实根本不必等到本尼迪克特·安德森的时代,也根本不必等到印刷术的发达,而只需依靠着口耳相传的吟唱,人们就已经属于"想象的共同体"了。

然而,到了这个炽热而拥挤的全球化时代,人们才不无惊恐和意外地发现,这类叙事竟全都融化成泡沫了。更具体地说,一旦各种自成一体的宏大叙事,突然排他性地拥到了同一个讲台上,各个文明之间也就彻底地相互解毒了,而马克斯·韦伯意义上的"诸神之争",也正是指这种彼此的颠覆与共同的否定。在这个意义上,已被过度夸张和滥用的所谓"多元"，也许便只是一种令人不安的杂处了，并不能支撑作为其后缀的那个"主义"，因为不管人们的心胸有多么宽容——或许正因为它已是太过宽容——都不可能同时去相信若干个完备性的叙事。

于是后果也就可想而知了：尽管那类故事都还原样地存在着，可人们却早已失去了相信它们的心情，最多只能将其当成姑妄听之、或聊备一格的传说。由此唯一能取而代之的，就只剩下达尔文意义上的生物进化论了，这种理论在当代人类的精神视野中，无疑是唯一听来尚且可信的、有关他们自身的历史叙事。只可惜，借用早年王国维的一句形容，这种听来仿佛有点"可信"的故事，却又实在是太不"可爱"了，——正如我在这组文章的第二篇中所分析的，一旦把这种生物的科学径直地移入人文的领域，就一定会把它从文明的世界拖回原始的丛林。[1]

在这方面，正如尼采早已敏感指出的：

> 如果科学的胜利意味着"人的堕落"，如果启迪的光荣又意味着人的堕落，而前进再一次意味着人的堕落，那么，我们要问的问题是，科学、启迪和前进的关心在谁的手里落下？这个世界是让我们做自己想要做的，这是一片弯曲自如的粘土的原野，在其中，像玩沙的小孩一样，我们可以修建自己的城堡并沉醉于自己的创造中。但是这些人在做什么？在建造他们的城堡中，他们变得越来越像水蚂蚁和甲虫。在布置他们的花园中，他们变得越来越像蛞蝓、蠕虫和蜈蚣。他们的喜悦，好像是去

---

① 参阅刘东：《进化与革命：现代中国的思想丕变》，《引子与回旋》，上海：上海人民出版社，2017年。

感受他们的渺小和被轻视。[①]

晚近以来，在向以"文明"自许的欧洲乃至英美，那些不绝于耳的、发生在原住民与移民之间的、玉石俱焚式的剧烈冲突，当然也可以在塞缪尔·亨廷顿的意义上，被说是"文明与文明"之间的冲突，不过耐人寻味的是，如果在本文的论述脉络中，却也可被说成是"叙事与叙事"或"传说与传说"之间的冲突，而且还属于那种既在绝望之余的，又更加令人绝望的冲突。

（四）

那么，这些究竟在意味着什么呢？——在本文的论述脉络里，它突出地意味着在受到严重挤压的全球场域中，率先受到了现代科学之洗牌的"历史一"，在本身不断地变形、扩充与重组之余，又正向各个文明的"历史二"发起了毁灭性的冲击。

的确，如果从历史写作的角度来看，当代人类的捉襟见肘之处正在于，一方面，如果人们对于自身历程的信念，从而他们所属的各共同体的向心力，仍要保守住其必不可少的相对稳定，那就仍然需要一个昔日那样的、交代性的故事；可另一方面，一旦那类故事被泡进了科学的溶剂中，就被还原成了更加纯粹的、赤裸裸的元素，徒然地构成了对于昔日生活的嘲讽，再也显不出昔日那样的文化功能了。但愿人们到这时至少还能恍然大悟：原来被科学无情洗刷掉的那些"附着物"，反而更加属于这类故事的精义所在。

---

①卢多维奇：《尼采艺术论》，李关富译，北京：新星出版社，2010年，第52页。

可即使如此，人们还是须臾不可稍离那样的故事，他们的这种心理并没有丝毫的"进化"。也正因为这样，我们才会合情而不合理地看到，作为昔日"书写历史"的替代物，出现了更加细碎、更加逼仄，功能也更加单一的民族主义话语。这类狗尾续貂式的替代性故事，仍在交代着人们所需的那种共同来源，只要他们主观上愿意去相信或不得不相信；可到头来，它们也只是对外划定了一条僵硬的边界，以此作为简单判明"善与恶"的粗陋标准，而在其他的文化功能上都已付诸阙如了。这样一来，我们甚至都不能以"原始丛林"来形容由此带来的倒退了，——因为这些部落在科技手段上竟又都算是"进化"了，从而只能算是野蛮而可怜地住在"火药桶"上了。

姑以我们所居住的东亚地区为例吧。尽管"历史一"说到底只应有一个，或者"实际历史"按理说只应有一个，可由于筛选和组织史料的史学话语不同，就使得中国人和日本人、日本人和韩国人、韩国人和朝鲜人，乃至中国内部的大陆人和台湾人，统统有了各自不同的、而且相互抵触的"历史二"。甚至，即使在大陆人本身中间，由于社会的急剧转折和反复错位，也致使那些专门寻找历史裂缝的人，和仅仅满足于官修史书的人，又都沿着南辕北辙的路径依赖，只愿去相信或不信某一部分的史料，从而形成了大相径庭的"书写历史"，以及在此基础上的、各不相让的亚部落。

从这个角度来回看，晚近风行起来的全球史写作，当然本是想要从全球化的广阔视野，再来整合已被局部化、狭窄化或碎片化的宏大叙事。在这个意义上，我马上要来芝加哥大学发表的这篇讲演，也是在对刚刚过世的威廉·麦克尼尔教授表示敬意。不过即使如此，我还是要从哲学角度来进一步提醒，既然连他所从事的历史学专业本身，都已被现代科学冲刷得七零八落，那么，只靠人们现在所理解的这种干巴巴的历史学，便只能再接着达尔文来讲人类的故事，并不能独力去完成对于文明的修补。

让我就此再打个比方吧，——此间的情况虽不完全相同，却也有点类似对于宗教的现代处置。一方面，当年轰轰烈烈的启蒙运动，曾经决定性地拒斥了宗教式的思维，这一点至今仍有绝对的合理性，并不容许人们去简单地倒转历史的车轮。但另一方面，尽管宗教的思维本身没什么好处，既然它太过独断与排他，而且还正因为它的这种独断和排他，已在当代世界越来越走向反面，成了纷争与分裂的破坏根源，然而，曾经在宗教中被裹挟的很多东西，包括道德与艺术、社群与认同，那都是人类文明中的辉煌创造，也统统是人类社会的建设中必不可少的，不能把这些可爱的婴儿也一起倒掉。

与此不无相似，我前年在这里发表的那篇论文，也曾经突出地提示了古代中国特有的"史教"，它说明了历史学至少在传统中国，是一种具有综合内容与复合功能的发明：

> 基于比较文学的警惕眼光，还确实不能把古代中国的史部文化，径直地等同于西方的 history。——或许可以不太精确地说，在人类知识谱系的钟摆架上，"史部"曾经在中国更靠近于人文一极，而 history 在西方曾经更靠近于科学一极？要不就干脆这么说，史部在传统中国的文化中，主要地还不是一个知识系统，而属于一个价值系统？[①]

只不过，这里又要再来软化那种刚性的"二分法"了。事实上，尽管中西之间确存在着相对的不同或分野，但只要我们都还属于同一种人类，都还需要那个向心运动的圆点，那么，我们由此建构起

①刘东：《对于往事的中国记述：作为一种文化的历史学》。

的任何历史叙事，就注定要属于复合型的和多层次的，它在交代出人们的来龙去脉的同时，也注定要包含着道德与艺术的成分，并注定要支撑起社群与认同的功能。在这个意义上，历史学的当前危机便尖锐地表现在，由于科学发现及其手段的层出不穷，就使得曾被"写作历史"覆盖的"历史一"，又防不胜防地透过了以往史册的纸背，以各种新发现的或未包含的史料的形式，在不断证伪着和解构着支撑过人文世界的"历史二"。

当然除此之外，更严重的危机还是表现于，也正是在现代科学的冲击下，就连历史学本身也被剥得光光，只被视作一种特殊形式的实证科学了。事实上，如果借助于柯文的前述说法，我们或者可以把起初的那种历史叙事，说成是既有"事实"基调、又有"神话"基调的。所以，如果我们还能记住维柯当年讲过的，"当人们追寻事物的本性时，最后他们发现，这根本无法做到，因为人在自身并不具有藉以构成事物的元素，而这本身又是出于其心灵的缺陷，即一切事物都在自身之外"，[①]那么，在剥离掉了以往的"神话"或"人文"成分以后，我们就至少还应当生出相应的危机感，去思考就以这种"祛魅"后的科学历史，究竟如何保守住多少人类对于自身的认同感？

（五）

再把笔锋掉转一个方向吧。——正因为在前文中揭示的、存在于"历史一"和"历史二"之间的张力，我才在本文的标题中预先

---

① 维柯：《论意大利最古老的智慧：从拉丁语源发掘而来》，张小勇译，上海：上海人民出版，2013年，第16页。

就挑明了：其实史料本身也是具有颠覆性的。

一般人也许会误以为，既然历史的编纂属于主动的行为，那么，有待于被当事人或后来人编纂的史料，便只能是消极被动的、干等着被归纳的静物。比如，胡适在介绍詹姆士时的一番信口发挥——"实在是我们自己改造过的实在。这个实在里面含有无数人造的分子。实在是一个很服从的女孩子，他百依百顺地由我们替他涂抹起来，装扮起来"，[①] 就很典型地代表了对于史料的这种误解。

然而在事实上，史料偏偏没有那么安分服从，也没有那么百依百顺，相反倒是包含着相当的颠覆性；而且从其本性上说，史料的这种潜在的颠覆性，又是来自历史学本身的二重性。——也就是说，这种对于往事的、带有很高技巧的记述形式，就其最本源的表现形态而言，是既包含着回忆，也包含着想象；既包含着事实，也包含着神话；既包含着科学，又包含着人文；从而，它既属于一种知识的事业，又属于一种权力的表征。

正因为这样，在一方面，受前一组因素的决定性影响，无论对于哪一代史学家而言，既要把历史叙事雄辩地写出来，就必须倚靠史料或文献的后援支持；哪怕他再是一位胆识过人、情感丰富、动机自觉的学者，都必须去小心地阅读、甄选和组织文献资料，那正是收敛其想象力风筝的、最具有决定意义的一根牵线。——也正因为这样，还是受前一组因素的决定性影响，历史家的工作才会被说成是"说有易，说无难"，因为他们那种带有归纳性质的工作，最怕的就是还有"黑天鹅"等在后边，而只要有一条未曾读到的、作为例外的史料，就会让自己多年的苦心营造于一夜之间崩塌。

可在另一方面，我们又应当痛苦地体认，无论前辈的史学家怎

---

① 胡适：《实验主义》，《胡适文集》第 2 卷，北京：北京大学出版社，2013 年，第 206 页。

样去竭尽全力，又正由于他们还必须同时伸张自身的主体性，就终会使在他们书写出来的历史、跟这种历史建基其上的史料之间，很难达致完全的贴合与统一。也正因为这样，一旦后起的史学家也想来发挥自己的主动性，也同样具有自成一家的企图心，而且也同样感受到了时代的脉搏，他们就势必要寻找这中间的张力与裂缝，从而利用被有意无意忽略掉的史料，去撬动以往生成的"历史二"或"书写历史"。正是在这个意义上，我们不妨把活跃的史料视作地表下的流沙，它们的恒久运动使得建成的地基总是很难稳固，使得以往的史学权威不可能无懈可击。

由此，如果容许我再打一个比方，那么这种带有颠覆性的史料，倒是有点像是卡尔·马克思笔下的、相对于上层建筑而恒久变动的生产力要素。首先，由于各种求真活动的不断揭示——既包括考古学的发掘工作，也包括人类基因的排序工作——就使得史料的出现总是层出不穷，从而总会突破以往执信的自我解释。其次，又由于各种新兴学科的不断创立——既包括人类学的民族志，也包括社会学的田野调查——就使得历史学的书写方法也总在花样翻新，从而总会在新的框架下去发掘以往视而不见的史料。

再加上，正如我们在前边已经述及的，由于全球化的背景日益凸显，就导致从以往的文明边界处，涌入了堪称海量的历史学读物——既包括个人根本无法学完的外语，也包括用它们写成的、毕生也无法读完的史籍——而且，它们还日益显出了以往未曾意识到的重要性，从而强烈提示着一个前此未知的世界，这就更是把历史学家们给彻底地淹没了。在这个意义上，以往司马迁的那种"究天人之际，通古今之变"的抱负，相对于区区数十年的学术生涯而言，就几乎成了不可企及的虚渺目标，所以，人们在写作时匆匆忙忙的"成一家之言"，也就变成了姑妄言之的无奈举动。

（六）

　　进一步说，史料的颠覆性还更其表现在，由于参与意识的普遍增强，由于统治合法性的衰落，由于识字率的普遍提高，由于传播媒介的日益便捷，也由于平均寿命的大幅增加，对于史料的有意识留存和大规模写作，又构成了当代社会生活中的一种很特别的"反权力"形式。

　　分析起来，历史的写作还应当分为两种形式，其中一种属于历史研究的写作，另一种则属于历史史料的写作，对于前一种可以专业地称作"历史学"，而对于后一种则可以姑且称为"历史"。不过，以往由于对于"可翻译性"的太过迷信，就使人们把传统中国的"史部"，直接对译成了普泛化的 history，大体上顾不上再进行更细的区分了。由此一来，也就使得社会中的任何个人，不管他们原本从事何种专门的职业，也不管有没有历史学的训练和技艺，都有可能突然就去动笔书写自己的历史，而且在大多数情况下都是在书写史料或文献。

　　平心而论，他们这样做也是有相当理由的。可怕的德国纳粹原有一句雄辩的名言，说是历史只能"是由胜利者书写的"，而这话在中文里也有它的对应物，即所谓的"成者王侯，败者贼"，或者"窃钩者诛，窃国者侯"。凡此种种，当然都要归咎于由米歇尔·福柯所揭示的、在话语与权力之间的对应关系。不过，与此针锋相对的是，那些在"历史一"中的无权者或失意者，尽管并不掌握去正式撰写"历史二"的权力或训练，可眼下偏偏也越来越倾向于，利用自己的余年来倔强地书写史料，从而给官修的历史留下各种漏洞、缝隙与反例，再留待今后的史学家们来进行挑战与抗争。

　　毫无疑问，他们在自觉这样做的时候，也是有意识地要选择自己所指望的、作为"历史一"的"历史"，或曰自己所希望的、作为"历史趋势"的"历史"。也就是说，他们几近绝望、却又不无指望地相信着，那个终将顽强留存下来的"历史一"，终究会颠覆掉现有的、带有过多人为作伪痕迹的"历史二"，并由此赋予今后的发展以相应的扭矩，从而改变子孙后代的未来生活轨迹。于是，这些现实历史中的可怜的弱者，也就把一线希望寄托在这些史料之上，指望它们终将展现出历史的辩证法，帮助自己去跟那些强者们互换位置，并解构掉他们强加给历史的有害影响。

也正因为这样，我才在一篇尚未发表的文章中，综述了当代中国的"老年人写作"现象："一方面应当客观地看到，一旦进入了这样的写作阶段，其生命的感受还真是充满悲凉。也就是说，正因为对于身边发生的一切，包括对于某些错误的改正，对于某些冤屈的平反，都不能在有生之年来指望，才只好把它留给了身后的历史，以寄托内心一丝微茫的希望。但另一方面又应转念看到，只要还在进行自主的写作，就仍然掌控着某种自由。也就是说，正是凭借着这种特殊的人类活动，无论是弱者去乞援于公论，还是失败者想要进行辩解，只要人们郑重地摊开了稿纸，而把思绪伸进了历史的维度，就仿佛回到了平等的起点上，那些曾经'一朝权在手'的权贵，那些张口闭口'一万年'的霸主，其实也并不占有多大的优势，尽管在他们尚未撒手的那个凡间，一向都只把'胜利者的语言'当作语言。"①

我还在这篇文章中进一步指出，由高速增长带来的消费主义，已使得满眼只剩下物质欲望的人们，特别是作为消费主体的年轻人，只是盯紧了充满了享乐机会的、灯红酒绿的市场，很少有时间再去

————————

①刘东：《老年人写作的独特现象》，未刊稿。

回顾和展望历史了。不过，也正因为这样，反而给了中国的老年人一个罕见的创造机会："等到后人检阅我们这个时代的精神产品时，他们会意外地、甚至不解地发现，居然偏偏是这些良心未泯的老年人，在拼尽了他们最后的心力，拿出了根本不在意生死的勇气，代替那些本该挑起大梁的人们，去秉笔直书和打破沉默，使当代的写作尚不至完全流于空白。在这个意义上，他们生命后期的这种写作活动，相对而言，也就更加靠近写作的本质，更加富于生命的紧迫感，也更加富于历史感和道义感。"①

当然，尽管未必都要到了衰年才来完成，不过这种挖掘和唤醒史料的普遍倾向，也同样并非为当代的中国所独有，而且，它也是同样对准了话语背后的权力。比如，正如我的同事彭刚所转述的，伴随着宏大叙事的后现代解体，在整个世界史学界都出现了"记忆的转向"："从后现代主义的批判立场看来，这种伴随着民族国家一同兴起并且以为民族国家进行辩护为自身宗旨的史学，已然成了一种压制（女性、被殖民族群、边缘群体等的）工具。大写的、单一的历史凌驾于多元的历史之上（History trumped 'histories'），男性、国家、西方、理性、客观性，在前者中居于支配性的地位。与此相应，女性、地方性、被殖民者、非理性、边缘群体、主观性等因素，就受到压制，成了在大写历史中被驱逐或者边缘化的因素。由于记忆仿佛天然就与后一类因素更具有亲和性，在大写的历史被复数形态的各种小写历史所替代的同时，历史记忆也就越来越成为历史学研究和史学理论所关注的对象。"②

同样还可以读到，法国学者皮埃尔·诺拉也平行地指出，在这

①刘东：《老年人写作的独特现象》，未刊稿。
②彭刚：《历史记忆与历史书写：史学理论视野下的"记忆的转向"》，《史学史研究》2014年第2期。

种由活跃的史料所代表的、被压迫者们向着压迫者的殊死反抗中，那些曾被深埋不露的、甚至几乎已不存在的"记忆"，是怎样又重返当代历史学之中心的："历史传奇的复兴、个性化文献的复兴、文学中历史剧的兴起、口述史的成功，如果不把它们看作虚弱的想象力的替代品，还能怎样解释呢？那些沉淀着、凝固着、表现着的，已从我们集体记忆中枯竭的资源的场所，其意义也在于这种意识。历史，是一个失去了深刻性的时代的深邃所在，一个没有真正的传奇的时代的真实的传奇。记忆被推到历史的中心：这是文学辉煌的葬礼。"①

只不过，说到这里还要再次提醒一句，毕竟在"历史一"和"历史二"之间的界限并没有那么截然和清爽。所以，这些"记忆"或"回忆"在多大程度上可以被当成"实际历史"，而在多大程度上又同样属于"书写历史"，这也是需要我们时刻予以甄别的。

（七）

正因为这样，紧接着我又要再来指出的是，正由于史料的这种大规模涌现，由于"记忆"的这种普遍性复活，反而使当前史学界的潜在危机之一，又表现在尽管已在较为自觉地检讨"历史书写"的方式了，却未能警醒地同时意识到这种书写所要处理的史料本身的"双刃性"。

事实上，恰由于当前史料写作的"民主化"，无论"贤与不肖"

---

① 皮埃尔·诺拉：《记忆之场：法国国民意识的文化社会史》，南京：南京大学出版社，2015年，第28页。

皆可操笔为之，反使得它的大规模留存与传播，必然表现为众声喧哗的和泥沙俱下的。正因此，尽管同样是在进行"反权力"的抗争，但如果是由康有为和梁启超来挑战西太后，或是由索尔仁尼琴和肖斯塔科维奇来挑战斯大林，那么，这种回忆录所带给我们的阅读反应，肯定就会不同于阅读由陈伯达或王力所写的"记忆"，——后边这两位"文革"时代的"干将"，分别在他们"死无对证"的事后回忆中，要么在暗中揶揄、要么在明显讨好邓小平。

更有甚者，由于根据现行的宣传口径，一般退休干部均不得擅自撰写回忆录，反而造成了沦为阶下囚的黄（永胜）、吴（法宪）、李（作鹏）、邱（会作）的回忆录，竟然专美地大卖于香港的书市，从而在无从全面了解"文革"的年轻人那里，莫名地造成了对于他们口中的"林总"的好感，这就益发造成了令人忧虑的无知和误解。正因为这样，任何训练有素的历史学家，都不得不谨慎地对待这类回忆录，——尽管这的确意味着一些"历史二"的裂缝与漏洞，然而它们由此所带来的颠覆，有时候反而更令人困惑和沮丧。

的确如此。尽管每一条新颖史料的发现，都会令人充满了兴奋与好奇，然而，一旦把这些发现全都给叠加起来，带给人的感受却往往刚好相反。之所以会造成这样的局面，说到底恐怕还是因为，当前这种受到了剥离的历史学，已经只把自身认同于科学的认识，而忘记或否定了自身的人文属性。事实上，也正是出于这种科学主义的态度，胡适才会只看重历史学的实证性，竟至于曾经不分青红皂白地说，"发明一个字的古义，与发现一颗恒星，都是一大功绩"！①

---

① 胡适：《答毛子水信》，刘东、文韬编《审问与明辨》，北京：北京大学出版社，2012年，第292—293页。

在这个意义上，我们甚至可以说，正由于史料本身的颠覆性，反使得历史学本身也遭到了颠覆，干脆在某种程度上蜕化成了史料学。

比如，在如此汹涌的现代大潮的裹挟下，人们当然很容易辨识出，在中国的现代历史学家中，以顾颉刚为代表的古史辨派，应当属于名副其实的"疑古派"，自然也就是相当自觉的科学派；然而，他们却未必能更深入地看到，实则以王国维为代表的"信古派"，也同样是受到了外来史学的影响，而更加突出史料本身的决定意义，从而也同样在标示着史学的现代转型。——既然如此，眼下就让我们从这个新的角度，重温一下他当年向清华研究院发表的讲演吧：

> 古来新学问起，大都由于新发见。……自汉以来，中国学问上之最大发现有三：一为孔子壁中书，二为汲冢书，三则今之殷墟甲骨文字、敦煌塞上及西域各处之汉晋木简、敦煌千佛洞之六朝及唐人写本书卷、内阁大库之元明以来书籍档册。此四者之一，已足当孔壁汲冢所出，而各地零星发见之金石书籍，于学术有大关系者尚不与焉。故今日之时代，可谓之发见时代，自来未有能比者也。[1]

一般人总是倾向于以为，既然这里讨论的仍是"信古派"，那么，这种对于新材料的敏锐看重，总会应当具有相当的建构性。但此刻在我看来，这也同时隐藏着相应的颠覆性。这是因为，一方面，史料的出现总带有某种偶然性，而且只要没有上帝去事先担保，其分布也注定不会均匀与平衡，所以，一旦人们表现出这样的心态，只

---

①王国维：《最近二三十年中国新发见之学问》，《王国维文存》，南京：江苏人民出版社，2014年，第744页。

要在哪方面突然蹦出了史料，就掉头不顾地只去搞这个方面，其治史的眼界就必然会受到局限和歪曲。另一方面，相对于史学界的整体配置而言，热点总是相对于被忽视的冰点来讲的，热闹也总是相对于冷漠而言的，所以，一旦一窝蜂地只去追逐某些热点，而忘却了这些热点的广阔文化背景，就势必会相应地造成关注面的偏颇与失衡。

所以在这种情况下，雅各布·布克哈特当年讲过的一段话，就很值得当代人去反复品味，因为那大概正是他能够成为史学大家的要津："在学术界，一个人只能在某一个特殊领域成为行家，也就是专家，在某些领域他应该成为一位专家。但是如果他还没有丧失一种概观全局的能力的话，或者即使是从他自身的角度进行普遍的概括，那么，至少就其本人来说，他还是应该尽可能地成为一个业余爱好者，提高其自身的知识水平，丰富其看问题的角度。否则，他就会在自己的专业知识以外一无所知，像是一个没有开化的野蛮人。"①

事实上，如果不是已把历史学视同于现代科学，而斤斤于史学家的"创新性"发现，并以此作为"论功行赏"的基本根据，那么，这种对于新出史料的热门追逐，就算可以在短时间内以突进的形式，从而对于作为集体文化事业的历史学，在某个局部上推动它的知识增长，可从长远的发展来看，却终究难保它在大局观上的渊博通见。更不要说，相对于"究天人之际，通古今之变"的传统襟抱而言，这种毫无古风可言、倒是充满匠气的治史态度，对于从事史学研究的个人来说，更是终究会有碍于其心智拓展的。正因为这样，我们才会合情合理地看到，其实真正更看得起自己的、也是更加具有大

---

① 雅各布·布克哈特：《希腊人与希腊文明》，王大庆译，上海：上海人民出版社，2013 年，第 27 页。

家风范的史学家，恰恰不会过于在意偶出的史料，至少不会把全部的学术命运都赌上去。

当然，王国维在这方面可以算是罕见的例外，因为无论是他的才具、器识与格调，他早年沉浸西学时所拓展的心智，他不断去旁及别种学科的浓烈求知欲，以及他所享有的千载难逢的个人机遇，都是那些步其后尘的仿效者所无法比拟的。但也正因为这样，我们在肯定他的高度成就的同时，也不必讳言他所带来的一些负面效应。——它如今已经致使人们普遍地相信，只要能有"一招鲜"便足以"吃遍天"，哪怕自己在其他方面所知甚少，哪怕自己根本就谈不上什么史识，甚至哪怕在人格方面根本就残缺不全。在这里，为了更鲜明地反衬出这种变化，我们应该再重温一段针锋相对的、来自钱穆的文字：

> 中国自古亦即有所谓专家畴人之学，如天文历法算术医药之类，此皆近代谓属于自然科学方面者，此等诸学，每易使人隐于学，而不能以学显人。故中国古人传统，每若对此等诸学较近忽视。实非忽视，乃求矫人之专一于此等诸学，各不相通，而易起其他之流弊。即如孔门六艺，礼乐射御书数，亦何莫不然。一若此诸艺皆独立在人之外，人乃从而学之，此则学为主而人为从，乃为孔子所深戒。……故孔子教人学六艺，乃必曰志于道，据于德，依于仁，游于艺。艺与道不同。苟徒知游于艺以为学，将使人没于艺，而终必背于道。①

令人嗟呀的是，跟人们以往所追求的这种"通才"不同，如今把

---

① 钱穆：《中国学术通义·序》，台北：台湾学生书局，1975年，第5页。

历史学当作一门创新"职业"的人，他们跨进此门就是要来"重讲"历史的，不管自己是否意识到了"重讲"的必要和门径。并且，这种"重讲"的任务能不能完成，关键就在于能否抓到新的"史料"，这关系到他们的学术声誉与职业前途，关系到他们的职称评定和身家性命，而除此之外的一切，包括究竟能从中获得怎样的人格发育，他们就觉得统统都管不着了，甚至就连这些重被讲述的故事，到底联系在一起会意味着什么，他们也觉得统统都已管不着了。在这个意义上，他们那点可怜的史学风格，就完全被"史料"所占有和左右了。

而如果针对这种情况，再来对比一下张载当年的说法，会觉得那简直就是对着当今之弊而讲的："既学而先有以功业为意者，于学便相害。既有意，必穿凿创意作起事端也。德未成而先功业为事，是代大匠斫，希有不伤手也。"[①] 此外，那些斤斤于"学术创新"的后进们，也可以再听听张载的另一段话："学未至而好语变者，必知终有患。盖变不可轻议。若骤然语变，则知操术已不正。"[②]

由此也就造成了，以前在阅读学生的学位论文时，一旦看到巨细靡遗的文献综述，会觉得这一定是下了很大的功夫，因而至少是"没有功劳也有苦劳"的；可如今，明眼人一看就知道那是什么把戏，因为新一代的学者都钻到了数据库中，并且把广泛的自由阅读变成了刻意的专题查找。由此令人啼笑皆非的是，尽管眼下指导的很多博士研究生，并不能自行提出有价值的问题，但只要你帮他们提出了这种问题，他们就能快速地通过电脑检索，铺叙出既汗牛充栋、又让人昏昏欲睡的相关研究。而且，这看来也并不只是中国的"地方病"，比如身在美国大学的同事戴沙迪，也为我们提供了下面这种

[①] 张载：《经学理窟·学大原上》，《张载集》，北京：中华书局，1978 年，第 279 页。
[②] 张载：《经学理窟·义理》，《张载集》，第 271 页。

有趣的描述：

> 对某一个数据库进行搜索，就好像物理学家运用回旋加速器，把搜索的词汇、句子往数据库里一输，然后仔细观察数据库如何反应，会反馈出什么样的信息，文本也被当成了反复搜索的标的。那么，运用回旋加速器的物理学家，或者用粉碎机的化学家，跟用传统的阅读方式的人文专家，到底有什么重要的区别？而阅读跟搜索又有何不同？主要区别很可能在存在于阅读过程的历史性中。[①]

（八）

前不久，在棋手李世石和电脑"阿法狗"之间所发生的、几乎剥离了这些智人最后一点面子的"人机大战"，让我们不得不充满忧虑地想到，沿着前述那种就像"加速器"一样的混搅式方式，历史学不久以后大概就会从选题与书写，都发展到主要由机器本身来代笔完成了？——而且，鉴于这种写作方式的"速成"效应，它就肯定会在统计数目上显得好看，从而肯定会受到技术官僚的特别青睐，也肯定会被鼓励为新一代人的流行学风。

可无论如何，机器的问题却先天不足地表现在，它本身并没有实际的人类经验，从而也不会像实践中的人类那样，哪怕是带有偏向性地提出问题，和哪怕是带有局限性地进行思考。这就更加促使

---

①戴沙迪：《数字人文与科举文学间的今古奇观》，《中国学术》，第三十五期，北京：商务印书馆，2015年，第393页。

我们从反面领悟出，其实在历史研究与历史书写的过程中，最要紧的还应当在于我们的主体性，在于我们从生活的实践中体悟出的、因而理应给人类带来教益的鲜活经验。也正因为这样，无论史料的获取变得如何容易，都不能用来取代史学家们自己的思想；恰恰相反，正因为对于史料的检索已变得轻而易举，而且再去云山雾罩、不厌其详地罗列史料，也不会有钱钟书式的炫技效应了，就反而使得历史学的写作本身，更加凸显了和呼唤着高度的思想性与技巧性。

然而，具有讽刺意味的是，由于已把"经史子集"这种四部的学识，对接成了"文史哲"这种西式的分工，就使得当下从事史学研究的学者，往往判然二分地去把历史归于历史，而把思想归于思想，似乎两者可以总是"井水不犯河水"；甚至，就连号称在研究"思想史"的学者，也误以为只需罗列出思想的"史料"，也就是说，只让过去的思想家们去思想，而自己则只需再编排他们的思想，就已算得上厚重的思想史著作了。他们甚至都未曾意识到，其实在相当关键的、带有决定性的意义上，历史学本身就应当属于思想史，而缺乏思想力度与价值关切的历史编纂，则只能算是不知所云的"断烂朝报"。

可也正因为这样，我们更应当旗帜鲜明地指出，一方面，在进行历史书写的过程中，当然应当怀有相应的"求真意志"，否则的话，就难免会流于胡适的工具主义，误以为史料可以任由史学家去装扮；但另一方面，又不能由此就把历史学的工作，单纯地视作"求真意志"的贯彻，或简单地视作"历史实证主义"的实施，否则，就反而会被淹没在浩瀚史料的迷宫之中。或者，换句更简明的话来说：一方面，为了接引和汲取过去的人类经验，我们当然需要借助于档案材料来思想；但另一方面，我们又需要充满警觉地意识到，档案材料本身却并不会思想，而且它越是海量地沉淀与堆积，就越有可能淹没我们自身的思想。

正因为这样，我们就还应充分地意识到、并慨然地领受另一个要点，那就是历史学家本身作为有限的"此在"，必然会遭遇歌德《浮士德》第一幕的"知识悲剧"，或者必然会遭遇庄子在其著作中所讲的"吾生也有涯，而知也无涯。以有涯随无涯，殆已"①。在这个意义上，对于任何立志于历史书写的个人来说，尽管他理应发愿去尽其所能地进行搜罗，然而史料本身又终究是不可穷尽的；甚至，如果一门心思只想去做到竭泽而渔，反而会消磨"求真意志"和化解"解释冲动"。既然如此，我们也就只有坦然地接受这样的矛盾，即在一方面，人类的生命历程乃是历史性和过程性的，并且正由此我们才对历史过程充满了好奇，甚至创造出被称作"历史"的学问来进行追索；可在另一方面，又正因为个体的生命本身恰是历史性的，所以我们作为个人又并不具备相应的时间，去充分和全盘把握住生命进程的展开。

那么，在如此"实话实说"了之后，既是面临着根本"不可完成"的任务，历史学家们最终还能剩下什么呢？他们世代相传的工作使命，是否只能意味着铩羽而归和屡战屡北呢？——那也未必如此，因为从我个人的角度来看，他们仍有可能于"绝处逢生"，只要他们能从中把握住高度的平衡，也即在一方面，历史学家们作为个体，永远要做好心理准备来迎接历史的挑战，并且慷慨悲壮地接受生命的有限性；而在另一方面，历史学家们作为集体，又永远不要忘记自己本身也是创造历史的手段，只要他们能够接续地工作而不稍中断。

可以再来回顾一段相应的文字。钱穆在他《国史新论》的序言中，开宗明义就指出了其治史之宗旨，即"一国家当动荡变进之时，

---

① 《庄子·养生主》，郭庆藩撰：《庄子集释》，王孝鱼点校，北京：中华书局，2016年，第123页。

其以往历史，在冥冥中必当发生无限力量，诱导着它的前程，规范着它的旁趋"，①而正因为意识到了这种机运与责任，这位作者才"窃不自揆，常望能就新时代之需要，探讨旧历史之真相，期能对当前国内一切问题，有一本源的追溯，与较切情实之考查"。②不过，即使在这种"危与机并存"的背景下，作者却也未忘记所谓"过犹不及"的平衡感，即在一个方面，要竭尽所能地去逼近真实，"根据以往史实，平心作客观之寻求，绝不愿为一时某一运动某一势力之方便而歪曲事实，迁就当前。如是学术始可以独立，而知识始有真实之价值与效用"；③而在另一个方面，又应实事求是地看待自己，和宽宏大度地期待后进，"至于语语有本，事事着实，以史籍浩瀚，囊括匪易，尚祈读者恕其疏失，匡其未逮。循此而往，中国历史必有重建光明之一日，而国运重新，亦将于此乎赖。"④这才是一位大史学家所应秉持的、真正具有历史感觉的态度！

既然如此，作为我在芝加哥大学这三次讲演的终曲，就不妨再返回到我最初向大家讲述的孔子。这位虽然并非"专业"、却又最为正宗的中国史学家，一旦从失利的政治实践中急流勇退下来，就转而进行了别具匠心的历史编纂，而且就在这中间表达了自己的道德关切，并由此发挥出了影响深远的、可以说在中国历史中无与伦比的主动性。正如我在第一次讲演中所指出的："尽管中国并无宗教式的精神形态，但正由于'孔子作《春秋》，乱臣贼子惧'，史学才使得人们对于身后，也有了同样的关怀和惕惧。——而中国式的、具有人格品格的伦理道德，很大程度上就附丽于此。"⑤

①钱穆：《国史新论》，北京：三联书店，2005年，第1页。
②钱穆：《国史新论》，第1页。
③钱穆：《国史新论》，第3页。
④钱穆：《国史新论》，第3页。
⑤刘东：《对于往事的中国记述》，《自由与传统》，北京：北京大学出版社，2015年，第219页。

接下来，也正是沿着孔子开出的书写历史的路向，也即"人们记述、提醒和评论往事的基本目的，不可动摇地在于修正和扳回此后的历史轨迹，使之逐渐返回到那个足以产生'思无邪'的《诗经》的淳厚年代，这也就是所谓有着'王者之迹'的'三代'"，[①] 中国的史学才在宋代走向了它的另一波高峰。而再接下来，更加不可忘记的是，又正如其弟子王永兴所准确地追述的，本院早期的著名导师之一、也是现代中国最大的史学家陈寅恪，也并非如俗常所见到的那样，只是从学术功力上发扬着乾嘉的考据之学，而是从精神底蕴中延续了宋代史学的传统。[②] 也就是说，如果忘记了这一点，只以所谓掌握外语的繁多、或掌握史料的丰富来总结陈寅恪，那就注定会是不识庐山、而买椟还珠的；而且，如果不能从中看到陈寅恪的价值关怀，而仅仅把他所完成的历史书写，拆散成一个个零散的实证论述，那么作为史学大家的陈寅恪，也就根本不复存在了。

至此就让我们来最后总结一下。一方面，在由"历史一"和"历史二"所构成的微妙张力中，来自任何历史时段之任何历史主体的努力，都构成了决定当下历史趋向的因素之一，这让我们至少有点理由感到欣慰。惟其可惜的是，此种伟业一旦分摊到单独的个体那里，任何单独个人的努力又只能是"之一中的之一"，而由此也就逻辑地决定了，虽则谁都想要去影响他此身所属的历史，可到头来，谁也不能做出最终或完全的决定。甚至，就算他们之间也构成了某种"合力"，这种由无数散点所构成的不规则的"矩阵"，也并不能排列成恩格斯所讲的"平行四边形"，因为那种理想的图形，实则暗含着某种想当然的"力矩"，而那"力矩"又贴合着某种独断的历史

---

① 刘东：《对于往事的中国记述》，《自由与传统》，第 212 页。
② 参阅王永兴：《陈寅恪先生史学述略稿》，北京：北京大学出版社，1998 年。

决定论，或者隐含着当时已不好意思明说的神意。

但另一方面，既然已对这种神意进行了缺省处理，那么，任何个人所进行的历史书写——不管它属于"历史一"还是"历史二"——都不如说是他对于个人宿命的某种反抗，而我们至少也可以说，他的生命就表现在这种昂扬的姿态中。由这种反抗的行为或姿态所造成的、哪怕是相当细微的对于既定历史的修正，都属于正常历史主体的天然祈求，这是因为任何这样的、现实生存过的历史主体，又都是实实在在的道德主体，他们对于已经发生过的历史事件，总会由衷地发出自己的道德判断，而对于将要发生的未来历史趋势，也总要情不自禁地想要进行符合道德的修正。也正是在这个意义上，我才曾经多次和反复地提出，尽管过去的历史是会犯下错误、乃至滔天大罪的，然而我们心中的伦理原则却不会犯错，它还可以作为一种永恒的动机来校准历史。

更加意味深长的是，同样是在这个意义上，历史书写也就因为满含着希望与想象，而转变为"历史的美学"或"历史的诗学"，而这些来自人文世界的珍贵祈求，也正是历史学家们至少还能剩下的。由此可知，摆在我们面前的一条活路，就必然是也去继续发扬历史学的人文性质，发挥它的道德关怀与诗意想象，从而让过去的历史充满了惨痛的教益，也让今后的历史充满了微茫的希望。当然，除此之外也还有另一条路，那就是仍然让科学去继续取代人文，让"历史一"去继续覆盖"历史二"，让机器去继续代替我们写作，让偶出的零碎史料去继续驱逐激越的想象，从而让历史学去更加沦为一门过了时的、无足轻重的手艺，——只不过，这显然是一条已经走不下去了的死路。

2016 年 3 月 21 日初拟于清华学堂
2016 年 8 月 4 日写毕于青岛·海之韵

多重误读下的国民性话语：以汉学史中的明恩溥为主线

在西方文化无所不在的压强下，一种以全盘否定本土文化为突出标志的国民性话语，曾经构成了中国现代思想史中重要的否定环节。而晚近以来，随着后殖民主义所带来的视角转换，学者们对于这种看似很有批判性的国民性话语，又进行了新颖的考证发掘，而其中最有影响、却也最令人迷惑的发现，就是基于比较文学的独特角度，凸显了在美国传教士明恩溥和中国现代作家鲁迅之间的影响—接受关系。本文的主要目的，则是既要延续这样的发掘工作，又要澄清尚且残存的迷误。

一、国民性话语的现实背景

要想客观地评价明恩溥当年针对中国人所发出的议论，就必须在想象中把他带回那个时代的历史语境。不然的话，说他如何好的人，就会认定他独具只眼且目力过人，道他如何歹的人，又会把他视作一切偏见的源头，——然则在我看来，这两者都是他承当不起的。

实际上，从思想史的角度来纵览，明恩溥所描述的中国人之特性，至少有两个方面的思想背景。——请注意，我这里所讲的思想背景，乃是发言者在道出某种议论或话语时，先于它或围绕它的总体上的舆论气候。特别来提示这一点，是因为在某些情况下，尽管当下所掌握的有限材料，暂时还无法支持"强相关"的论证，而确凿地坐实发言者的思想来源，然则，只要我们能把发言者植入这种思想背景，并且呈显出包括他在内的渐次发展轨迹，就仍然不妨给出"弱相关"的描述。——毕竟，作者只要不是运思在真空中，他就理应对其发言的语境有所了解；而且退一万步说，就算他对周遭的声音全都充耳未闻，凭借着这样的思想背景，我们也不能把那些观点全都视作他的专利。

从第一个方面来看，明恩溥思考中国的背景因素，在于当他发言时所介身于其中的现实场域。我们都知道，这位牧师是从1872年登上中国土地的，又是在跟中国人打了20年交道之后，也就是在1892年，把一系列此前发表在《字林西报》上的文章，集成了《中国人的特性》一书。由此，我们也就可以推知，其实明恩溥构思和写作此书的那段时间，也正是中华民族最为国步艰难的时期。而在这样的背景下，任何一种有关中国的新的言说，都必须要考虑和贴合此种语境，从而对下述事实具有相应的解释力：为什么只是在鸦片战争后的短短几十年间，那么一个规模庞大的中华帝国，一个当年曾被耶稣会士传为神话的东方文明，就这么摧枯拉朽般地一败涂地了？而这样一个国家若想重获前途，又必须进行怎样的脱胎换骨？——要是做不到这一点，明恩溥在《字林西报》上的读者，也很难对他的说法感到信服。事实上，早在明恩溥之前，回应这种质疑的种种解释，就已经在西方人中间蔓延开了：

　　西方人提及第一次英中战争，总是把它作为中国历史上的一个主要危机来看待。它恐怕是从已经存在了大约 2000 多年的旧事物向将会变革国计民生的方方面面的更新的西方思想转变的出发点。一些作者坚持认为，中国一直在固守着旧的制度而且拒绝接受任何新的或不同的事物。他们认为，是战争使中国人认识到，他们的国家必须进行一些革新，否则，就不再是一个伟大的帝国。对这些人来说，战争的重要性在于它对中国人思想的影响。另一些作者更多地强调 1840 年的战争对欧洲人的中国观的影响。西方人终于得出结论"中央王国"不像他们已经相信的那样是不可变动、凝固且毫无生气的。或许，第一次英中战争大大改变了欧洲人的中国观而不是中国本身。①

此外，我们还能读到，甚至早在十九世纪三十年代，也即第一次鸦片战争之前，就已经有造访中国的法国人，开始启动了这样的质疑：

　　在北京的第一个月，我一直在学习有关政治的知识。我很快就发现，传教士们比较中国文明与欧洲文明而得出的描述与现实相去甚远。误差来自两个原因：首先，耶稣会士写作的那个年代已经过去了，社会发生了改变；其次，他们的政治主张值得嘉奖，但却是狭隘的，他们总是希望将中国表现为一个理想的政府模式，民众完全服从皇帝。这是他们的兴趣所在，至少是他们期待的兴趣所在，他们希望建立一个绝对权力，天朝上国的井然有序、和平稳定将保证这种权力不至于滥用。因此，他们的描述有所偏袒。

---

① M. G. 马森：《西方的中华帝国观》，杨德山等译，北京：时事出版社，1999 年，第 110 页。

从哲学的角度看，中国政府不过是一个贫乏无力的专制政府，以活跃的间谍活动、无止境的遵从、权力、以恐怖为保证的专制暴虐的家长制作为支撑。①

凡此种种，不可能不构成明恩溥的思想背景。进而，我们还有理由紧跟着再补充一句，甚至这种背景的固有色调，还因为他参与其中的传教运动——自然也包括了他本人的积极活动——而有所加深，也就是说，这些狂热的教徒对于其他文明的唐突冲入，和对于本土价值的恣意颠覆，自然会在那片被传教的国土中，冲撞出文化原生态的急剧破坏，从而加剧古老帝国的凋零残败。正如我刚刚在一篇文章中指出的：

> ……正因为传教运动的存在，如果姑且以费正清的模式来分析，却又会发现，一大批比他更早来华的传教士，又刚好构成了他所讲的"冲击"的一部分。换句话说，那些传教士的存在，不光是启发了费正清的历史模式，而且也验证了他的模式。——正如费正清后来形象地描绘的，他们先以突如其来的闯入制造了当地文化的紊乱，再用洁白的绷带去包扎自己造成的别人身上殷红滴血的伤口。②

此外，相比起其他传教士来说，明恩溥更显得是个有心人，而且正因为他的特别用心，这种作为思想背景的现实场域，对他而言就展现得更为清晰。——我在这里是指，为了更好地完成他所担负

---

① 老尼克：《一个番鬼在大清国》，钱林森、蔡宏宁译，济南：山东画报出版社，2004年，第253—254页。
② 刘东：《美国汉学的传教之根》，《清华大学学报》2010年第5期。

的宗教使命，明恩溥不光是潜入了中国的乡村生活，还更基于他自己的早期教育，希望比别人更为精准地进行观察，特别是去观察中国的下层社会；进而，他还要把观察结果形诸笔端，以更为清晰地整理和传播自己的心得。由此一来，尽管这位神职人员并非专业研究家，他却充分利用了自己的时空优势，从而在客观效果上，把一位牧师所肩负的传教使命，部分地转变成一位社会学家的田野调查。而这也就意味着，他竟是把俗常以为最不适于做学问的地方，转换成了最适于做学问的地方，从而帮助创造出了作为现代学术的美国汉学。正如他后来所自述的：

> 有人说，如今在与中国人的交往当中，有三条途径可以去了解他们的社会生活——研究他们的小说、民谣、戏剧。这些信息来源中的每一条，无疑有其价值，但看来还有第四条途径，比前三条加起来都更有价值，但这条途径不对每一个写作关于中国或中国人的作家开通。这条途径就是在中国人的家里研究中国人的家庭生活。正如一个地域的地形在农村比城市更容易弄明白一样，人的素质也一样。一个外国人在一个中国城市呆上十年，他所知道的人们的家庭生活内容，还不如在中国乡村住上一年。家庭之外，我们必须把乡村作为中国社会生活的单元。因此，正是以一个中国乡村为立足点，这些文章才得以写成。①

或许，这种在方法论方面的自觉，在最初这本《中国人的特性》中，还稍微有些强作解人的嫌疑。不过，人自然是时时要说话，而

①明恩溥：《中国人的素质》，秦悦译，上海：学林出版社，1999年，第5页。

话有时也可以说人，所以一旦某句话讲出了口，它也可能转而牵着人走，反过来再去塑造那个人格。——无论如何，等到明恩溥再撰写《中国乡村生活》的时候，他在此种方法和取向上，已经显出相当的自觉了，因为那本书干脆取了一个副标题：《社会学的研究》[1]。由此，这位牧师也就于有意无意之间，开辟了一条学术研究的路径，即深入腹地去考察中国社会，特别是去考察中国的农村和下层。因了这个缘故，即使过去了将近一个世纪，我们还能从美国史学名家周锡瑞的《义和团运动的起源》中，读到对于明恩溥著作的长篇引证。[2]

总而言之，在思想史的现实对应物方面，明恩溥是既来自那个话语场域，又加强了那个话语场域；既出自那种思想背景，又加深了那种思想背景。所以，针对他在此间的地位，我们还是要再次援引费正清的一段总结：

美国人心目中对中国的映象的幻灭，是由一本读者甚多的著作来加以完成的，即明恩溥牧师所著《中国人的特性》。明恩溥在山东的一个乡村呆了多年，试图从中国下层开始推行基督化，并从乡村这个层面来观察中国人的生活方式。《中国人的特性》先是于十九世纪八十年代以系列文章的形式写成，后于1894年（原文如此——引者）成书出版。该书是中国生活在美国中产阶级眼中的经典写照，书中关于中国社会差别的叙述十分引人注目。该书同时标志着一个新的阶段，成为后来的社会学分析的基础。明恩溥把作为文化差异的"贫穷"与"社会团结"，

---

[1] 参阅明恩溥：《中国乡村生活》，陈午晴、唐军译，北京：中华书局，2006年。
[2] 参阅周锡瑞：《义和团运动的起源》，张俊义、王栋译，南京：江苏人民出版社，1994年，第70—71页。

写得特别精彩。①

如果不弄清上述这个方面，我们就无法借助于思想史的大链条，来设身处地理解到，为什么在明恩溥对中国人特性的总结中，总难免显得有点吹毛求疵，而把负面色彩涂抹得这样重。甚至，就连对一些既谈不上缺点也谈不上优点、而只能被说成是某种特点的中国特性，他也不愿进行客观中性的描述，而要用大惊小怪的口气，把它说得简直是匪夷所思。由此顺理成章地，他在后世自然会遭到来自中国学者的严厉批评：

> 明恩溥来华是带着白种人的优越感来的，自以为是来拯救苦难的，故时时处处都表现出一种歧视中国人的傲慢态度。他认为："要改造中国，就要找到中国人性格的根源。"于是，一八九二年，他把为《字林西报》所写的对中国人的观感，汇集成一本厚达三百多页的《中国人的特性》，书中列举了中国人的二十六个特点。仅从此书所罗列的目录："没有时间观念"，"没有准确的概念"，"误解的天性"，"拐弯抹角的天性"，"理智混乱"，"轻视外国"，"因循保守"，"没有同情心"，"互相怀疑"，"没有诚实"等，就可窥其一斑了。他说："中国社会如同中国的景致一样，远看好看，近则臭气难闻。因为脏与臭不能摄入镜头。"在其他如"节约"、"勤劳"、"礼貌"等章里，也都以中国人民在封建压迫和剥削下所受的痛苦，作为讥笑的题材。②

---

① 费正清：《1985 年 12 月在美国历史协会成立一百周年纪念大会上的讲话》，转引自明恩溥：《中国人的素质》附录，第 332 页。
② 顾长声：《从马礼逊到司徒雷登：来华新教传教士评传》，上海：上海书店出版社，2005 年，第 310 页。

此外，又正由于那个外在的思想背景，对其写作活动产生了太多的制约，等写到本文第四节的时候，大家会看得更清楚：尽管明恩溥把自己在中国乡村看到的一些奇异的微观景象，跟这个国家在西方冲击下危如累卵的宏观背景，进行了一种想象中的勾连，并且毫无疑问是做出了暗示，认定那些微观景象至少是部分地构成了宏观背景的成因，可是说到底，这样的一种想当然的因果勾连，只不过是仅属于他个人的解释。而事实上，那两者之间并不见得具有那样强的相关性，所以很可能到了哪一天，那个宏观背景早已随着世界大势而斗转星移，然而这些曾让他大惊小怪的微观景象，却仍然顽强地流传下来，——而到这时候，就需要崭新的解释范式了。

不过，公平地说，又鉴于明恩溥本人的特别用心，而能在原本极具主观色彩的传教过程中，开启出客观研究中国的社会学方向，所以，由于同时又受到这种学术规范的制约，他针对中国特性所发表的那些见解，尽管肯定存有不少偏见和歧视，仍不能被简单地归结为妖魔化。对于这一点，明恩溥其实从一开始就有过非常明确的自述。只不过，由于以往未曾对他的复杂动机，进行稍微仔细一点的辨析，所以人们对他这些话，大概是宁信其无而不信其有的：

　　这些文章的目的，并不是为了表达一个传教士的观点，它们只是一个不带任何偏见的观察者所记录下的他的真实所见。由于这个缘故，也没有做出这样的推论，认为中国人的任何一种性格都可以以基督教为范式来加以改造。没有给出这样的假定，即中国人绝对需要基督教，但是，如果他们的性格中表现出了许多严重的缺陷，那么，这些缺陷将如何得到矫正，这倒是一个值得研究的问题。①

二、解析中国的西方镜头

毕竟，在学术性地研究中国方面，明恩溥还只是一个雏形与起点，所以他对中国人特性的捕捉与归纳，尽管相对而言已较为深入，可比起此后那些真正专业性的研究来，还是仅仅以个人的印象描述为主。也正因为这样，他那些针对中国人特性的议论，尽管肯定是启发了后来的社会学家，却仍然在很大程度上，跟以往那些写自中国的书简或游记之类，存在着某种继承和类同关系。而由此我们就可以说，那些著作无疑也构成了其思想背景的一个方面，——当然是在观念史的意义上。

关于此种思想脉络，笔者恰好刚刚完成了一篇论文，对之进行了稍微细致一点的梳理。按照那篇文章中的观点，与其说那些来华传教士写回国内的报告，是在进行居心叵测的妖魔化，倒不如说它是在进行对象化或他者化。如果人们现在已经认识到，诸如此类的所谓国民性特征，通常需要从文明外部去进行界定与刻画，那么，他们最好能跟着再看穿一层：那些越出其自有文明边界的探险者，原本就是为了再划定文明的界面，才刻意制造出这种国民性话语的，——所以吊诡的是，在帮助清理出人类状态之连续性的同时，这些人又为了照顾到本民族的身份认同，以便维持足够的内部向心力，要再制造出相对的断裂性来：

---

① 明恩溥：《中国人的气质》，刘文飞、刘晓旸译，上海：上海三联书店，2007 年，第 5 页。

正如本尼迪克特·安德森所指出的，用来标示人类族群的断裂性，有时是可以基于主观想象的，是可以假借人力建构出来的。这也就意味着，即使原本并无严格的对立面，那么一个共同体哪怕只是为了标示其内部认同，也必须制造出一个界限分明的他者来。而由此一来，在某一群相互认同的"自我"眼里，那个与之相对的作为界限的"他者"，也就一定要相应地夸张变形，否则就达不到借以定义自己的目的了。——这样我们就不难领悟到，表面上反映了外部认知的跨国形象，实则更和本民族如何看待自己密切相关，从而也就同一直作为现代人"护身符"的民族主义密切相关。[①]

由此，如果全面地来看，那些不无猎奇色彩的访华报告，正因为主要地是在进行对象化和他者化，所以尽管也要涉及乃至夸大被描述对象的很多负面因素，却仍然不是在进行单向度的妖魔化，而毋宁是在进行两极化和戏剧化。当然也正因为如此——让我们顺便澄清一下——其实那些跨文化生成的国民性话语，就并不像后来所曲解的那样，只是在指称亟待改造的国民劣根性：

> 正如越是了解全部细节的专家，就越会凭直觉想到水有多深，从而也就越会左右为难、游移不定一样，公众头脑中的跨国形象则刚好相反：它注定会建筑在几个最简单的特征之上，注定会像卡通片的基本元素那样，表现为泾渭分明的善恶二元论，由此，大多数人也就注定要简单干脆地给出结论。——说来这也难怪：在同样的精神向度之下，意识的外延越是宽广，

---

① 刘东：《跨国形象与国际认知》，《徐州师范大学学报》2010 年第 3 期。

其内涵当然也就会越是浅薄，所以，越是要求人们在缺乏基本知识的情况下，就贸然拿出全称的判断，他们的结论就越会因陋就简。[①]

在这方面最方便的例证，就要数卫三畏那个大部头的《中国总论》了，它的英文的标题原为 *The Middle Kingdom*，直译过来便是《中间王国》，意为"中不溜的国家"，也即它的生存状态是既比上不足、又比下有余，足见它的国民特性照这位西方作者看来，当然也会是好坏参半的。不过，更为突出的两极化做法，则又是对于同一类事情，竟然也可以由同一类话语，同时给出截然对立的判断，——由此就既突显了这类话语的主观任意性，同时也足以说明，如果从其内在可能性方面来说，国民性话语原本就是优劣并列的：

> 碰巧，我手头有一本题为《中国民族性》的资料集，它收入了各色人等自鸦片战争以来对于中国人精神状态的种种判定，其间既有雾里看花之誉，亦有以偏概全之毁，既有仰高钻坚之声，亦有呵佛骂祖之音，令人不禁感到这种"民族精神"竟可以同时"既是又不是"任何东西。比如，中国人居然既被说成"诚实"的，又被说成"说谎"的，既被说成"中庸"的，又被说成"极端"的，既被说成"智慧"的，又被说成"愚昧"的，既被说成"知足"的，又被说成"贪婪"的，既被说成"平和"的，又被说成"残虐"的，既被说成"省俭撙节"的，又被说成"好色逸乐"的，既被说成"富有商才"的，又被说成"非功利主义"

---

① 刘东：《跨国形象与国际认知》，《徐州师范大学学报》2010 年第 3 期。

的……真是非把人带到五里云中不肯歇手！[①]

而作为其思想背景的另一方面，无论这种既嫌好又道歹的中国形象，跟明恩溥的国民性话语有无直接关联，我们都可以沿着思想史的大链条指出，只要一个介身其中的人想要来"接着讲"，都必然跟此前此后的话语系统，具有或多或少的内在联络。这中间，较为久远和较为间接的中国图像，如黑格尔或斯密有关中国陷入停滞的看法，我们且按下不提。[②] 至少，从《中间王国》成书的 1848 年，到《中国人的特性》成书的 1892 年，其间还足足留出了近半个世纪，——就让我们继续借助于上面提到的那本资料集，来看看在这一段时间之内，都依次流行过怎样悖反的中国形象吧！

首先，跟卫三畏的《中间王国》同时成书的、还有英国人亨利·查尔斯·萨的《中国和中国人》，而无独有偶的是，他显然也把中国人的精神状态，描绘成了一种好坏参半的中间状态。比如他先这么来否定中国人的道德状况：

> 获利，是中国人最大的期望。言语行为没有诚意，为了致富不择手段，对一切都以猜疑的目光去看。狡猾、嫉妒之深使人巨测。[③]

然而与此同时，这位外邦人又非常肯定中国人的吃苦耐劳：

[①] 刘东：《试论中国文化类型的形成》，《刘东自选集》，桂林：广西师范大学出版社，1997 年，第 119 页。

[②] 参阅黑格尔：《历史哲学》，王造时译，上海：上海世纪出版集团，2006 年，第 110 页；亚当·斯密：《国民财富的性质和原因的研究》，郭大力译，北京：商务印书馆，2004 年，第 182 页。

[③] 沙莲香：《中国民族性》（一），北京：中国人民大学出版社，1989 年，第 1 页。

中国人还是非常能吃苦的人。与丢失财富相比，中国人更能忍受身体上的苦痛。鸦片战争中，英国士官看到了中国人吃苦精神的各种极端实例，与其做"红毛蛮人"的俘虏，不若去死。[1]

而接下来，成书于1854年的法国人古伯察的《中华帝国随想》，也同样刻画了中国人的正反两面。比如，他先是严厉否定了中国人非理性的赌钱行为：

虽然在中国看到的歹行，在其他国家、民族中也能看到，但中国人更为极端。比如赌博，中国人在输光了钱后，用衣服抵押，直到赤身裸体。不存在没有赌场，没有职业赌徒的村子。[2]

然而一转脸，这位外邦人又反过来肯定了中国人合乎理性的经商能力：

中国人还是商业性的国民。上述只不过是唯物质主义的一种而已。中国的东西南北，春夏秋冬，无时无地没有市场，中国国民性就是做买卖的命。中国人有钱的爱好，无论多么小的积蓄也不浪费，喜欢投机和钻营。富于心计，伶俐的中国人很会抓住买卖机会获得利益。店铺的账房坐着的才是"真正的中国人"，他们生来就是掌柜的。[3]

更有意思的是，成书于1856年的、英国人密迪士的《中国及其

①沙莲香：《中国民族性》（一），北京：中国人民大学出版社，1989年，第2页。
②同上，第3页。
③同上，第6页。

叛乱》，又对古伯察的上述看法提出了挑战，认为相对于其他国家的人民而言，中国人其实并不特别沉溺于物质欲望：

> 古伯察断言中国人缺乏宗教感情和信仰，怀疑人，对一切人类道德漠不关心，除了攒钱，没有其他能力，沉溺于物欲之中，沉没在俗世的趣味中，而且热心追求富和物的快乐等，是对在中国所看到的事物的极其浅薄的考察。所谓"全中国人都是勤奋的、孜孜追求利润的、目光是短浅的功利主义者"，这种说法居然得到英、美学者的支持。这种断言是毫无根据的中伤。请问英、美、法的国人们，伦敦、纽约、巴黎的国人在追求和角逐什么？难道他们不是在"追求富和物的快乐"，不是"沉溺于物欲之中"，不是"勤俭的,孜孜追求利润的功利主义者"吗？为什么叫英国人掌柜的，叫美国人 dollar hunter 呢？为什么伦敦有上万妓女，巴黎有庞大的卖笑组织呢？
>
> 中国人所具有的恶德和缺点，与西洋国民所具有的相比，种类相同，程度也无二致。如果说中国大众"耽于物欲"，"热心追求富和物的快乐"，那么，英、美、法等国的国人也是如此。①

而再接下来，成书于 1872 年的美国人约翰逊的《东方宗教》，则这样来描绘中国人的执拗死性：

> 中国人几乎不随时间、空间变化的、方方正正的面部，阴郁的表情，下垂的眼睑，平坦的脸，毫无生气的风度，有点肥胖，壮实的，忍耐力强的体格，给人以深刻的印象，和阿拉伯人明

---

① 沙莲香：《中国民族性》（一），北京：中国人民大学出版社，1989 年，第 7 页。

澈的眼睛，敏捷优雅的举止，印度雅利安人幻想的忧郁，典型的感受性和西里西亚人卓绝的容貌，泰然自若地充满自觉期待的态度形成鲜明的对照。对应于中国人这种特征的是粘液质的，无兴趣的，固着于外来和现存事物执拗的心理类型。中国人的创造能力停留在一定的有机习惯的平面上，超不出规则的形式主义而达到理念的自由。①

不过，恰恰正是这同一个外邦人，转而又把中国人说得那样灵活机动、不走极端：

> 对现实和理想关系有限性的不断体验，对无限与绝对的无知——经常的稳当与抑制，两极端的妥协之下的训练——其结果是在中国哲学、政治、风俗、文字到处可见的"中庸"的思考方式，"中庸"即诸因素的均衡和协调，不超过度。②

再接下来，于十九世纪七十年代担任英国驻沪领事的麦华佗，在他的《在遥远中国的外国人》中，又这样来描绘中国人本性中的残暴：

> 说中国人残忍大概一点没错，中国人缺乏容忍和施行没必要的痛苦的感受性。他们刑罚残酷，虐待囚犯，平心静气地用极端的方式给犯人处以体罚和死刑。甚至用悲惨的方法把家畜运到市场上去卖，从这点上也能看出中国人的残虐。但很难说

---

① 沙莲香：《中国民族性》（一），北京：中国人民大学出版社，1989年，第11页。
② 同上，第13页。

中国人天性嗜血。笼统而言，他们是性情温和、忍耐力强的人，不愿无故地夺走一个生命，这是佛教的影响，他们看到伤了指头、鼻子时，比欧洲人断了手脚、受了重伤时哭得还凶。尽管如此，一旦恐怖大规模袭来，他们固有的温和就消失得无影无踪了。[1]

可对这位在华的外交官来说，此种残暴又大概只是突如其来的意外，而在寻常状态下，中国人竟显得那样温顺克制：

> 对我们来说最主要的是他们有在世界劳动市场上竞争的特点。他们是好的农民、好机械工、好劳动力、好水手，具有成为一流机械师、制造业者所必需的一切智慧，准确的触觉、不倦的耐力，加上他们有温顺、耿直、朴实、勤奋、克己、忍耐的德行，某种程度上爱好和平，能忍受寒暑的恶劣气候。如果他们受到必要的教育和指导，加上资本和企业，他们会成为世界上最优秀的工人。美国、澳大利亚、印度、南洋的经验，足以说明这一点。[2]

当然还可以不厌其烦地引证下去，不过为了照顾读者，我想这些也已经足够了。我们从这些材料中，已经可以较为充分地看出，其实早在明恩溥之前，就有了足够多的西方观察家，发现中国的这点事对他们而言，总是这么"瞻之在前，忽焉在后"，很难真正把握住其神髓，所以只好搬出西方本有的尺度，从各个不同的方向，把中国说成是既

---

①沙莲香：《中国民族性》（一），北京：中国人民大学出版社，1989年，第15页。
②同上，第16页。

这样，而又不这样。凡此种种，使得我们尽管尚无言之凿凿的影响研究证据，却仍然有理由稍微推想一下：它不大可能从未构成明恩溥的阅读背景和智力挑战吧？而由此我也就倾向于相信，正如早前一位学者所论述的，他只不过是他们中的集大成者罢了：

> 卫三畏指出中国人性格中的"美德和邪恶，很明显地不相协调，但却同时并存"，看到中国人的性格复杂而难以把握的一面；明恩溥（A. Smith）牧师则试图把握这种复杂性，他在《中国人的性格》中将中国人的个性归结为 26 种特征，不仅代表那个时代的普遍思潮，也代表西方一个世纪以来有关中国人的性格探讨的最终成果，其内容上的相对客观与全面性，其影响面的绝对广泛，都是其他同类著作无与伦比的。《中国人的性格》是终结一个时代的作品，也是代表一个时代的作品。它为西方视野中的中国人的性格做了定格处理。19 世纪西方有关中国人的性格的讨论，也就终结在明恩溥的这部《中国人的性格》上。①

还可以进而推想，从话语本身的不断推移来看，当明恩溥回看在他之前的那些中国论说时，他当然难免要觉得，其中的洞见和误解大概是同样地多。正如当我们今天回看明恩溥的说法时，也同样难免要觉得，他当时自以为匠心独运的写作活动，与其说是进行了什么研究，还不如说是凸显了研究的难度，与其说是满足了人们对于中国的好奇心，还不如说是愈发激起了这种好奇心。不过，还是让我们把这个话题，搁置到本文的第四节再说。而接下来，我们要转而进入国人自己的同步写作。——当然，那样一种写作活动，更

---

① 周宁：《第二人类》，北京：学苑出版社，2004 年，第 5 页。

加无法被确凿地断定为明恩溥写作活动的另一思想背景，不过，要是在我们的内心听觉中，根本就没有这个中外大合唱的第二声部，那么明恩溥究竟对于国民性话语做出了什么，依旧会显得晦而不明的。

三、中国自身的末世语境

考虑再三，之所以要专门辟出这样一节，是因为我强烈地意识到，与其在国民性话语的问题上，自找"鸡生蛋还是蛋生鸡"式的智力麻烦，倒不如干脆多费些力气，给当时的历史语境再恢复一个必要的向度，使读者们得以更加广角地看到，随着外部挑战的日趋加剧和本土机制的日渐衰朽，那个时代的中国本土文人学士，也都普遍加强了对固有文化的反省。——事实上，也正是诸如此类的反省，才为晚清以来的国门开启和革故鼎新，创造了舆论环境。

我们固然无从知晓，明恩溥笔下的那类国民性话语，究竟在多大程度上，又转而受到过这类本土话语的启发，或者他又究竟在何种程度上，曾经跟本土的知识精英进行过交流，然而，我们却应当首先具备这样的意识：如果在当年的舆论环境中，只能听到西方人对中国的批评，而根本听不到国人自己的反省，那么我们这个民族，还真该被别人说成是一个惰性十足的、讳疾忌医的、不知悔改的民族，——由此我们甚至都不能想象，它到底是怎样争取来今天这种崛起和复兴势头的？

此外还有一层考虑：在添加了这一层色调以后，明恩溥的总体思想背景，大概也就会不再显得那么突兀和刺眼了。至少，人们就不会再金刚怒目地，只是盯住他那一本孤零零的书，从而倍感民族情感的被侮辱与被损害。——因为，毕竟没有理由讳疾忌医地说，就算咱们中国人自家有病，也只允许咱们中国人自己来反省，而决不允许非我族类的家伙，来多嘴多舌越俎代庖地说三道四。

不过，鉴于有限的篇幅和选定的主题，本文又不能沿着本土的思想线索，完全放开了手脚来写。所以，我在这里只打算依着时间的顺序，挑选出三组代表性人物，而又从每一组人物中，挑选出一个精心选中的代表，来看看他当时对整个本土情势的判断与感受。

我所想到的第一个人物，就是清代中期的小说家吴敬梓（1701—1754），而且不待言，当我念及这位《儒林外史》的作者时，心里还自然要浮现出曹雪芹（约1715—约1763）、李宝嘉（1867—1906）、吴沃尧（1866—1910）、刘鹗（1857—1909）、曾朴（1872—1935）等一连串的名字。这一组大概是互不相识的文人，却不约而同地利用了一种传统上并非正宗的文体，在长达一个多世纪的时间跨度内，接续描摹着衰朽残败的末世景象。这正说明自清代中期以来，在传统士大夫阶层的边缘地带，一直潜存着某种看破的情绪和否定的话语。

当然，既已标明了是一部"外史"，这部小说就不会被当作"正史"来写，而无非是借以补足后者的文字，更何况，小说中的人物原也是林林总总，并没有完全排斥正面的形象。不过，又正因为毕竟不如正史那般堂皇，所以经由这种外史来补足的、受到功名利禄扭曲的儒林社会，其带给读者们的总体印象，肯定是既更清晰了，又更晦暗了。或许正因为此，卧闲草堂刻本才会这样劝诫道："慎毋读《儒林外史》，读竟乃觉日用酬酢之间，无往而非《儒林外史》。"——这当然是指那种反过来又不读正史、只读外史的情况。

另外，对于鲁迅所讲的这部小说"全书无主干，仅驱使各种人物，行列而来，事与其来俱起，亦与其去俱讫，虽云长篇，颇同短制"①的现象，我倒有些不同的看法，跟上面分析过的"外史"概念一脉相连。——原本像"长篇小说"这样的说法，并不是中国固有的文类范畴，所以吴敬梓起初也未必能想得到，非要在一部标明了"外史"的作品中，硬拿一个这样的框子来要求自己，否则就很容易再落入"合久必分""分久必合"的正史套路。因此，就我们的阅读心理而言，恰恰是这种来也平平、去也淡淡的结构，这种干脆没什么结构的结构，反而更足以向我们暗示：那才是未经删节提炼的、原汁原味的、庸庸碌碌的众生相；同时，也恰恰是这一派无头无尾、无主无次、轮番掠过的人物剪影，才反而更足以向我们暗示：生活原本就这般乱糟糟地重复着，尽管其间也偶有亮色，却并没有多少令人兴奋的戏剧性，也看不出什么尽头和出路……

由此，我所想到的第二个人物，则是接近清晚期的士大夫龚自珍（1792—1841），而且不待言，当我念及这位大名士的时候，心里自然还要浮现出魏源（1794—1857）、冯桂芬（1809—1874）、郭嵩焘（1818—1891）、王韬（1828—1897）、郑观应（1842—1922）、黄遵宪（1848—1905）、薛福成（1838—1894）等一连串的名字。他们中间，面对空前的外来压力和内部危机，要么提出必须"师夷之长技以制夷"，而且"变古愈尽，便民愈甚"（魏源）；要么惊呼自己的国家已是"人无弃材不如夷，地无遗利不如夷，君民不隔不如夷，名实必符不如夷"（冯桂芬）；要么给出了这样惊人的对比："西洋国政一公之臣民，其君不以为私"，而"中国秦汉以来二千余年，适得其反"（郭嵩焘）；要么指出了这样可怕的反衬："今观中国之所长者无他，曰：因循也，苟且也，蒙蔽也，粉饰也，贪罔也，虚矫也；

---

①鲁迅：《中国小说史略》，北京：东方出版社，1996 年，第 176 页。

喜贡谀而恶直言，好货财而彼此交征利"（王韬）；要么做出了这样的深刻反省："中国自秦汉以来，以文法治天下，科条非不密也，其奉行而持守之者，非不严且明也，及其既也，适也束缚天下之君子，而便利天下之小人"（郑观应）；要么摆出了这样的效法榜样："中国必变从西法。其变法也，或如日本之自强，或如埃及之被逼，或如印度之受辖，或如波兰之瓜分，则吾不敢知，要之必变"（黄遵宪）；要么发出这样的历史论断："世变小，则治世法因之小变，世变大，则治世法因之大变"（薛福成）……此类声音此起彼伏、接踵而至，共同织就了近百年间的舆论气候。

而龚自珍的那些桀骜不驯的议论，则可以说，是既先觉到了这种舆论气候，也帮助促成了这种舆论气候。这位怀才不遇的大才子，借着批阅史书的名义，孤愤地描摹出了每下愈况、步步没落的社会景象："吾闻深于《春秋》者，其论史也，曰：书契以降，世有三等。三等之世，皆观其才，才之差，治世为一等，乱世为一等，衰世别为一等。"[1]——而此语中最关键的，则又在于他所讲的"才之差"，也就是说，虽然从表面上不易看出，但就其内在的精英构成而言，这个社会早已被暗中掏空了，就等着最后的那个摧枯拉朽了。

在这个意义上，实则龚自珍为之忧心的，仍是让吴敬梓为之惊悚的主题，即堂堂儒林已沦为名利场的问题。如果我们都还记得，《儒林外史》是怎样地讽刺了科场与应试的釜底抽薪效果，那么，这种"上有好者，下必甚焉"的情况，表现到了龚自珍的《病梅馆记》中，则是为了投人所好而全都长歪的病树——"有以文人画士孤癖之隐明告鬻梅者，斫其正，养其旁条，删其密，夭其稚枝，锄其直，遏

---

[1] 龚自珍：《乙丙之际著议第九》，《龚自珍全集》，上海：上海人民出版社，1975年，第6页。

其生气，以求重价：而江浙之梅皆病。"① 不过，也许是由于病患的累积，也许是由于性格的偏激，这种作为衰世特征的人才蜕化，到了龚自珍的笔下，此刻已经弥散到各行各业中去，表现的甚至就连盗亦无才了——"左无才相，右无才史，阃无才将，庠序无才士，陇无才民，廛无才工，衢无才商，巷无才偷，市无才驵，薮泽无才盗……"②

又由此，我所想到的第三个人物，则是戊戌维新的领军人物梁启超（1873—1929），而且不待言，当我念及这位清末改革家的时候，心里自然还要浮现出曾国藩（1811—1872）、李鸿章（1823—1901）、张之洞（1837—1909）、张謇（1853—1926）、康有为（1858—1927）、谭嗣同（1865—1898）等一连串的名字。一方面，耐人寻味的是，这些鸿儒与重臣的出现，既表明了这个伟大的文明虽已遭逢空前的乱局，却并非真的气数已尽，而总能有志士仁人来挺身担当，也表明了龚自珍所谓"左无才相，右无才史，阃无才将，庠序无才士，陇无才民，廛无才工，衢无才商……"的惊呼，还不过是极而言之的警世危言。然而另一方面，更加耐人寻味的是，又正是在他们纷纷劝学、办报、编译、出洋的举动中，我们仍能感受到跟龚自珍一脉相承的关切。

天性最称敏感的梁启超，自然也更会敏感到这个问题。早在1902 年，他就撰文提出了这样的问题："吾中国之反于彼进化之大例，而演出此凝滞之现象者，殆必有故。求得其故而讨论焉，发明焉，则知病而药于是乎在矣。"紧接着，他又依次列举了五种导致中国落后的成因："一曰大一统而竞争绝也"、"二曰环蛮族而交通难也"、

①龚自珍：《病梅馆记》，《龚自珍全集》，第 186 页。
②龚自珍：《乙丙之际著议第九》，《龚自珍全集》，第 7 页。

"三曰言文分而人智局也"、"四曰专制久而民性漓也"、"五曰学说隘而思想窒也"。稍微区分一下,大概在这五大成因当中,前二者尚有源自天然的因素,后三者则完全源自人事,——而且无论是"人智局",还是"民性漓",抑或"思想窒",都还要归结为国民素质的问题。当然尽管如此,在倾倒洗澡水的时候,梁启超还是没有忘记,不要把婴儿也一起倒掉,由此他才做出了这样的区分:"吾不敢怨孔教,而不得不深恶痛绝夫缘饰孔教、利用孔教、诬罔孔教者之自贼而贼国民也。"①

这当然就是他那有名的"新民说"的心理动机:"余为《新民说》,欲探求我国民腐败堕落之根源,而以他国发达进步者比较之,使国民知受病所在,以自警厉、自策进。"②不过,沿着本文刚刚梳通的脉络,我们现在总算又多看出一层:原来梁启超所继承下来的,仍然是从吴敬梓到龚自珍都念兹在兹的老问题,尽管那两位前辈不管是无奈地陷入循环,还是绝望地求告天公,总是无缘借助于外来文化的激发,而拎出梁启超的那个"新"字来——"苟有新民,何患无新制度,无新政府,无新国家。非尔者,则虽今日变一法,明日易一人,东涂西抹,学步效颦,吾未见其能济也,夫吾国言新法数十年,而效不睹者何也?则于新民之道未有留意焉者也……"③

此外,如果我们从张灏的那本名作中,已经了解到从梁启超提出的新民说,到后来民族精神的屡次振作之间,存在着某种思想的连续性,④那么,经由本文刚才的简短梳理,大家的认识又可以大

①梁启超:《论中国群治不进之原因》,《新民说》,郑州:中州古籍出版社,1998年,第118—131页。
②梁启超:《新民议》,《饮冰室文集全编》,第一册,上海:广益书局,1948年,第115页。
③同上。
④参阅张灏:《梁启超与中国思想的过渡(1890—1907)》,崔志海等译,南京:江苏人民出版社,1995年。

大向上延伸：原来梁启超们所要完成的，又属于由来已久的未竟遗愿，——甚至从历史发展的长时段来看，实则一代又一代的中国前贤们，想要完成的都是这同一件事！

走笔至此，也就可以回到本文追踪的主线了。这些一脉相承的中国学者，要么早于明恩溥，要么同时于明恩溥，要么晚于明恩溥，而且正因为他们这样子前赴后继，才构成了一时间的舆论气候。——那么，到底明恩溥有没有阅读过他们的著作，哪怕只是偶然的几页？再退一步说，就算他的确未曾读过，那么他到底有没有顺便听说过他们的思想，哪怕只是片言只语？要知道，那毕竟是一种总体上的话语氛围，它弥散到了全中国，当然也包括弥散在明恩溥的周围；而这位洋教士偏又是通晓中文的，据说还读过不少中文书籍，而且他又相当健谈，特别热衷于通过口头形式来跟中国人进行当面交流。

如果对于上述问题的答案是肯定的，或者至少是部分肯定的，那么情况就更加耐人寻味了。从叙事学的角度来分析，就算明恩溥从中国人那里，听到了最慷慨最极端的自我否定——比如就是听到了龚自珍抹下的那一团漆黑——他也应能同时就想到，进行这种激烈批判的思想者本身，毕竟也同样隶属于这个国度。于是，就冲他们如此激昂的姿态与斗志，域外对于中国的消极判断，也不应该是笼而统之的；同样的道理，就冲中国人如此敢于自我反省，如此舍得割除身上的腐肉，摆在他们前头的未来路径，也未必会是注定暗淡的。

然而我却要遗憾地承认，狭义的或严格意义上的比较研究，总是不可能面面俱到的。正如苏子瞻的著名诗句所云："人生到处知何似，应似飞鸿踏雪泥。泥上偶然留指爪，鸿飞那复计东西。"（苏轼《和子由渑池怀旧》）明恩溥这一辈子，肯定是读过很多书、见过很多人，也谈过很多事情、受过很多启发，然而他真正能够留传给后人、使之能从中确凿找到影响线索的痕迹，却显然没有那么多。正因为这样，我们也就只好后退一步：要是现存史料尚不足以支持"一对一"的线索勾连，那么不妨干脆换一个念头，宁可把当时的话语系统，看作相互依赖的、牵一发动全身的网状结构，——由此无论是强是弱，在这个网络的内部注定会有所勾连。这样，就像前边提到的三组本土学者，其话语中也难免越来越渗入西学因素一样，只要人们尚不能提出确定的反证，他们至少就不能从这个复杂的网络中，随心所欲地单挑出一根线头，并且就以这一点为事由，制造出单因单果的历史叙事来，——而仅仅是为了验证某种先入为主的理论模式！

此外，我还要坦然地承认，这一节之所以要选中这三个本土学人，又不光是鉴于他们在各自时代的突出代表性，还又因为恰恰是这三个人，都不约而同地指出了国民素质的问题，乃是最为吃紧最为要害的中国问题；而且更有甚者，也因为偏偏还是这三个人，被公认为明确地影响过鲁迅。——而这也就意味着，他们用汉语写就的那些论述，无论明恩溥是否读过，反正鲁迅都一定会读到，因为他本人就属于同一个文化圈，甚至同一个文人圈子。事实上，由于在明恩溥和鲁迅之间的勾画出的过于单线的影响关系，在这个后殖民主义盛行的时代，已经越来越像是后者的某种不光彩经历，所以有了本节的更为周全的回顾，我们反而得以更宽容地推想：就算世上本无明恩溥这个人，鲁迅也照样会沉痛地批判国人的，哪怕其选用的辞令与策略会略有不同。

不过，也必须同时指出，还是借助于本节梳通的思想线索，又更加突显出这样一个问题：在那样一个危急存亡之秋，看来反思过国民素质的人不在少数，阅读过明恩溥著作的人也不在少数，甚至就连当面听取过他讲演的人，肯定也不在少数，然而到头来，他们中间毕竟谁也没有像鲁迅那样，只愿意从中抓住对中国人不利的负面，竟至于把原本是优劣参半的国民性话语，太过简单地等同于国民的劣根性。——这种极具个人化色彩的阅读方式，或者说极具主观性的误读方式，正说明鲁迅本人的前理解早在阅读明恩溥之先便已形成，这跟他本人的心性、气质和选择有关，不能统统都归罪到那个传教士身上。

四、对明恩溥的意外重读

终于进入了两次在前边提到的第四节，可以深层地阅读明恩溥笔下的国民性话语了。

通过上面的分析中可以得知，一方面，明恩溥笔下的种种中国人特性，仍然属于对于中国形象的外部刻画，所以，它们还是沿着他者化的路径展开的，仍然内在地禀有两极化或戏剧化的特征；另一方面，又鉴于当时的现实发言背景，在他自以为匠心独运的形象刻画中，又势必受到外在环境的影响，而包含了更加尖刻的批评，并且，他本人也确实就是以这种独特的尖锐性而名家的。——也正因为如此，他在这本书中肯定会有不无误解之处，不无以偏概全之处，也不无刻薄之处。

不过这样一来，就愈发让人感到蹊跷了。大概，以往环绕鲁迅的光芒实在是太强了，竟至于长期出现了"灯下黑"——不知道有多少人回味过：对于明恩溥那些尖酸刻薄的描画，国人最正常和最自然的反应，肯定应当是反感与反驳，而像鲁迅那般的全盘领受，反而应当属于很个别的和很不寻常的做法，不该被视作理所当然之举。比如，同样任教于北大的辜鸿铭，马上就朝着明恩溥反唇相讥开了：

> ……我力图说明那些被称作中国文明研究权威的外国人，实际上并不真正懂得中国人和中国语言。比如那个可敬的明恩溥先生，他曾著过一本关于中国人特性的书，但他却不了解**真正的中国人**，因为作为一个美国人，他不够深沉……①

上引文字中的黑体，是笔者本人加上去的，意在提请读者特别留意：辜鸿铭说明恩溥不了解"真正的中国人"，是埋藏着一句重要潜台词的。他的意思不啻在说：尽管明恩溥所描摹的现象，亦并非捕风捉影和全然无稽，然而他真正所本的中国人，还算不上真能代表中国文化的中国人。也就是说，照辜鸿铭看来，明恩溥书中所描写的对象，并不是来自社会上层的知识精英，而无非是来自穷乡僻野的无知下民，甚至是当年最爱围在教会周边的、希望得到其额外保护的、一般来说有违本土伦常的社会渣滓。尽管辜鸿铭在这里语焉未详，也难免流露出某种贵族或精英意识，然而从学理层面来考量，他也的确提出了尖锐的挑战，——任何自诩为社会学研究的调查报告，都应当更讲究其素材的来源和取样的过程，所以就冲明恩溥的那点阅历与交往，他还真不配以偏概全地写一本书，特别是自称为社会学研究的书，来刻画全体中国人的特性。

事实上，不要说最爱跟西方人叫板的辜鸿铭了，就是在当时来华的外国人中间，也颇有人对于明恩溥的负面描述，提出过针锋相对的异议。比如，《中国人的特性》一书曾经基于典型的基督教立场，对于中国人源自异教（佛教）的古老布施风俗，给出了这样一种吹

---

① 辜鸿铭：《中国人的精神·序言》，黄兴涛、宋小庆译，转引自《中国的素质》，第 321 页。

毛求疵的描述：

> 同样的精神在"腊八粥"这种奇特的充满仁爱的仪式中得到淋漓尽致的表现，可以说，它是中国式的仁爱的最外在化的典型例子。在农历腊月初八这天，按照习俗，每个人都积攒了充沛的仁爱之情。这之前却没有机会得到满足，此时便对所有来访的贫民施以最慷慨的馈赠：即最廉价而且质量最差的稀粥，全部过程持续整整一个白天。这被称作"行德"，被认为是积累功德的一种办法。假如正巧这一年是个丰收年，住在农村的人们或许不会有来乞求他们施给粗糙的"饲料"的，因为即使最穷的人在家里也有更好的食物。然而，人们并不因此而忽略这种施舍，更不会用质量好的东西代替那种粗劣的稀粥，以招徕乞食者；相反，人们的积极性和往年一样高，一天过去后，而且没有一个人来讨要为他们准备的一碗稀粥，那么，这些粥就要倒入破缸底，成为猪的晚餐，这时施舍的富人才会心满意足地躺下休息……他至少为下一年尽了一份责任，完全可以无愧怍、堂而皇之地做一个仁德之人。但是另一方面，假如年成不好，谷物奇贵，这个富而有德之人就不会打出"行德"的招牌，理由是"供不起"！①

然而，针对上文中的明显偏见，跟明恩溥一样来自外邦、可以假英国的现实状况来做对比的伯德，却感到大大地不以为然：

> 明恩溥先生是一位非常敏锐的观察家，长期了解中国社会，

---

① 明恩溥：《中国人的素质》，第165—166页。

他对中国人的行为动机的结论必须受到尊重。然而，不知有没有人暗示过这位敏锐的评论家……如果在英格兰生活一些年以后，他一定会有理由指出，我们的慈善事业中的相当部分，其目的比"积德"还不如呢！

"穷人，以及如何对待他们"这个问题在中国已经得到而且正在寻找各种解决办法，大概几乎所有的城市都有一个或更多的社会救济组织，以应付永久或特殊的需要。弃儿、孤儿、盲人、孤老、陌生人、溺水者、贫民、死者、以及各种其他类型的受难者，都是有组织的慈善事业所关照的对象。中国人的方式与我们不同，但绝不是毫无价值的。[①]

毫无疑问，在明恩溥的这部著作中，此类偏见是随处可见的，因此在此后的历史语境中，围绕这些偏见所发生的争议，也是注定要反复出现的。既然这位牧师已把自己的写作活动，定位为一种严肃的学术研究，那么它自会沿着越辩越明的心理预期，引发出学术上的商榷、修正与驳议。——不过，此处还是要再重申一遍：在这类的严肃学术探讨中，无论你的驳议多么激烈和雄辩，都最好不要以"非我族类"的理由，去对别人发出诛心之论[②]，即使你已发现在他的发言中，显示出非常明显的主观偏见。

佐之以亲身的经历，其实在长期的交往中，我也曾见过不少这样的外邦人，正因为他们原本久住在异国，所以乍一踏上中国这个他乡，必会感到强烈的文化震动，那中间自然也会包括诸多的看不惯，——而且他们看不惯的缘由，也确实常是因为根本就没看懂。

---

① 伯德：《长江两岸》，转引自罗伯茨编著：《十九世纪西方人眼中的中国》，蒋重跃、刘林海译，北京：时事出版社，1999 年，第 206 页。
② 参见张宽：《欧美人眼中的"非我族类"》，《读书》1993 年第 9 期。

你如果只是间接地阅读某一篇文字，至少会觉得这位作者不够友好，可一旦直接与之交往，那么很快就会转变判断：此人的语锋虽然犀利，有时候简直满嘴跑舌头，仍然不失为爽直的好人，而且他那些看不惯的地方，虽有不少误解和乱弹，但也不乏我们"不闻其臭"之处，因为大家已是"久在其中"了。——其实正是后面这一点，对我们才是弥足珍贵的，因为不借助别人的眼睛，我们已经很难自我察觉了。

很有意思的是，老一辈的社会学家李景汉，也曾在他的一篇序文中，记述过他对明恩溥的类似印象转变：

我初次得读明氏的这部书，约远在二十五年以前。所读的不是英文原本，大约是日文译本，因为记得书名是《支那人之气质》。我也记得在那本书的许多页的空白处，有不少铅笔写的批评，其中大部分是别的读者在读时发生的反感，还恍惚地记得有"胡说"和"放他娘的……"等类的话。我那时是一个很幼稚的初中学生，读了译文，再读了种种怒发冲冠的批语，自然对于明氏的描写也就不大以为然。虽然没有在书中写下什么，但对于书中不少的地方不免要发作几声"岂有此理"！后来有不少的机会，得亲聆明氏的讲演。他的身体，在西洋人中间，要算是比较矮的，但精神却颇健旺。他那充满着力量的躯干，再加上他那天然有趣的面貌，一站在台上，就立刻引起听众的注意。在他讲演的时候，带些山东的口音，声调或高或低，或长或短，极变化之能事，且好引用古今格言、民间谚语，全身随时都是表情，往往双手同时以指作声，助其语势，可谓出口成章、娓娓动人，使听众永无倦容。他是一个不可多得的大演说家。及至与他接触谈话，则又发现他不但风趣横生，且极和蔼可亲、待人诚恳；总而言之，他是一个使人敬而爱之的长者。[①]

当然即便如此，还是不能忘记另一面：在这位传教士的激情话语中，仍然充满了强烈的文化偏见，而且那偏见说一千道一万，还是来自其先定的主观动机，即必须用他的基督教义来改造中国，从而在地球上彻底普及西方文明。——而上述两方面一综合，一个相当微妙的理论考验，就自然要摆在我们面前了：究竟如何以最"允执厥中"的态度，来处理好在治学主体的个人动机与客观成就的总体增长之间的精巧辩证关系？无论如何，只有谨慎地通过这根危险的平衡木，我们才可能借力打力地去争取最好的结果。在那个结果中，个体不妨是主观的，而总体却可能是客观的；动机不妨是主观的，而效果却可能是客观的；个体不妨是偏激的，而总体却可能是平衡的；个体能够追求到的，终究只有片面的深刻，而总体仍然可以指望的，则是知识的全面增长。

基于这种努力去保持不偏不倚的态度，让我们再来引证一段李景汉对于明恩溥的细致辨析：

> 他一方面欣赏中国的文化，一方面认真地评判，且不客气地、忠实地把他的所见所闻与所感想到的和盘托出。他不单是用目看，也是以心感的。他同情人类，敬重中国，同时他重事实，他爱真理。我们要知道，无论如何，他是一个西洋人。西洋人是讲效率的，是注重时间的，是活动的，是具冒险性的，是尊重妇女的，对于衣食住是好清洁的。中西文化的背景既有很大

---

①李景汉：《潘光旦〈民族特性与民族卫生〉序言》，转引自明恩溥：《中国人的素质》，第301页。

的差别，明氏当然不知不觉地免不掉戴了一副有色的眼镜。他归纳的种种结论或有可非议之处，其中有的尚需要精密的研究；但他所引用的许多例子是我们不能不承认的。明氏不但说一口好中国话，尤其是山东的土话，并且也很通中国的文字，曾读过不少的中国历史与经书。所以对于他二十多年的实地观察，我们不能轻易放过，因为决非道听途说、一知半解者所能比拟。[①]

正是遵循着这样一种原则，再借助于历史时间的沉淀，我们在这里就有可能施展这样一种既平心静气、又最有启发的阅读策略，——即从头重读明恩溥的这本著作，却暂时从思想上将其事实判断和价值判断分开。惟其如此，我们才可能透过那个时代背景的浓重迷雾，如实地重新评价他的那些发现，并对它们重新进行评价与排列，看看在他的种种刻画中，究竟哪些的确属于本土文化的特征，哪些却是前现代文化的共性；哪些真正是属于全体国人的，哪些则不过是属于某一个社会阶层的；哪些只是用来对付外邦人的特异态度，哪些才是在国人中间普遍流行的做派……，此外，哪些根本就是明恩溥看错了的，哪些则是他确实不无所见的，——不待言，凡是已经被他看走了眼的，其具体评价也就谈不上正误了，但有时候即使他看对了事实，对它的评价却又很值得商榷，所以也不排除有些被他看作负面的现象，到头来其历史意义反而是正面的……

不过限于篇幅，针对全部这 26 种特性，在此也只能先依次列举出来，再加上来自我本人的简短的评价。如果对每个判断都给详细的学理支持，那将使这篇文章拖得比明恩溥的原书还长。我当然希望能尽量保持客观，然而读者们要是觉得不无可商之处，他们也可

[①]同上，第 306 页。

以重新自行评判和清点一番：

1. 面子要紧——只能是中性的。

（刘东案："行己有耻"当然非常重要，但有时也会流于形式。）

2. 省吃俭用——肯定是正面的。

（刘东案：对比一下美国寅吃卯粮的次贷危机，更可以领悟到这是儒家文化圈高速起飞的关键要素。）

3. 辛勤劳作——只能是正面的。

（刘东案：要是有人连这个都敢否定，还侈谈信奉什么上帝，那就未免太不虔诚了。）

4. 恪守礼节——仍然是正面的。

（刘东案：除了在疯狂的"文革"期间，谁敢说不守礼节、粗鲁不文反而更像是优点呢。）

5. 漠视时间——其实是中性的。

（刘东案：任何前现代文明包括古典西方文明，都另有一套足够应付四时节令的时间表。）

6. 漠视精确——仍然是中性的。

（刘东案：其实也可以反过来批评说，现代性对于精确的苛求，正是它带给全人类的韦伯意义上的铁笼。）

7. 天性误解——当然是负面的。

（刘东案：然而，这恐怕是地球上所有的人和所有的人群相互之间都摆脱不了的共性问题。）

8. 拐弯抹角——其实是中性的。

（刘东案：每一种语言都有外人抓不住要义的虚套，正如西方人也常会彬彬有礼地讲："亲爱的先生，你是个骗子。"）

9. 柔顺固执——只能是中性的。

（刘东案："以柔克刚"的智慧正好拿来当成"弱者的武器"，特别在那个洋人当道的混乱时代。）

10. 心智混乱——当然是负面的。

（刘东案：然而却要记住，故意把 Confucius［孔夫子］混淆成 Confusion［混乱］，不过是由来已久和根深蒂固的西方偏见。）

11. 麻木不仁——当然是负面的。

（刘东案：然而又不妨把这一点，看作知足常乐心态的背面。）

12. 轻蔑外国人——其实是中性的。

（刘东案：太过看轻或看重外国人，都是过犹不及的，不过长期以来只有后者才是主要的毛病。）

13. 缺乏公共精神——当然是负面的。

（刘东案：必须坦率地承认，除了在几次参与热情陡涨的瞬间，这种毛病并未得到根本的改观。）

14. 因循守旧——其实是中性的。

（刘东案：越来越看得清楚了，文化传统恰好是保守得不够，由此才失去了在激进与保守之间的制衡。）

15. 漠视舒适方便——仍然是中性的。

（刘东案：如果这种刻画是准确的，那它也不过是吃苦耐劳和知足常乐的另一种表达而已。）

16. 生命活力——肯定是正面的。

（刘东案：以往这是中华民族维持于不坠的底蕴，而今这更是它令人生畏地和平崛起的基本优势。）

17. 遇事忍耐——其实是中性的。

（刘东案：要知道忍字头上也有一把刀的，只要等人们憋出那句"是可忍，孰不可忍"的时候。）

18. 知足常乐——当然是正面的。

（刘东案：难道非要反过来永无餍足才算优点么？难道有限的满足就不能算作满足么？经济学家不是早就在惊呼"多少才算够"么？）

19. 孝行当先——当然是正面的。

（刘东案：特别是在进入老龄化社会的时候，更没有理由再怀疑这一点。）

20. 仁慈行善——当然是正面的。

（刘东案：就算行善的动机里，既包含了风俗的动力，也包含了面子的考虑，它毕竟还是在帮助别人。）

21. 缺乏同情——肯定是负面的。

（刘东案：然而我们还记得的话，已有他的同胞在反驳明恩溥了，所以真正的要害在于，是否能唤起中国人特有的同情。）

22. 社会风暴——其实是中性的。

（刘东案：那就要看是否值得揭竿而起了，而且这一点若跟"遇事忍耐"那一点相抵，那么两者就都化为乌有了。）

23. 共担责任与尊重律法——绝对是正面的

（刘东案：如果国人确能做到，而那律法又是值得遵守的，难道还有比这更值得充分肯定的国民素质吗？）

24. 互相猜疑——当然是负面的。

（刘东案：不过在这件事上，只怕是"天下的人们一般黑"吧？不信就再去读一遍基督教的教会史。）

25. 言而无信——当然是负面的。

（刘东案：但就是不知道它是怎么被归结到"全体中国人"身上的，而且还竟然被说成是他们的"特性"。）

26. 多神论、泛神论、无神论——当然是中性的。

（刘东案：只有狂热的基督徒才会有不同的意见。）

这样的一个结果，实在是太有意思了，也太出乎意料了！尽管明恩溥笔下的全部 26 种中国人之特性，如果按照他本人当初的判断，即使算不上满盘皆黑的话，至少也是以消极负面为主的。然而，一旦把它们拿到我们的思想实验中，对照一下此后的历史发展，那么至少按照我个人的理解，情况居然出现了大大的逆转——无论他当年归纳得对与不对，在所有这些国民特性中间，其正面的和负面的数量居然持平，各自占到 8 种，而更多的则属于中性状态，根本就说不上好与不好，总共占到了 10 种之多！

不待言，这样的重新统计结果，是在悬搁了明恩溥本人的价值判断之后，才得以从理论上清点出来的，所以它自然不会意味着，明恩溥本人当年对于中国人的看法，就已然如此积极。所以，即使要表扬一下他，我们也只能说，借助于跨文化经历的独特力道，他对于某些中国文化心理的把捉，尽管极尽挖苦之能事，却还是相当敏锐的。只不过，这些深具特征的民族文化心理，常会保持其相对的稳定性，所以在不同的历史阶段，也就会产生不同的历史效应，而且拿到不同的解释框架下，也会呈现出相当不同的意义。

这也就是说，一方面，明恩溥幸运地发现了很多相当重要的中国事实，然而另一方面，由于缺乏历史发展的眼光，和对于现代性的深切反思，他却不幸地误读了它们的历史含义。进一步说，尤其当我们考虑到辜鸿铭对他的批评时，明恩溥的这种阅读之误，就会变得尤其明显，因为他的对象来自中国下层，而当今中国的主要动力，也恰好是来自这样一个以往从未被看好的下层。——针对这一点，我已经多次给出过相应的分疏："一方面，一个完整的儒家体系，不仅不会原生地产生'合理性资本主义'，还会对这种所谓的'合理性'进行价值挑战；另一方面，一个破碎的儒家社会，特别是其中被外援因子激活的世俗成分，却足以移植和继生这种资本主义。"①

进一步说，如果再细读此书一层，还可以发现更为复杂的情况。一方面，我们当然可以说，确实有很多让明恩溥百思不得其解的中国特征，很多在他看来绝对是出乖露丑的中国习性，到了他未能预料到的后世，反而转变成为这个民族的竞争优势。而另一方面，我们却又能感觉到，即使就是这位洋教士本人，而且就在那样的危机时刻，他也是在自己的书中，一边表示不解与蔑视，一边又偷偷地流露出，在中国人的民族特性中，或许真的潜藏着令人畏惧的力量：

> 人们总是认为，灵魂不朽的一个有力证据就是，灵魂中那些最优秀的力量常常难以在此世获得施展的机会。如果这个证据是确凿的，那么中华民族这种无可比拟的坚韧性格，应该是用来担当某种崇高使命的，而不仅仅是为了让他们去忍受生活中的常见灾难和饥饿的折磨，这样的推论应该是合理的吧？如果"适者生存"就是历史给出的教导，那么毫无疑问，一个天生具有这一品格、同时又具有旺盛生命力的民族，就必定有一个伟大的未来。②

有必要再提醒一句：本文这一节的论述重心，是在把事实判断和价值判断暂时区分开来以后，才在思想上得以展开的。所以写到这个地方，又必须跟着再补充一句：要是回到现实层面的话，这两种东西又是不能彻底分开的。——别的且不说，要不是明恩溥带着他的主观偏见，他原本就没必要到中国来施行他的改造计划，也不

---

① 刘东：《韦伯与儒家》，《理论与心智》，南京：江苏人民出版社，2001年，第172页。
② 明恩溥：《中国人的素质》，第139页。

会鸡蛋里挑骨头地替中国人挑出那么多似是而非的毛病。

然而同样需要提醒，我们对他这本书的评判，却不能仅仅以此为满足，因为这只是问题的开始，而不是问题的终结。——无论哪一位研究者，无论是前人还是后人、庸人还是伟人，我们都可以通过深层阅读，来找到他们的主观视角。然而，我们却不能贪图省事地发挥说，既然这样，那么一部人类认识史，也无非就是一部人类偏见史而已。——恰恰相反，正如前边已经述及的，那正好是人类借助他们文化冲动和主观动机，而不断地增长知识和逼近客观的艰难历程。正因为这样，对于先我们而出现的思想者，实际上真正有意义的问题，就不在于他们未能说出什么，而在于他们说出了什么；不在于他们都存在着哪些明显的偏见，而在于他们基于这种异乎寻常的观察角度，都触及到了哪些不易为常人所探掘的侧面，和道出了哪些足以启示后人的洞见。

这就是我们对这个文本的意外重读！——正是借助于上面这一番发挥，就更加使我们相信：其实明恩溥所继承的话语系统，仍然是由来已久的中国形象的西方描述；而且，这样的一种中国形象，尽管充满了误解与不解，仍然属于优劣参半、好坏都有的两极化话语。由此，就算可以从它那里引申出所谓国民性，原本也并不应只是国民的劣根性。

关于劣根性的话题，我们留到下一节再详谈。这里再最后叙说一下这种两极化或两面性的问题。林语堂就此有过一段论述，认为从本源上来讲，许多被刻画出来的中国人的优缺点，实则都是从一棵树上长起来的，所以说到底又都是一种东西，只不过表现的方式和场景有所不同罢了：

> 既是中华民族的优点，也是它的缺陷，思想上过分的稳健

会剪去人们幻想的翅膀，使这个民族失去可能会带来幸福的一时的狂热；心平气和可以变成怯懦；忍耐性又可带来对罪恶的病态的容忍；因循守旧有时也不过是懈怠与懒惰的代名词；多生多育对民族来讲可能是美德，对个人来讲又可能是恶习。①

正因为这样，我们要是真想显示出思想家的本领，就应当对各种被并列出来的两面民族性，包括由明恩溥来集大成的那些特性，都先在经验形态中进行认真的清理，然后再基于发生学的理性逻辑，去进行内在的有机勾连，从而使我们的文明图景达到整一。而这样一个目标，也正是笔者长期以来一直在呼吁的方向，正如我 20 年前在《中华文明读本》的序言中所说：

> 沿着本书并列出的众多文化因子的辐射与相通，人们有可能逐渐体悟到作为其无形经纬的精神网络，从而确信存在着一个其意义大于各部分之总和的整体文化背景。准此，他们又必然会发现，在一个发育得如此圆熟的文明系统中，尽管其各个构成因素对后人可能显现出截然相反的正面或负面含义，但在前人那里都同样具备着服务于总体结构的功能，也同样渗透着具有内在整一性的传统价值观念。……对于读者们来说，问题的关键还不在于已经通过宏观的鸟瞰而认识到——让自己觉得可爱或可恨的两种东西在古代传统中是缠在一起的，而在于通过微观的解码而认识到——这两种东西其实是服从于一种深层价值追求的，因而说到底又只是一种东西；故此，除非人们已经找到充足的理由来全盘否定古代文明的价值内核，否则，从

---

①林语堂：《中国人》，郝志东等译，上海：学林出版社，1994 年，第 57 页。

另一种精神传统中派生出来的对于中国精神传统的总体拒绝，就很难被相信是纯粹出于理性的选择。[1]

只有从思想上真正达到了那种整一性，才能更为平心地来回顾所有围绕中国文化的争论，包括也把明恩溥的充满了偏见的片面深刻，摆放到合理的和可以为我们所用的思想位置。

五、学术话语中的国民性问题

无论是不是巧合，总之反正过了明恩溥之后，以民族国家为基本讨论单位，来总结国民性格或民族心理的做法，在这块土地上也逐渐蔚成风气了。而国人自己对于本国文化心理的归纳，有些跟明恩溥的判断不无相通，有些却跟他大相径庭；同样地，国人自己也是有时候众口一词，有时候大相径庭。

比如，仅就中外观感的差别而言，——在孙中山看来，中国人一大特点乃是"一盘散沙"，这跟明恩溥所谓"缺乏公共意识"的判断无疑是相通的；但孙中山却又认为，中国人并无排外意识、反而具有世界主义，这显然又跟明恩溥认定中国人"看不起外国人"的判断相左。——在康白情看来，中国人的一大特点乃是体质强健和潜力巨大，这跟明恩溥所谓"生命活力"的判断无疑是相通的；可康白情却又认为，中国人是畏惧困难和贪图享受的，这显然又跟明恩溥认定中国人"漠视舒适方便"的判断相左。——在胡适看来，中国人的一大特点乃是"差不多主义"，这跟明恩溥所谓"漠视精确"

---

①刘东：《中华文明读本》序言，南京：译林出版社，2009年，第3页。

的判断无疑是相通的；可胡适却又认为，中国人非常强调个人修养，这显然又跟明恩溥认定中国人"言而无信"的判断相左。——在林语堂看来，中国人一大特点乃是超脱老猾和幽默滑稽，这跟明恩溥所谓"柔顺固执"和"拐弯抹角"的判断无疑是相通的；可林语堂却又认为，中国人信奉的是和平主义，这显然又跟明恩溥认定中国人好搞"社会风暴"的判断相左。……真可以说是"公说公有理，婆说婆有理"，盖因他们切入的角度不尽相同，被触动的事由也不尽相同。也正因为这样，本文的标题才没有把这些意见表述为一种"学说"，而是表述为一堆"话语"（或"意见"）。

　　大约正是出于类似的理由，近来看到，方维规才在一篇评议《中国人的特性》的文章中，对于所谓"国民性"的提法简直就不屑一顾：

　　诚然，伏尔泰早就谈论 esprit des nations（国民性），赫尔德亦有 Volksgeist（民族性）之说；我们也不可否认共同的语言、文化和历史所造就的人的"共同体"。尽管如此，国际上的大量研究已经表明，我们似乎已经无法相信所谓"集体"特征或德行。陈旧的、18、19 世纪盛行于欧美的"国民性"概念，至少在西方似乎早已过时，这或许是中国学界津津乐道于此概念的人所不知道或不愿知道的现实。我们不能排除西方依然存在"国民性"思维模式，但是一般而论，至少在西方学界，谁再拣起"国民性"概念，很可能会被人视为"无知"。尽管当代西方兴许还会有人把《特性》当作消遣读物，但是，"许多外国人仍将此书作为他们了解中国人的首选读物"似乎缺乏应有的考证。①

----

① 方维规：《谁造就了"史密斯热"？——就〈中国人的特性〉与诸学者商榷》，《中国图书评论》2009 年第 3 期。

我当然了解这位作者的持论根据。的确，不要说"国民性"这样的提法了，就连从"民族心理学"到"优生学"这类顶着自然科学名义的近代学科，在纳粹德国垮台之后，都陷入了政治不正确的尴尬境地。不过，撇开那个终究还是要由自然科学家自己去操心的问题，我们还是有理由认为，一方面，如果从思想史的角度来验收，那么关键就不在于某个思想环节是否正确，而在于它是否起到过重要的历史连接作用；另一方面，如果特别要从中国思想史的角度来验收，那么关键亦不在于某个概念在国外学界中受到的评价，而在于它在中国现代思想中起到的作用。正是在这个意义上，理应看到，明恩溥的历史作用仍然不可小觑。——这倒不是因为他有过多大的开创之功，因为正如本文再三引述过的，在他之前早就有过类似的形象描述；毋宁说，这是考虑到了他的承前启后作用，因为他那本书不仅是集了此前的大成，而且还启发了此后的话语。

如果沿着时间的线索，再接着明恩溥往下讲，那么这一堆国民性话语，尽管有过前边列举的那些作者，而且他们也都相当有名，然而它最主要的本土支脉，还在于学术话语和文学话语这两路。而在这里，我们首先就要来交代前者，因为文学作品的受众太广，信众也太多，以致人们大多都淡忘了，其实在从明恩溥引出的思想线索中，真正结出了果实的一支，还不在于文学、特别是杂文方面，而在于学术、特别是民族心理学方面。——这样的一条学术史的脉络，尽管时断时续，而且也不无尴尬困窘，仍可从早年清华的潘光旦，直到此后台大的杨国枢，一脉相承地传承下来。

尽管潘光旦本人并未见过明恩溥，但他曾亲耳听到诚静怡和李景汉对其的描述，——尤其是，看来后者对这位传教士的生动描述和正面评价，给他留下了决定性的好感："前平民教育促进会定县实验区调查主任今清华大学教授李景汉先生也和明氏相熟，对明氏也有同样的印象，同时认为《中国人的素质》一书，大体上很可以说是一幅逼真的写照。明氏以传教士的地位随意观察中国农民，李先生以社会学家的资格研究中国农民，而所见吻合如此，可见明氏这本作品，也决不能和一班走马看花、捕风捉影的西人著述等量齐观了。"① 如果考虑到这两位的热情介绍，而又能设身处地地再考虑到，这位身体残障的学者毕竟受到了研究条件的限制，那么他把明恩溥的随笔当作田野调查的结论，并且准此展开自己的工作，也就在情理之中了：

> 《中国人的素质》中所历叙的中国人的特性，不但是一个事实，为明氏一班明眼人所见到，并且，就生物淘汰的学理言之，也确乎是一些无可避免的结果。淘汰的理论而确，则有到中国的特殊的自然与人文环境，便不能不发生一种特殊的淘汰作用；有到此种淘汰作用，便不会不形成种种特殊的品性。种甚因，食甚果；种麻的，必得麻，不得黍，此种特性的演变而成，当然也不是例外。明氏单单把果和盘托出了，并没有讲因，恐怕他实在也不大明白因之所在；不过讲淘汰学说的我们是明白的；拿我们所明白的因和明氏所描摹的果，联系了看，便恍然于因果的不爽了。②

可想而知，既然潘光旦用学术语言所表达的话语，其实是明恩溥那种形象刻画的延伸，那么他从民族心理学方面对于中国民族性的归纳，也自然要承袭后者以负面为主的特点。在《民族特性与民

---

① 潘光旦：《民族特性与民族卫生》自序，转引自《中国人的素质》，第 315 页。
② 同上。

族卫生》一书中,他以美国耶鲁大学的人文地理学家亨廷顿(Ellsworth Huntington)在其《种族的特性》(The Character of Races)一书中所主张的、具有进化论特征的"人口过剩与移徙所引起的自然淘汰"理论为纲,又以从明恩溥的《中国人的特性》中筛选出15种国民性要素为目,展开了自己的论说。——而那15种具体的国民特性,由于翻译和理解的不同,在潘光旦的笔下又被依次表述为:

1. "活易死难"——即前述的"生命活力"

2. "没有神经"——即前述的"麻木不仁"

3. "耐性太好"——即前述的"遇事忍耐"

4. "不求准确"——即前述的"漠视精确"

5. "不重视光阴"——即前述的"漠视时间"

6. "勤劳"——即前述的"辛勤劳作"

7. "撙节"——即前述的"省吃俭用"

8. "知足常乐"

9. "有私无公"——即前述的"缺乏公共精神"

10. "无恻隐之心"——即前述的"缺乏同情"

11. "言而无信"

12. "尔虞我诈"——即前述的"互相猜疑"

13. "爱脸皮"——即前述的"面子要紧"

14. "婉转"——即前述的"拐弯抹角"

15. "客气"——即前述的"恪守礼节"

不言而喻,至少这15种来自明恩溥的总结,尽管仍然是以消极判断为主,却是潘光旦觉得可以接受的,这自然就标示了后者的判断与取向。到了后来,这位集中关注着民族病象的本土学者,又把他认为急需进行改造的民族特性，简化为下述四种主要的缺陷：

1. 体格的柔韧化
2. 科学头脑的缺乏
3. 组织能力的薄弱
4. 自私自利的畸形发达

上述四者中间，对于后三种特性的消极与落后，读者们都可以一目了然，惟有第一种特性，还要稍微费点力气来解释，不过却也很容易看出来，那仍然是从明恩溥所谓"生命活力"的判断中引申出来的。比如明恩溥曾经写到："不难看到，不管破坏力有多大，总比不过修复能力。我们认为，只要有几十年的太平和丰收，中国几乎任何一个地方就都能从本世纪一连串的灾难之中恢复起来。而恢复的前提人人可见，不管是否愿意仔细思考，总是引人注目。中华帝国的任何地方，无论城镇乡村，最引人注目的是一群群的中国儿童……当今中国社会的奇迹之一，便是靠什么供给这么多小孩子衣食，我们必须记住不少孩子'衣食'无着；换言之，极端的贫困并没有明显地减少中国的人口。"[1]与此相应，潘光旦则以他所谓的"体格的柔韧化"的提法——他也将这一点形象地比作"牛皮糖"——对于此种让明恩溥称奇的现象做出了基于进化观念的解释：

潘光旦接受亨廷顿关于自然灾害对中华民族的选择作用的研究成果，认为中国人特殊的体格是由于千百年来饥馑荐臻和人口过剩所淘汰形成的。具体说，就是由于荒年和人口过多，

---

[1] 明恩溥：《中国人的素质》，第125页。

能够生存的大多是具有很能节俭、很能勤劳、很能忍耐、很能吃苦这些消极品性的分子，而积极一些的、有领袖能力的人品便不容易存活下来，经过长期的淘汰选择，这些消极的品性通过婚姻生育、遗传累积的作用，终于造成了中国人形成这种消极的品格。[1]

由此也就不难理解，任教于伦敦大学亚非学院的荷兰汉学家冯客（Frank Dikötter），何以会在他有关"中国优生学"的新作中，把潘光旦视为在现代中国引进这种"不完善概念"的关键人物，——而且据说这种至少是不够科学的概念，还大大误导了当代中国的基本国策。[2] 不过在我看来，如果方维规是沿着"政治正确"的方向，批评了明恩溥的国民性学说，那么冯客也是沿着同样的方向，并基于一位后来者所占据的时间优势，在宣告潘光旦当年引进的西方知识，如今在西方本身反而不那么时兴了。由此观之，恐怕这类学术批评的最大问题，还在于其思路太过机械，即它们只是从科学史的教科书中，转抄出西方最新的流行观念，而没有从思想史的复杂发展中，去对当年势必要发生的"影响—接受"关系进行同情的理解；由此，他们就都难以设身处地地理解：当初那个挣扎在基本生存线上的民族，究竟是为了怎样的缘故，才被迫从外部世界引进这种明显在诋毁本民族特性的理论。——事实上，我们只要回顾一下，潘光旦甚至还为自己的另一本文集取名为《优生与抗战》，就不难领会其间的蕴涵了。

---

①吕文浩：《论潘光旦民国时期的中国民族观》，《中国社会科学院近代史研究所青年学术论坛 2002 年卷》，北京：社会科学文献出版社，2002 年。

② Cf. Frank Dikötter, *Imperfect Conceptions: Eugenics in Modern China*, New York: Columbia University Press, 1998.

综上所述，对于潘光旦何以基本上接受了明恩溥的说法，我们已经看到了三种成因，即：第一，出自他对这位传教士的间接好感；第二，他本人的身体条件迫使他势必采信别人的现成调查；第三，他渴望经由确诊乃至治疗民族的精神病灶，而达到富国强兵的紧迫目标。而进一步说，对于他跟明恩溥之间的关联，也许还应当再考虑两个成因，即第四，围绕着这样一个社会学题目，以当时那种贫弱的研究条件，也没有资金进行大规模的问卷调查；以及第五，那个时代的心理学学科本身，也还处在很不成熟的阶段。事实上，直到美国心理学家马斯洛之前，这个学科的主要研究对象，还是要么指向狗和猴子，要么指向缺陷、变态和反常，——在这个意义上，或许一位有志于民族心理学研究的学者，如果从自己的学科习惯出发，也就不会觉得明恩溥的议论有多么刺目。

不过，又必须转而想到，尽管潘光旦的确是从经验素材上接受了明恩溥，但他毕竟是把它接受到了学术话语之中，——而这种话语的主要特点，恰在于它的开放性和累进性。也正因为这样，只要是正式进入了学术讨论，那么无论一开始的起点有多少暧昧不明，总是有可能在此后的讨论中越辩越明。比如我们读到，就算是认同了明恩溥有关中国人之"生命活力"现象的描述，社会学家李景汉仍会基于学术上的论证要求，提出了进一步进行社会调查的主张："明氏所提中国人的随遇而安，到处可以适应的一点，的确是极显著的品性。至于说到中国人的复原力极大一点，明氏只凭一般的观察是不够证明的。这非根据科学的调查而有统计的证明不可。例如欧战时各国伤兵的复原力是否不及中国人是不易断定的。关于中国人的不讲卫生是对的，而说中国人的寿命高，老人多，是错误的。这不能凭一般的观察而遽下断语。根据现在已有的实地调查，无论是平均的寿命或老人数所占全人口数的百分比，中国都赶不上西洋讲卫生的国家。"①再比如，针对潘光旦对于中国人种族遗传素质的悲观判断，当时的社会学家吴景超也同样提出了针锋相对的商榷："我们只要离开文化的领域，走入生物的领域，离开文化而谈民族，离开后天的而谈先天的，离开环境而看遗传，就可发现我们中华民族，是一个伟大的民族，是有一个灿烂的将来的。"②凡此种种都足以说明，在学术研究的正常轨道上，只要是提出了有待证伪的假说，那雪球就会沿着自有的理路越滚越大。

正是沿着这样一种思路——既沿着它带给人们的启发，也沿着它留给人们的缺憾——我们看到了台湾学者的进一步努力。跟早年毕业于哥伦比亚大学的潘光旦一样，早年毕业于伊利诺大学的杨国枢，尽管也有其明确的留洋背景，却把治学的方向扎根到本土。具体而言，他也是立下了跟潘光旦类似的目标，要把在国外学到的人格心理学，运用于有关中国国民性的研究之中。当然可以预料的是，正如他在上世纪六十年代所总结的，这种研究到了他的时代，已经逐渐有了一些积累，而且都是基于更好的研究条件，不再像明恩溥或潘光旦那样，只是限于有限的观察或内省了：

> 过去，在国民性方面，西方心理学家多系努力于研究美国人、德国人、苏俄人、英国人、及日本人底人格特质，近来则更扩及印度人、非洲人及中东人等。至若中国人底人格特质，在大陆易手以前，西方心理学家以之从事有系统的研究者甚鲜，此即所以 Inkeles 与 Levinson 二氏于 1954 年论及中国人底"众趋人格"时会作如下之感叹："中国社会虽曾经过广泛之研究，

---

① 李景汉：《潘光旦〈民族特性与民族卫生〉序言》，转引自明恩溥：《中国人的素质》，第 307 页。
② 吴景超《论积极适应环境的能力》，《独立评论》第 162 号（1935 年 8 月 4 日）。

但事实上，关乎中国人底人格与性情，却并无系统之心理学上的资料，而且即使是一般性的观察与分析，亦属不可多得。……"

顾自 1954 年 Inkeles 与 Levinson 之叹以后，已十年于兹。其间，中外心理学者对中国人底人格特质虽乏有系统的探索，但却有若干零星研究，值得吾人于此时此地加以整理与检讨。此所以有本文之作也。简而言之，本文之目的有二：使吾人能藉吸取过去有关国人人格特质之研究成果，而获得从事进一步探讨之起步点——撷取与建立较精确之工作假设，其一也；使吾人能视过去研究所犯之若干错误为前车之鉴而使未来之探讨在方法上有所改进，其二也。[1]

根据杨国枢的总结，迄至二十世纪六十年代，台湾学者主要是在"中国人的智慧"、"中国人的气质"、"中国人的需要与态度"、"中国人的兴趣与理想生活方式"这四个方面，进行了符合学科规范的调研。当然与此同时，他还是指出了这些调研活动的有待改进之处，比如正如明恩溥的调研主要针对社会下层一样，台湾学者的那些问卷调查，同样由于受到研究条件的限制，又往往主要针对他们的学生，所以仍然存在着代表性不足的问题。

但无论如何，最值得注意的一点是，尽管就其知识的根源而言，这种国民性话语的动因和起点，的确是来自国外传教士的文化偏见，然而它一旦被纳入相对而言态度中立、过程规范、操作透明和结论开放的学术研究之中，其早先那种过火的否定和轻蔑的讥讽，也就逐渐得到了修正。比如，我们 1988 年出版的由台湾学者李亦园、杨国枢主编的《中国人的性格》中，看到他们所理解的民族性，已经

---

[1] 杨国枢：《中国人的蜕变》，台北：桂冠图书公司，1988 年，第 101、102 页。

转化成了这样的中性描述[1]：

    A. 自我观念：

（1）在他人面前不夸耀自己，力求谦虚

（2）根据不同的环境适当表现自己，保留过分的主张

    B. 人与人之间的关系：

（1）通过人情关系形成互联网

（2）尊重权威，根据上下关系决定权利所在

（3）在以家庭为核心的小群体里维持良好的纽带关系

    C. 人与宇宙的关系：

（1）人是环境的一小部分

（2）顺应环境，不过多地去想如何征服环境

    D. 对时间的态度：

（1）喜爱怀古，重视传统

（2）不习惯变化，力求维持现状

    E. 对行为的态度：

（1）力求妥协，反对极端，主张中庸

（2）抑制情感，力求克己

也许还有必要再来提醒，正如前边已经提到的，心理学这门学科本身就还很年轻，有时简直很难把它跟一般的人文描述区分开来；更有甚者，一旦谈及国民性这个话题，则无论是它所涉及的民族心理学、还是人格心理学，其本身所惹起的争议都还更大。[2] 从这个

---

[1]李亦园、杨国枢主编：《中国人的性格》，台北："中央研究院"民族学研究所，1989年。
[2]参阅墨顿·亨特：《心理学的故事》上下册，李斯译，海口：海南出版社，1999年。

意义上讲，究竟纳入学术规范的国民性话语，其最终的发展前途如何，我们还只能拭目以待。不过，最关键的要点还不在这里，而在于学术话语相对于文学话语，不光有开放性相对于封闭性、增长性相对于稳固性的长处，也还有专业性相对于业余性、精英化相对于大众化的弱势，所以，无论有关国民性的学术话语，在知识上取得了怎样的进展，它都只能局限于小圈子和实验室，而徒然坐视有关国民性的另一话语支脉，以其形象描画和情感煽动的手段，几乎不受限制地转变为大众的信念、信条或信仰，甚至直接转化为即时的和暴烈的社会行动。

六、文学思潮中的国民性话语

坦白地讲，唯有本节才是笔者真正想要碰触的、也最能搔到痒处的重头戏，——只不过，如果没有前边的长篇铺垫，这个话题却又无法得到学术性的展开，而只能再次陷入浅尝辄止的、意气用事的表态。

必须清醒地意识到，无论我们喜欢与否，明恩溥对于中国人特性的描画，其最为突出和严重的影响，无疑还是表现在文学话语、以及由此所推动和助长的社会思潮与政治运动上。尽管从表面上看，这位传教士的来华使命从未被认可过，但如果看得稍微深入一些，那么他相当不少的对中国人特性的判断，都借助于鲁迅对它们的放大、以及毛泽东对于鲁迅的个人爱好，一直在暗无声息地影响着我们，——实际上直到移风易俗和斗私批修的严峻岁月，他这种登峰造极的间接影响才算有了物极必反之势。

更让人头疼的是，如果在学术事业方面，正如前面已经回顾到的，人们的认识无论从一开始怎么失误，总还有不断更新改正的可能，总还可以谋求层层积累与增长，那么，在文学事业方面，一旦这种特别易于传播的思维方式，不管它对准了什么话题，只要它即时地打动了头一批读者，再顺势演化成为新的习惯势力，其价值内核便从此很难再被从社会层面来证伪，——因为此后无论对它是褒是贬，都不过意味着简单的站队和表态而已。

也正因为这样，不妨这么说，即使某种主要是基于感性的思潮，从一开始也是不无所见的，可一旦它这种所见被逐渐固化为定见和成见，则它此后接续推动的话语再生产过程，也就越来越意味着将错就错和以讹传讹，——而这也正是本文要指出的围绕国民性话语的"多重误读"。当然，最开始的那一次误读，仍要从明恩溥对中国人特性的解读算起。因为，尽管这位传教士对于某些流行于中国社会下层的文化心理，确实是不无所见的，然而那些撞入他眼帘的东西，毕竟已被他的有色眼镜所过滤，由此就算他确乎看到了一些事实，却也未必真能认清这些事实，而终究还是误判了它们对于此后历史的意义。这已经算是对于国民性的一次误解了。

糟糕的是，这种误读还要接着再发酵，——于是我们就自然进到了鲁迅这个环节，因为明恩溥在中国之所以有如此显赫的影响，主要还在于他对这位重要本土作家的刺激。众所周知，鲁迅是在1905年前后，首次读到了明恩溥这部著作的日译本，并开始同许寿裳等讨论起国民性问题来，他还在1907年写成的《摩罗诗力说》中，头一次使用了所谓"国民性"的说法。而到了1926年7月2日，他又在谈及安冈秀夫的《从小说看来的支那民族性》时，顺便表露出自己对明恩溥（他称其为Smith或斯密斯）那本著作的熟知与共鸣：

> 安冈氏虽然很客气，在绪言上说，"这样的也不仅只支那人，

便是在日本，怕也有难于漏网的。"但是，"一测那程度的高下和范围的广狭，则即使夸称为支那的民族性，也毫无应该顾忌的处所，"所以从支那人的我看来，的确不免汗流浃背。只要看目录就明白了：一，总说；二，过度置重于体面和仪容；三，安运命而肯罢休；四，能耐能忍；五，乏同情心多残忍性；六，个人主义和事大主义；七，过度的俭省和不正的贪财；八，泥虚礼而尚虚文；九，迷信深；十，耽享乐而淫风炽盛。

他似乎很相信 Smith 的 Chinese Characteristics，常常引为典据。这书在他们，二十年前就有译本，叫作《支那人气质》；但是支那人的我们却不大有人留心它。第一章就是 Smith 说，以为支那人是颇有点做戏气味的民族，精神略有亢奋，就成了戏子样，一字一句，一举手一投足，都装模装样，出于本心的分量，倒还是撑场面的分量多。这就是因为太重体面了，总想将自己的体面弄得十足，所以敢于做出这样的言语动作来。总而言之，支那人的重要的国民性所成的复合关键，便是这"体面"。

我们试来博观和内省，便可以知道这话并不过于刻毒。相传为戏台上的好对联，是"戏场小天地，天地大戏场"。大家本来看得一切事不过是一出戏，有谁认真的，就是蠢物。但这也并非专由积极的体面，心有不平而怯于报复，也便以万事是戏的思想了之。万事既然是戏，则不平也非真，而不报也非怯了。所以即使路见不平，不能拔刀相助，也还不失其为一个老牌的正人君子。①

①鲁迅：《华盖集续编·马上支日记》，《鲁迅全集》(三)，北京：人民文学出版社，1956 年，第 239—240 页。

此后，鲁迅又多次在文字中提到这位在他看来"并不过于刻毒"的史密斯，甚至直到其生命的最后两个星期，即到了1936年10月5日那一天，他还发表了遗嘱一般的言论：

> 不看"辱华影片"，于自己是并无益处的，不过自己不看见，闭了眼睛浮肿着而已。但看了而不反省，却也并无益处。我至今还在希望有人翻出斯密斯的《支那人气质》来。看了这些，而自省，分析，明白那几点说的对，变革，挣扎，自做工夫，却不求别人的原谅和称赞，来证明究竟怎样的是中国人。①

以往，由于接触到这些史料的学者，多属于中国现代文学专业，而相对较少比较文学的专业敏感，所以对于如此重要的"影响—接受"关系，就既没有提出过什么疑问，也没有进行过多少深究。由此相对而言，在原有的理解限度内，最先做出认真的努力来执行鲁迅这份遗嘱的，还要数张梦阳的发掘与对照工作。②不过，毕竟还是受到本有框架的限制，张梦阳对这种文学关系的看法，仍然属于以往那种简单"拿来主义"式的，以致他还为鲁迅对明恩溥的接受，而感到由衷的赞赏与庆幸。——换句话说，对于他所属的那个学术圈子而言，鲁迅的伟大根本就是毋庸置疑的，问题只在于去理解这种伟大到底是怎样铸就的：

> 人们之所以日益对《中国人德行》这本外国人写于一百多年前的书表现出越来越强烈的兴趣，一方面说明了"偏不肯研

---

① 鲁迅：《且介亭杂文附集·立此存照（三）》，《鲁迅文集》（第六卷），第108页。
② 参阅张梦阳：《鲁迅与史密斯的〈中国人的气质〉》，《鲁迅研究资料》第11辑；及亚瑟·史密斯：《中国人德行》，张梦阳、王丽娟译，北京：新世界出版社，2005年。

究自己"的中国人经过一次又一次的挫折和教训，逐步觉出了认识自己的极端重要性，渐渐地肯于研究自己了；另一方面也说明了《中国人德行》里面所批评的中国人的种种毛病并没有得到根治，有些甚至于愈加严重了。我前年到澳洲、去年到加拿大，初步从海外观察自己的祖国，就产生过这样的感觉，今年赴日四个月，这种感觉就更为突出了，恍然明白了一个真理——鲁迅如果没有留学日本的经历，没有看过《中国人德行》的涩江保日译本，是不会形成"改造国民性"思想的。中国也不会出现鲁迅这样的对本民族的精神进行深刻反思的伟大思想家。以别的民族作为"镜子"，往往会更为清晰地看出本民族所存在的问题。①

此外，沿着本文的叙述线索，恐怕读者自己也都不难看出，像上文这样来给出判断——"鲁迅如果没有留学日本的经历，没有看过《中国人德行》的涩江保日译本，是不会形成'改造国民性'思想的"，还是把鲁迅思想的形成过程及其原因，理解得太过单线了。有了我们在第三节中的铺垫，事情眼下已经变得相当简明：即使没有来自明恩溥的那种恶刺激，看来鲁迅也不会减弱他对本土文化的批判火力。比如，我们通读他和周作人的幼年回忆，可以找到不少这样的路径，条条都能通往末世的情调。再如，我们重读他的《中国小说史略》，也可发现他为清代专辟了"讽刺小说"和"谴责小说"的章节，说明他对当时的世风完全是成竹在胸。更不要说，我们在前边精心挑选的吴敬梓、龚自珍、梁启超这三位代表，更是个个都

---

① 张梦阳：《亚瑟·史密斯〈中国人德行〉后记》，张梦阳、王丽娟译，北京：新世界出版社，2005年。

认准了中国的国民素质问题，而他们又个个都对鲁迅产生过重要的影响……

应当看到，传统文化的因子是丰富而复杂的，而且个人接受这种因子的心理条件，也同样是林林总总的、充满偶然的、甚至飘忽不定的。正因为这样，一方面，我们就可以从传统思想的矿藏中，引申出各种各样的倾向与线索，从而体会到历史发展的多种潜在可能；另一方面，我们又可以从每个当下的语境中，体会到个人所面临的多种选择机会，从而确信无论多么强大的客观条件，都不能对具体的历史主体产生决定论意义上的影响，也都会给后人留下了从特定角度去激活它的回旋余地。——准此就不难想象，在接受美学的意义上，正是鲁迅早先对于本土文化因子的充满个性的主动选择，才造就了他对于明恩溥的独特接受心理；而且正因为这样，他才既不会像辜鸿铭那样对着这本书拍案而起，也不会像李景汉那样对于明恩溥这个人先抑后扬。要知道，接受主体同外部知识的辩证关系，从来就不是被动反映的，而是互动和彼此激发的。所以，就算明恩溥确乎激发或刺激过鲁迅，后者也势必会以"正中下怀"或"恰合我意"的心态，来接受这种激发与刺激。

不过，也正因为在接触到明恩溥的文本之前，鲁迅就已潜在地固定了他本人的解释方向，我们又不得不说，其实这位传教士对于鲁迅的影响，或者后者对于前者的接受，同样是建立在明显的误读基础之上，——而这就可以算是对于国民性的又一次误读了！换句话说，如果明恩溥曾经对中国人不无误解，那么鲁迅对明恩溥同样也不无误解，而且正是在这种误解的基础上，才发展出了他对这种社会心理之历史含义的更大误解。

毕竟，姑且不提第四节中借助历史而展开的对于明恩溥的意外重读，而只是沿着中国形象向来在域外所展现的两面性，还是可以看到，这种形象在那位即使是最持否定态度的西方作者那里，仍然属于对于正负两面都要保留的，——更何况，这位牧师还时时在笔端流露出，对于这种不可思议的国民性格，总是感到某种莫名的敬畏。而相形之下，鲁迅虽然深受明恩溥的影响，却并没有完全忠实于他的原书，更不会从字缝里读出任何潜在的积极意涵来，而仅仅对之进行了"六经注我"式的负面发挥，——甚至对于任何可被视作优点的中国特性，包括连明恩溥都望而生畏的特性，也都统统被他视而不见了。由此实事求是地讲，鲁迅对于本国国民性的批判，其实要远比明恩溥对于中国人特性的挖苦，更加偏颇、偏激和偏至，——那边毕竟还在号称去研究民族性格，而到了这边，则只是在号召批判和改造国民的劣根性了。

进一步说，明恩溥对于鲁迅的影响，当然首先表现在，既然有了前者的说法垫底，就愈发加强了后者对于国民性格的总体负面评价，包括他所讲的"中国人的不敢正视各方面，用瞒和骗，造出奇妙的逃路来，而自以为正路。在这路上，就证明着国民性的怯弱，懒惰，而又巧滑"[①] 等等。然而，细思之下，明恩溥对他的影响又远不止此。对照着明恩溥的文本，再来重读鲁迅笔下的阿Q精神、《社戏》，还有《二十四孝图》等等，都不难发现一些微妙的蛛丝马迹。甚至可以说，在撇开具体的字句和细部之后，反而是在某些并不能找出明显对应痕迹的鲁迅文句中，会发现其间的明恩溥阴影更重，也更加值得进行深入分析。一方面，必须承认，鲁迅绝对是拿来和借鉴的高手甚至圣手，所以他一旦把外来因素化入自己的笔端，就不是普通功力的比较学者可以看透的。但另一方面，也必须承认，

<hr />

① 鲁迅：《论睁了眼看》，《鲁迅文集》（第一卷），丁华民编，长春：吉林文史出版社，2006年，第 250 页。

正因为那些东西并不很容易看透，所以究竟如何去评价那些外来因素的暗中吸引，又如何看待这种微妙的偏转借着鲁迅的名声，转而对我们自身历史观念所产生的潜在影响，仍然属于几乎未曾展开的重大课题，——正如我最近在处理《齿痛》与《药》之间的比较文学关系时，所痛切地彻悟到的：

> 现在我们总算弄明白了：别看它讲得何等活灵活现，原来在《药》这篇小说里，实际表现的并不是真实的历史，或者说，当年慷慨取义的革命者，同他们想要从水火中救出的民众，并不是在现实的生活世界中，而只是在一篇虚构的文学作品中，由于受制于某种舶来的故事结构，才显得如此天悬地隔。——这也就意味着，鲁迅作为一位小说家，他首先要忠于的，并不是现实的历史趋势，而是想象世界的结构；或者说，也许并不是当时的中国已陷入了绝境，而是顺着某位艺术家的凭空臆想，实在也替它想不出什么前途来了。①

前边已经提到，其实张梦阳对于此种"拿来主义"的上述态度，是相当具有代表性的。不无吊诡的是，在自反式的西方学说——后殖民主义也被"拿来"之前，特别是人们想要处理鲁迅这样的人物时，只怕他们做梦也未曾想到，问题竟还能被反过来提：即这种"盗火"式的"拿来"行动本身，还能存在什么大不了的可疑之处。

正是在这个意义上，刘禾的那本《跨语际实践》②，尽管自从问

---

① 刘东：《〈齿痛〉到〈药〉的变幻》，《道术与天下》，北京：北京大学出版社，2010 年，第 222 页。
② 参阅刘禾：《跨语际实践——文学，民族文化与被译介的现代性（中国，1900—1937）》，宋伟杰等译，北京：三联书店，2002 年。

世那天就争议不断，仍然堪称在这方面的真正贡献。正是她这本书，率先把鲁迅研究带入了后殖民主义的思想语境，使得读者们势必要参考着福柯有关"话语—霸权"的理论和萨义德有关"东方主义"的论说，来重新通盘考虑其中遗留下来的问题，从而大大地解放了原有的思想。当然，也正因为这样，在明恩溥与鲁迅之间的那种原已被当作常识认可下来的影响—接受关系，也一下子又成了一桩棘手的和聚讼纷纭的公案。——说白了，如果没有后殖民主义的聚光灯似的投射，那么在当年一边倒的语境下，正如潘光旦可以直接去领受明恩溥而毫无愧色一样，就算鲁迅是在明里暗里地沿袭了明恩溥，那么无论他本人还是他的追随者，都未必觉得那可以算得上什么污点，而只有等到刘禾的著作面世以后，这件事才逐渐被捉摸得有点可疑了，而且也正因此才引起了无数的争议。

但无论如何，即使只是从鲁迅研究的角度看，刘禾的这种嫁接与带入，仍然足以带来很大的启发。正由于她从比较文学的专业角度，凸显了鲁迅提出的国民性问题的外来文化根源，才使我们更真切地体会到了鲁迅当年那种历史选择的心理前提。否则，仔细回味起来不免会感到有些奇怪：其一，同样身为中国人的鲁迅，为什么不去批评这一部分、或那一部分中国人，或者像辜鸿铭那样去区分真正够格的、或不大够格的中国人？所以无论如何，他那种对于"国民性"的统称说法，看来更像是缘自外部和外人的观察与判断，——更何况这种全称的否定判断，还要连作为观察者的他自己也给卷进去呢？其二，一般来说，在国外的身份落差和文化碰撞，会造成闻一多式的对于故土的回望与热恋——"太阳啊，楼角新升的太阳！/ 不是刚从我们东方来的吗？/ 我的家乡此刻可都依然无恙？"（《太阳吟》），而鲁迅本人抵达东瀛以后，原本也曾写过"我以我血荐轩辕"的诗句，所以，如果不是来自明恩溥的恶刺激，那么他怎么会在回国之后，反而把家乡父老说得一钱不值了呢？

于是，尽管在文化激进主义的话语中，鲁迅从来都享有这样的美誉："鲁迅的骨头是最硬的，他没有丝毫的奴颜和媚骨，这是殖民地半殖民地人民最可宝贵的性格"[①]，然而出乎意料的是，正是沿着西方最新传来的反省它本身同它的殖民地之间的关系的理论，再结合着在明恩溥与鲁迅之间的影响——接受线索，这位总是把中国人和中国传统文化骂得一钱不值的现代作家，到底为什么和怎么样"没有丝毫的奴颜和媚骨"，反而变得让大家有些迟疑不决了。毋宁说，在那个可怕的半封建半殖民地的中国，由于历史结构的复杂与凶险，和古今东西的层层缠绕，如果不能小心翼翼地保持思想的平衡，那么无论朝哪个方向偏斜下去，都有可能无意间正好逢迎上某种权力，——极度鼓吹排斥外来文化的人，很有可能是在讨本土权贵的欢心；而极度鼓吹毁灭本土文化的人，也很有嫌疑是在步殖民主义的后尘……

无论如何，对于作为后人的我们来说，不幸中的大幸乃在于：鲁迅当年对于中国国民性的如此悲观的否定，到头来毕竟又被历史的实际进程本身，给反过来否定了，——否则，我们这些"不长进"的亡国奴，如今干脆只能是欲哭无泪罢？在这方面，请允许我再引证一段自己的独特判断：

> 回顾悲喜交集的二十世纪，或许最重要的中国事实就在于：一方面，恰是从那个被鲁迅视为充满惰性的民众中，涌现出了各种各样的志士仁人，他们虽有不同的倾向、专业与方式，也充满了纠纷、辩论与争斗，却总还足以去代表和统领民众，让

[①] 毛泽东：《新民主主义论》，北京：人民出版社，1975年，第48页。

中国逐步摆脱了被动挨打的局面；而另一方面，也许更为重要的是，即使那些被以外来眼光视作既可怜又不争的民众自身，其实也并不是历史的惰性力量，相反，正是在他们克勤克俭的起居中间，在他们既忍耐又平和的性情中间，在他们对生命和子女的挚爱呵护中间，在他们对于后代教育的只问耕耘的投入中间，在他们达观知命的人生态度中间，实实在在地隐藏着足以震惊世界的伟力。①

不过，正所谓"千虑一失"，在充分肯定其学术贡献的同时，我们也应当善意地指出，刘禾论著中的某些论述策略，也还存在着不够周全的地方，而且正是它闪出的这些缝隙，才使那些从情感上就不能接受其论述方向的人们，找到了肯定是希望找到的可乘之机。——首先的一点就在于，刘禾对于历史人物的理解与把握，终究还嫌太过标签化和简单化了，似乎天下就只有纯白和纯黑两色；而她又把这种绝对的二分法，一极分配了坏人明恩溥，另一极分配给了好人鲁迅。由此，也就大大删节了历史本身的复杂性和弹性，同时也使作者留给自己的解释空间变得相对狭小了。

当然，作为一本具有相当论证量的学术著作，刘禾在她的书中也提出过看上去"言之成理"的解释：她试图以所谓"发明"与"再发明"的框架，来把明恩溥对于国民性话语的创造，以及鲁迅又对这种充满歧视的话语的创造性改造，或曰从恶劣到良善的、整整一百八十度的突变，归结为存在于文化之间或语言边际的丰饶的生产性。而她的这种说法，某种程度上也正跟另一位斯洛伐克汉学家在研究鲁迅时所提出的所谓"创造性对抗"概念，颇有异曲同工之

①刘东：《〈齿痛〉到〈药〉的变幻》，《道术与天下》，第 227 页。

处，——尽管在我看来，它们无非证明了这两位学者在面对鲁迅作品中的影响—接受关系时，共同遭遇到了难以处理的或不无尴尬的问题。①

无论如何，像那样一种悖论式的巧辩，其在理论上的雄辩意义，还是要大于它对经验事实的解释能力。记得我在北大给研究生上课时，曾着重推荐过刘禾的这本书；而同学们读罢以后，也都普遍感到很受启发，特别是赞赏其序论部分。不过，大家又都普遍反映说：该书讲到鲁迅又超越了明恩溥的那一节，写得实在是"太弱了"，以至于完全不能被说服！既然如此，或许就不难理解，如果有人接受不了此书的主要倾向，就会紧抓住这一点不放。比如，方维规就曾针对这一点写道：

> ……对"发明"（invention）与"再发明"（reinvention）的探讨是刘禾论著的重要部分。刘禾的主要观点是："国民性"概念是西方传教士的话语建构，并在中国启蒙思想家以国民性理论倡导现代文学之前传入中国。可是，鲁迅等人并未认识到传教士话语之殖民霸权话语的本质，却将国民性观念化为己有，成为批判国民劣根性的有力武器，《阿Q正传》则是传教士虚构的中国国民性在文学创作上的兑现。换言之，鲁迅等人所塑造的"国民性"来自传教士的定格塑造，只是一种翻译而已。此乃刘禾"跨语际实践"、"被移译的国民性"或"被译介的现代性"等说法的由来，吸引了不少文学青年。……然而我想指出的是，对"国民性"概念的比较普遍的（我指的是世界层面

---

① 参阅马立安·高利克《中西文学关系的里程碑（1898—1979）》之第二章"鲁迅的《呐喊》：与迦尔洵，安特莱弗和尼采的创作性对抗"，伍晓明、张文定等译，北京：北京大学出版社，2008年，第21—50页。

的）反意识形态认识，100 年前还没有达到二次大战后的程度，更没有达到当今的程度，史密斯那种水准的人不会承认自己叙述和反映的不是现实，当时的读者也是把他当真的。换句话说，在那个历史时期和语境里，那些实实在在的种族歧视和文化偏见，不是"神话"话语，也不存在发明"神话"之说。①

有意思的对比是，如果方维规是从根本否定"国民性"话语的立场上，提出了他对刘禾的批评，那么王彬彬则是从非常赞同这种话语的角度，更加不客气地提出了自己的批评：

> 至于对中国"国民性"的描述，刘禾的否定方式也近乎儿戏……如果我没有理解错，刘禾的意思是说，《阿Q正传》的叙事人是一个不具有"阿Q精神"并且能够审视批判"阿Q精神"的中国"人"，既然中国也有这样的"人"，那所谓中国人的"阿Q精神"就是一个"神话"，斯密思关于中国人"气质"的描述是彻头彻尾的谎言——刘禾的论证方式，实在匪夷所思。《阿Q正传》的叙事人是一个虚构的人物。以一个虚构的小说叙述者去否定一种影响广泛的非文学性的理论，不能不说是对小说叙事学的滥用。退一步说，即使这个不具有"阿Q精神"并且能够审视批判"阿Q精神"者，是一个现实中的中国人，也丝毫不能够据此对中国人身上普遍存在的"阿Q精神"进行否定。在一堆西红柿里，有一只没有烂，就不能说这是一堆烂西红柿吗？在满山黄叶中，有一片绿叶，就不能说秋天已经来临了吗？

---

① 方维规：《谁造就了"史密斯热"？——就〈中国人的特性〉与诸学者商榷》，《中国图书评论》2009 年第 3 期。

实际上，应该把《阿Q正传》的叙事者，看作是一个先觉者，这是一种"先觉觉后觉"，如此而已。①

　　我当然并不赞同这些批评，主要是不能苟同它们的立论前提。但凡此种种，仍让我产生了某种程度的惋惜：要是刘禾当初在写作此书的时候，思想能再解放一点，笔触能再细腻一点，而不再基于个人的好恶或通常的判定，去简化历史的底色和个人的原色，从而使得即使可恼如传教士明恩溥，也并非样样都要否定，而即使可敬如大作家鲁迅，也并非样样都要认可，那么，也许她原本就不必设计出最后那个太过戏剧性的、匪夷所思的跳跃，惹得她的读者全都大摇其头。

　　此外也不得不检讨，跟这种简单二元模式连在一起的，还有该书在展开因果关系时的太过简单化或戏剧化。当然，这恐怕并不是作者个人的问题，因为美国当代的中国研究本身，就是太过侧重历史案例分析中的理论预设了，似乎人们总是在渴望创造这种整齐划一的理论模式，来充当沟通彼此的公共语言。但无论如何，沿着前面铺陈的各条历史线索，我们已可感受到真实情况的复杂性：一方面，鲁迅当然不是什么完人，所以根本犯不上只要涉及他，就总要把语锋往积极的方向拉；可另一方面，就算鲁迅不是什么完人，就算他实在是太过偏激，这位现代作家的呵佛骂祖之举，仍然属于中国自身能动性的一个有机部分。试想一下，如果鲁迅确实只是在人云亦云，如果他确实除了传达——哪怕是所谓创造性地传达或翻译了——传教士的偏见之外，再没有别的什么重要思想来源，那么，

①王彬彬：《以伪乱真和化真为伪：刘禾〈语际书写〉、〈跨语际实践〉中的问题意识》，《文艺研究》2007年第4期。

鲁迅自身的能动性又表现在什么地方？而中国自身的能动性又表现在什么地方？

在这个意义上，也许我们可以有条件地赞同方维规的下述评论：

> 笔者以为用神话的再发明来概括《阿Q正传》的文学创作，并简单地用"移译"解释创作过程，只是对《阿Q正传》之创作的化约而忽略文学创作的复杂过程："鲁迅根据史密斯作品的一本早期日本译作，将这个传教士的中国国民性理论'移译'进他自己的文学创作，并成为现代中国小说的最重要的设计师。"刘禾一再强调了传教士的中国观对于中国人的自我认识和认同所起的定格作用。笔者以为，"作为生产者的作家"（本雅明）用特定的思想意识和审美观念对历史的社会关系进行再创作，则更多地置身于文学作品之创作与接受的整体关系之中。我不排除明氏之作可能对鲁迅的（不管是什么形式的）影响，但我以为，如此强调史密斯的价值和作用是很成问题的。①

所以在我看来，根本就不必修正或弱化此书有关语际间之生产性的基本论点，甚至还可以继续延伸和强化这个论点，而只需去转念想到——历史本身就是彼此纠缠的和多因多果的，由此，即使不像柯文那样去刻意描画中国历史的内倾性发展，也完全有可能看到下述错综复杂的情况：先是由本土传统来启发外来因素，后又由外来因素转而去激活本土传统；甚至，干脆就说不清孰先孰后，因为所有这些因子都曾相互交织和共同发酵过！这样一来，尽管从短时间来

---

① 方维规：《谁造就了"史密斯热"？——就〈中国人的特性〉与诸学者商榷》，《中国图书评论》2009年第3期。

看，尤其是从美国学界的反应来看，也许不会造成那样热烈的影响，因为它的论点更为复杂交织，立场相对更难辨识，但若从长时间来看，这样的论述至少会在更谙熟史料的大陆学界，赢得更大的信服度和保持更长的生命力。

实际上，对于这种本土资源——尤其是原本遭到抑制的小传统——究竟是如何被外来因子激活的，笔者早在很多年以前，就借助于对鲁迅二弟的研究，而言之凿凿地演示了出来：

> 周作人从域外引进的个人主义，很容易跟本有的利己主义相嫁接，从而对中国社会的"小传统"构成某种"创造性转化"。而且，在既破除了正统话语的主宰权威、又披上了"先进"文明的合法外衣之后，他就更敢于直言不讳地道出自己对儒家对立面的主动选择："我所说的人道主义，并非世间所谓'悲天悯人'或'博施济众'的慈善主义，乃是一种个人主义的人间本位主义。……"若仅从字面上看，上述主张或许跟盛行于当时的"易卜生主义"并无二致，但就其深层的内涵而言，这种中西合璧式的个人主义却与他从西天取来的"真经"具有本质的差异。此中最重要的一点是，周作人的个人主义更其侧重于人类自身的生物性特征，而非存在者对其自由人格的精神性追求。……我们由此已不难想象，此类杨朱意义上的"贵生"倾向，实际上早为他后来"蝼蚁偷生"的变节行为埋下了伏笔。[①]

而现在，谁说这种分析逻辑就不适用于他的大哥？为什么相形之下，

---

① 刘东：《失去儒家制衡的"个人主义"——周作人案例研究》，《理论与心智》，南京：江苏人民出版社，2001年，第105、106页。

尽管像梁启超也指出过不少国人的短处，而且也因其对于国民素质的关注，而大力提倡过"新民"的运动，但在他此后的运思和实践中，却可以既表现出对于中国文化的热爱，又可以表现出对于西方文化的反思呢？—— 这样的大相径庭，能被仅仅归结为读没读过明恩溥的那本书么？所以，鲁迅那种对于中国文化和中国国民的极度悲观态度，肯定还有更复杂和更深层的思想根源。

在追问周作人的思想形成时，笔者曾将其复杂的成因归结为："一旦作为文明栋梁的'大传统'毁灭之后，曾经受其抑制的'小传统'会怎样肆无忌惮地疯长，且又与舶来的文化因子杂交成怎样的怪胎。"[①]当然相形之下，周家老大的个性要硬气得多，所以其具体行为选项也会有所不同，不过说到骨子里面，两者的心念还是不无相通的。——归根结底，这还要归咎于正面价值在他们那个时代的陡然丧失。长期以来，毕竟正是构成了历史主干的儒家思想，制衡了明恩溥从社会下层归纳出的种种亚文化心理，也制衡了被鲁迅极度厌恶的所谓国民劣根性，其中自然包括周作人那种"好死不如赖活着"的杨朱观念。因而，也只有从这个高度才能理解，如果儒家的正面价值在鲁迅心中尚未破灭，他就不会把国民性完全等同于国民的劣根性，他就会倾向于像辜鸿铭一样地认定，在那些作为小传统的劣根性之上，仍然保有更高水平的本土价值；而由此他也就会看到，中国社会思想的两翼仍有可能互动，从而中华民族正是从自己的心灵深处，仍有可能保留其内在的生机。

当然尽管如此，我们还是可以同情地理解，刘禾对鲁迅的国民性话语的这次误读，其初衷还是想要中和一下主要立论的刺激强度。

---

①刘东：《失去儒家制衡的"个人主义"——周作人案例研究》，《理论与心智》，第113—114页。

只可惜这种小小的调和，看来并不是特别成功，反而弄得正反两方都不满意。正如前文所述，恐怕所有的麻烦，都还跟她的叙事方式的太过单线化与戏剧化有关，因为这样一来，尽管作者自己并没有那样去说，可是无论为之感到振奋，还是为之感到愤怒，都可以沿着书中的解释线索，把鲁迅完全归结为明恩溥的代言人了。在这个意义上，他们似乎也都对作者的苦心理解不够，从而又构成了另一次误读，——简直整个就是一个以讹传讹的连环套！

最先把这话题给挑明了的，还要数冯骥才的《鲁迅的功与"过"》，他在这篇文章的一开头，就直截了当地质疑了鲁迅的神话，认为他享有那样至高无上的地位，并不是因为同等高的文学成就，而是因为他的思想似乎高人一头，而这思想正是所谓"改造国民性"——"在盘点二十世纪中国文学时，我们都发现了这个奇迹：鲁迅写的小说作品最少，但影响最巨。他没有我们当下作家的一种恐慌：倘无巨制，即非大家。他就凭着一本中等厚度的中短篇小说集，高踞在当代中国小说的峰巅。而且未曾受惠于任何市场炒作，先生本人也没上过电视，何故？倘若从文化角度去看，这奇迹的根由便一目了然，就是他那独特的文化的视角，即国民性批判。"[1]

接下来，冯骥才则用一种通俗明快的语言，展开了他这篇文章的副标题——《国民性批判之批判》。而且，无论他有没有读到过（或听说过）刘禾的那本书，他在此勾勒出的那种因果线索，都会使人想起潜含在《跨语际实践》中的类似的叙事逻辑：

> 然而，我们必须看到，他（指鲁迅——引者注）的国民性批判源自一八四〇年以来西方传教士那里。这些最早来到中国

---

①冯骥才：《鲁迅的功与"过"——国民性批判之批判》，《收获》2000 年第 2 期。

的西方传教士，写过不少的回忆录式的著作。他们最热衷的话题就是中国人的国民性。它成了西方人东方观的根本与由来。时下，已经有几家出版社将传教士的这一类著作翻译出版。只要翻一翻亚瑟·亨·史密斯的《中国人的性格》，看一看书中那些对中国人的国民性的全面总结，就会发现这种视角对鲁迅的影响多么直接。在世纪初，中国的思想界从西方借用的思想武器其中之一，就是国民性批判。通过鲁迅、梁启超、孙中山等人的大力阐发，它有如针芒扎在我们民族的脊背上，无疑对民族的觉醒起过十分积极作用。我这话是说，鲁迅的国民性批判来源于西方人的东方观。他的民族自省得益于西方人的旁观。一个民族很难会站到自己的对面看自己。除非有个对方，便从对方的瞳仁中看到了自己的影像……

可是，鲁迅在他那个时代，并没有看到西方人的国民性分析里所埋伏着的西方霸权的话语。传教士们在世界所有贫穷的异域里传教，都免不了居高临下，傲视一切；在宣传救世主耶稣之时，他们自己也进入了救世主的角色。一方面他们站在与东方中国完全不同的文化背景上看中国，会不自觉地运用"比较文化"的思维，敏锐地发现文化中国的某些特征；另一方面则由于他们对中国文化所知有限，并抛之以优等人种自居的歧视性的目光，故而他们只能看到中国的社会与文化的症结。他们的国民性分析，不仅是片面的，还是贬意的或非难的。

由于鲁迅所要解决的是中国自己的问题，不是西方的问题；他需要这种视角借以反观自己，需要这种批判性，故而没有对西方人的东方观做立体的思辨。又由于他对封建文化的残忍与顽固痛之太切，便恨不得将一切传统文化打翻在地，故而他对传统文化的批判往往不分青红皂白。当然，他的偏激具有某种时代的合理性；正是这种偏激，才使他分外清晰和强烈。可是他那些非常出色的小说，却不自觉地把国民性话语中所包藏的西方中心主义严严实实地遮盖了。我们太折服他的国民性批判了，太钦佩他那些独有"文化人"形象的创造了，以致长久以来，竟没有人去看一看国民性后边那些传教士们陈旧又高傲的面孔。

可想而知，这篇文章遭到了鲁迅拥戴者的一片抗议，甚至迫使得冯骥才不得不随即改口，把刚说出的话又给生生咽了回去。不过，事情并没有就此了结。我们接着又看到，沿着冯骥才给出的"思想性大于艺术性"的分析框架，张闳对于作为艺术家的鲁迅的否定性批判更加具体化了：

> 对鲁迅来说，他的"国民性批判"的观念无异于一把双刃剑。它既是鲁迅思想中最深刻和最有活力的部分，同时又是其局限所在。具体表现在小说写作方面，因为常常过于拘泥于"国民性批判"的观念，以至其小说的艺术空间显得极其狭隘，主题和表现手段方面也常常过于单调、呆板。我们固然可以找到种种客观上的理由为鲁迅辩护，但他在艺术上的缺陷也是事实。……在我看来，鲁迅对世界的理解比较单一、狭隘，他不是那种无论什么都去经验、都能包容的人。他的写作方式也根本不适合写篇幅太长，内容太宽泛的东西。倘若勉强写了出来，肯定也是十分枯燥乏味的货色。[1]

简直有点无奈的是，尽管上两位作者既未提到刘禾的名字，也

---

① 张闳：《走不近的鲁迅：被神话的圣人》，原载"澳大利亚新闻网·新思想档案"。

没有援引她那本书,却还是有人不由自主地想到,非要把"始作俑者"算到她头上不可。平心而论,那些鲁迅专家也并非想要维护现行的权力,相反他们倒一直是在以"鲁迅笔法"的批判力度而自豪。——不过也正因为如此,恐怕最让他们感到难以忍受的事情,就是自己毕生追随的那位手拿"匕首""投枪"的大作家,居然于一夜之间就沿着某种时髦理论,从最富于批评性变成了最缺乏批判性:

> 百年中国文坛,因有了鲁迅而不苍白,也不寂寞。世纪之交,冯骥才对鲁迅的批评便又激起一小波澜。说是小波澜,是因为人们对冯先生所论惊讶多于质疑、困惑多于指责,诸多对"殖民霸权话语"陌生的学者也难免惶然惑然:自己是否也追随鲁迅而上当不觉呢?笔者尊崇鲁迅,更尊崇真理,于是,在试图与冯骥才商榷的同时,找到了明恩溥(即史密斯)的《中国人的特性》,又经京城朋友指点,找到了批判明恩溥并将后殖民批评引入国内的新锐文学批评家——刘禾。刘禾在国内发表文章不多,但影响却不小,原来,冯先生所操作的那套理论话语,就见于刘禾的《国民性理论质疑》(《语际书写》上海三联书店1999 年 10 月版,以下引文不再注明)。对《质疑》的质疑使我相信,鲁迅并没受蒙蔽,而是刘禾急于拿明教士操练她的批评理论,使当代批评家大上其当了。[1]

值得注意,既然这位作者自述是"经京城朋友指点",才找到了他心目中的罪魁祸首,就说明这种又把冯骥才归因于刘禾的看法,在北京文化圈里肯定是很有市场的。换句话说,他们中间好像谁也没有

---

①杨曾宪:《质疑刘禾的话语霸权》,《文艺报》2002 年 12 月 12 日。

注意到刘禾有关"鲁迅又超越了明恩溥"的最后论述，居然不约而同地把它给忽略不计了！

七、对于国民性话语的反思

这篇文章写到这里，已经算是达到了主要目的，即从残缺不全的思想史遗迹中，尽可能多地挑出各方尚存的线头，以尽可能完整地织补起当年的运思背景与考虑要点。不过，作为一种必要的总结，本文最后还要针对中国现代思想史中的国民性话语，进行简明扼要的反思。——从某种意义上，这也是要从概括的水平上再把上述历史复述一遍。

第一，必须首先认识到，所谓的国民性话语，或曰以一个民族国家作为社会心理学的最小单位，去从总体上刻画该国成员的共通特征，在当今这个各大文明板块急速碰撞、各个生活共同体迅即靠近的危机时代，乃是一种非常普遍的世界性现象。这既是出于这个狭小地球村上的居民相互了解、沟通、互动——包括以战争或商战为形式的互动——的急迫需要，也是出于他们借着对文化他者的刻画来定位自己的紧迫需要。

而这就逻辑地意味着，其实所谓的国民性话语，其功能首先是用来对外的，然后才被挪来对内的。实际上，从对于认识要求的满足作用来看，这种话语作为思想史的必要过站，此后往往也就作为引玉之砖，构成了去更深入理解他国及其人民的学术前提与研究起点。而不待言，若就本文的论述范围而言，在明恩溥前后所形成的有关中国人特性的种种话语，也就构成了职业汉学家后来去钻研中国的起点。——这方面的例证俯拾皆是，比如我们可以在白鲁恂后来的那本名著中，开宗明义地读到这类的研究纲领："中国人独特的国民性孕育并塑造了自满清时代至当今毛泽东时代的政治文化。本书就是一篇有关中国国民性的论文。"[1] 再比如，构成了魏特夫《东方专制主义》之基本动机的，也是要去解释当时广泛流行于西方的有关东方国家中的普遍奴性是如何形成的。[2] 甚至，即使后世的汉学家们受制于学科要求，不能再这么笼而统之地议论中国，但他们的专业兴趣和学术动机，仍然是被这类的话语所培养和吸引，而且很多看似书卷气十足的汉学著作，也还是在更为细致地处理和回应这个问题。

正因为这样，尽管在各种国民性话语中，都难免掺杂着讹误和偏见，本文还是有条件地赞同王彬彬的下述说法：

> 自从"国民性理论"问世以来，世界各地的人，以无数事实，实证性地证明着这种理论在一定程度上的合理性。不仅仅是西方运用这种理论研究东方，东方也运用这种理论研究西方。尤其是日本，对西方各国的"国民性"有着精深的研究。当然，日本也曾花大力气研究中国的"国民性"。我曾在东京的书店里，购得一册1938年出版的《松井大将传》，传主是侵华元凶之一的松井石根。读这本书，我为日本在发动侵华战争前所做的准备之全面、周密而惊叹不已。这种准备的重要方面，是在军中培养大量的"支那通"。对中国的"国民性"有尽可能充分的了解，是对"支那通"的一项要求："大陆策略的实现，有赖于对支那的充分研究。对支那国民性及其地理的研究……是头等重要的

---

① 白鲁恂：《中国政治精神》。
② 参阅魏特夫：《东方专制主义：极权的比较研究》，徐式谷译，北京：中国社会科学出版社，1989年。

事情。""支那的国民性，有其他文明国家的人难以想象之处……要得其要领，必须有实地的体验。"[①]

另外，我们还应当平衡地想到：既然这种跨国认识从来是交互进行的，那么所谓的国民性话语，就不会只是别人用来刻画我们的，而同样也可以是我们用来刻画别人的，并且在我们自家的刻画中，也同样会是真知灼见掺杂着讹误偏见。任教于美国的华人学者陈小梅，早就针对这个问题进行过专门的写作。[②] 而我本人也刚向自己在北大的最后一位弟子建议了这样的博士论文题目：《中国的俄罗斯学》，——那自然也是鉴于中国人有关俄国的国民性话语，同样是值得清醒认识和深沉检讨的：

> 只要再转而反思一下中国人自己的俄国形象，那么任何的怨天尤人，就都会被理智所化解的。——难道我们不是如出一辙么？从老大哥到老毛子，从最崇敬到最厌恶，从最先进到最贫穷，从最艳羡到最轻视，从最痛恨到最难舍……，这两端也都被我们占尽了，可就是不知道正态是什么样子。——甚至直到现在，我们最喜闻乐见的俄国歌曲，竟都还是人家最不屑一顾的。（想想看：要是有外国人专喜欢唱语录歌和样板戏，我们又会有什么样的反应？）而我们最鄙夷的一段俄国历史，反而又是人家最富勇气的一次变革，尽管在那挣脱中难免有短时的

---

① 王彬彬：《以伪乱真和化真为伪：刘禾〈语际书写〉、〈跨语际实践〉中的问题意识》，《文艺研究》2007 年第 4 期。

② Xiaomei Chen, *Occidentalism: A Theory of Counter-Discourse in Post-Mao China*, Rowman & Littlefield Publishers, 2003.

阵痛。①

第二，由此又必须认识到，正因为各个文明板块间势不可挡的挤压，在危机丛生的现当代实在是太过严峻，所以各国针对外部世界所生产的种种国民性话语，也难免就会是粗制滥造的急就章。——换句话说，正由于构成了不同生活共同体的人们，其相互间的了解根本还远远不够，所以他们彼此用来从总体上刻画对方的话语，也就难免都是信息不全和以偏概全的。

那么这意味着什么呢？——意味着在缘此而生的国民性话语中，或多或少总要出现"两极化"或者"卡通化"的倾向。要知道，正如最早化生出"民族国家"这种政治单位的现代欧洲历史所示，从一块原不缺乏文化连续性的大陆上，强行切割出人为的断裂性来，而把各国人民都硬生生地放到对比框架下，这本身就很容易从思想上陷入"比较的风险"。——正如我以往以此为题论述过的："'比较'这种思维方式本身，就有可能暗藏着危险的陷阱，使人有可能对把捉的对象进行简化和极化，乃至将其应有的丰富性大大削弱。"② 此外更不要说，既然外部世界是突然撞入眼帘的，那么这些被用来进行比照的思想对象，还往往除了一个空洞的外壳，和少数特别抢眼的突出特征，原本就缺乏相应的细部知识：

> 一方面，我们对外部社会只具备有限的知识，而且即使毕生都为此而全力学习，仍不可能彻底地有所改观；另一方面，我们被抛于其中的这个世界，却又强迫我们必须做到：即使只

①刘东：《跨国形象与国际认知》，《徐州师范大学学报》2010年第5期。
②刘东：《比较的风险》，《理论与心智》，南京：江苏人民出版社，第153页。

基于如此有限的知识，也必须对于外部社会，包括它的每个相关局部，都给出不容阙如的全称判断。于是，当我们确实了解不够的时候，也就只有简单抓住几个特征，再乞助于内心中的想象力，去进行想当然的漫画化了……①

由此也就理应看到，认真计较起来，在这类国民性话语中的写实成分，恐怕还真是介乎有无之间的。——说其有，当然是因为不同的地理环境、气候特征、文化熏陶、价值范导、人种体格，甚至也包括基于比较思维的暗示，都的确会造成某一人类部落的独到特色，而又正是这样的一些特异之处，构成了各种国民性话语的现实基础。——说其无，则又是因为，各种以讹传讹、捕风捉影、少见多怪、过甚其辞的情况，在这类国民性话语的制造过程中，都注定会是不可避免的伴生物。在这个意义上，不妨说国民性话语注定是亦真亦假的，就算它并不单纯是一个神话，但它也势必部分包含制造的或想象的成分。

第三，同时也应当认识到，由于在传统中国社会的内部，特别是在其精英阶层中间，长期存在着对于人才素质的忧虑，甚至，恰恰是由于在传统氛围中，原本就有大体类似的忧思，所以，到了以民族国家为基本单位的世界框架中，那种起初是从外部来总结中国的、舶来的国民性话语，就很容易跟原有的思想脉络相嫁接，从而使得这种外部的、特别是西方的话语，由洋而土地改扮成了国人的内部省察，甚至即使是其中相当明显的误解，也都被人以内省的形式认领下来。

这种情况当然是匪夷所思的。不过，如果也进行一点同情的理

---

①刘东：《跨国形象与国际认知》，《徐州师范大学学报》2010 年第 3 期。

解，那么介身于那个危机时代的中国人，之所以咬紧牙关地忍受了别人的曲解，甚至还一再地催动其延伸与发酵，也恰恰反应了一种由来已久的焦虑，——那焦虑正是：在社会达尔文主义的残酷环境下，我们的人民在别人看来究竟是一副什么模样？而我们的国家又跟别的国家处在一种怎样的关系中？我们的人民还有没有可能适应天下的变化？而我们的国家会不会被无情地开除地球的球籍？……只要针对着这种"中国与世界"的关系，还存在着诸如此类的疑问，那么这种压得透不过气来的焦虑就无从得到缓解，而人们也就总难免要唯别国的目光是瞻，而希望通过自我形象的重新塑造来获得别人的认可。

可与此同时，也必须坦率地承认，这种思想上的"出口转内销"，无论当事者意识到了没有，都有可能正好迎合了外部的话语霸权。由此带来的、最为尴尬的转变正是，一旦把从吴敬梓、龚自珍、梁启超们那里继承来的、以"先觉觉后觉"的形式所进行的、一部分国人对另一部分国人的检思，跟外部世界对于全体中国人的笼统否定搅混在一起，就使过往的忧思大大变味了，甚至就连发出忧思的那些前贤本身，也变成了必须要被否定的思想对象。这样一来，就使得中国自身的历史进程中，再也找不到一个可以自我解救的支点，而所谓的国民性话语，也就自然要演变成从外部输入的、激进意识形态的组成部分。

当然再退一步说，在一个亟待打造现代民族国家的紧要关口，到比较的框架下展开对于本国文化心理的检讨，以期清洗国民性格中的历史烟尘，使他们的精神风貌获得革新式的突变，这本身仍属于相当自然的历史反应。从这个意义来讲，也许鲁迅在性格和取向上的偏激，原本也算不上什么大不了的，而问题只出在毛泽东对于他的拔高与独尊。① 同样地，那种以偏概全的呵佛骂祖行为，原本也算不上什么大不了的，而问题只在于这种文化激进主义思潮，还能否在一个健全的知识共同体内部，受到文化保守主义的有效制衡。可阴差阳错的是，在特定历史瞬间和特殊地缘政治的共同作用下，在正常思想秩序中只能算作支流和余脉的过激思潮，竟被抬高和尊崇为现代中国的思想主流，而故国的思想前贤们对于人才素质的主动清洗，也被扩大为对于整个传统文化的清洗，甚至也玉石俱焚地包括了对那些前贤本身的清洗。

正因为这样，早在二十年前，我就企图借助于想象力，来还原上世纪早期那个相对平衡的思想环境了，——甚至直到今天，我仍在为那种正常氛围的丧失而伤感和叹息：

> 由此，我们就得以透过学者们变化多端纷争不已的具体观点而看到一个高蹈于其上的更大的理性，那正是一种在思想观念上相互宽容的自由主义精神。有了这种精神，人们不仅可能通过越来越深入的研读而更加真确地把握西学的神髓，而且也同样有可能让国学在它与西学的激荡切磋中并长争高。有了这种精神，中国人就有了宽广博大的襟抱气度，从而"不捐细流"地获得最丰饶的思想文化营养。毫无疑问，在五四时期的那样一个历史瞬间，中国的知识分子并非没有面对过这样的一种选择可能，从而中国的现代历史也并非一定要以目前这种悲惨的笔调来书写。这才是五四新文化运动在它还没有被后人曲解之前的本真意义。②

---

① 参阅刘东：《甚么才是"孺子牛"？——鲁迅的〈自嘲〉诗与毛泽东的解读》，《道术与天下》，第 83—102 页。

② 刘东：《北大学统与五四传统：历史的另一种可能性》，《刘东自选集》，第 208 页。

第四，由此还应当认识到，派生于这种激进话语的、率先由鲁迅提出的所谓"改造国民性"的主张，直到"文革"所谓"狠斗私字一闪念"的口号，如果从思想方法上讲，都属于舶自欧陆理性主义的、对于未来社会的总体化设计。说到底，它是非要先去强力锻造出一种理想的人性，或者至少是它在某一特定人类群体中的具体呈现，即理想的国民性或理想的民族性，尔后才感到有把握去建立那个想象中的地上的天国；换言之，它简直是愚笨到了这种程度，以至竟不知去如何统治现有的人类，而只愿去统治一个更新过、进化过的、根本毋须管辖的超人共同体。缘此，如果我们放纵一下自己的想象，那么也许正因为当年在黑猩猩的群落里，就曾尊崇过这种总体主义的方法、和理想主义的先知，才弄得直到现在为止，我们的那些近亲都未能实现向人的突变。——而这也就意味着，至少照我本人看来，其实人类之所以成其为人类，恰恰是源于他们的某种经验主义的"现实感"，以至他们足以从不尽理想的现有状态中，驱动着自己的戴（原）罪之身，裹挟着本有的生鲜的动物性，一寸一寸地艰难向上攀援。

正因为这样，针对如此严峻规整的社会工程的理想，就让我们再来重温一下以赛亚·伯林的下述论断：

　　然而，另外一些人并不接受这种主张。他们宣称，人类的性情、天赋、观点、愿望永远是各不相同的，而一致化就会抹杀这种差异；只有在那些具有一种开放式的结构、不仅可以容忍多样性而且赞成和鼓励多样性的社会里，人们才可以充分享受生活；人类潜能的最大程度上的实现，只有在如下这种社会才有可能：那里有非常广阔的意见空间，亦即 J. S. 穆勒所说的尝试"各种生活之试验"的自由，那里有思考和表达的自由，各种观念和看法会彼此冲突，摩擦、甚至是冲突也得到容许，虽然也有相应规则对此加以限制，以免酿成破坏和暴力行为；臣服于一种唯一的意识形态，无论那是多么理性、多么有想象力的一种意识形态，都是对人们的自由和活力的剥夺。①

伯林的此种信念，来自康德的一句格言——"从人性的曲木里，造不出什么笔直的东西"。而发人深省的是，他转而将错就错地看到，正是在这种弯弯扭扭的人性素质中，反而存在着必须捍卫的价值："在人类事务中是不可能有完美的解决方案的，不仅在实践中如此，原则上也不可能；任何人决意去谋取这种解决的话，只可能招致苦难、幻灭和失败。"②

推而广之，也不光是普泛意义上的人性，其实任何民族国家中的国民性，都程度不同地属于这种曲木。比如，那个曾经让明恩溥瞧不起的"忍"字，那种曾经让鲁迅"怒其不争"的国民性格，竟然又正如老话所说，在其头顶上暗藏着"一把刀"，以至于让我们大跌眼镜。——沿着它，尽管不必讳言，我们无疑是痛苦不堪地、甚至不耐烦地看到了对于专制的超常忍受；但在另一个层面上，我们毕竟也惊喜地看到，正是它在艰苦的环境下，在强韧地撑起当代中国的崛起。因此，如果的确存在着国民性这种曲木的话，那么我们的使命也绝不是去彻底改造它或荡平它——那只会把中国文明打压到石器时代或丛林时代——而充其量也只能顺着其固有纹路，进行因势利导的发挥和别出新意的设计，以尽量避免其不利而发挥其有利。而一旦凭空发狠想要全盘改造它，就必然会在实践中造成巨大

---

① 以赛亚·伯林：《扭曲的人性之材：观念史论文集》，岳秀坤译，南京：译林出版社，2009 年，第 48—49 页。

② 以赛亚·伯林：《扭曲的人性之材：观念史论文集》，第 50 页。

的危害。

事实上，那种执迷于"改造国民性"的想法，早已陷入了一种事与愿违的恶性循环：它越想谋求社会的高速发展与转型，就越要大规模地毁弃文化传统，而文化氛围被破坏得越剧烈，其向壁虚构的目标就越难达到。可即便如此，受已成习惯的思维定式的制约，还是有人频频要从现代化受挫的社会中，继续辨识出某些似曾相识的传统碎片来，以便就此而把失败的罪责全都归咎于此，从而继续呼吁更加暴烈的反传统运动——正所谓"越渴越给盐吃"——而全然不顾那些传统的变态碎片，根本就是在失去了以往的正常制衡以后，才会以报复性疯长的方式，显出了今天这种令人恐怖的特征……

其实说到底，这无非是一再地重复着我曾经称之为"创造性破坏"的那种历史盲动罢了：

> 不管文明进程是赓续绵延还是突变断裂，人们总是处于过去和未来之间，总是历史过站中的过客，所以，他们真正能够产生持久影响的创新行为，由于种种前定条件的制约，也由于此后历史环境的筛选，就反而只有通过对于旧有传统的有效激活和改造方能完成。缘此，如果"创造性"一词中立地意味着在旧有基础上的革新演进，而不包含任何先入为主的价值设定，那么，则不妨干脆说得彻底一点：其实不单是那些有资格被称作"文化建设"的历史活动是经由"创造性转化"来实现，就连那些根本只能算作"文化破坏"的历史活动，也必须借助于对某些传统因子的创造性激发来进行。[①]

---

① 刘东：《"创造性转化"的范围与限制》，《刘东自选集》，第237页。

第五，接下来还须认识到，虽然我们决不能再像过去那样，想要粗暴和盲目地改造国民性，但这并不意味着，作为人类文化史链条的个体，我们就完全失去了历史主动性。恰恰相反，即使国民性在某种意义上确乎存在，它也一直处在不停的变异中，尤其在当今这个全球化的时代，随着社会环境的快速变迁，和各个国家的剧烈互动，彼此的国民性都在加速和加剧它的变异。职是之故，历史就并不是没有提供机会，使我们对之进行有效地激活，——只要我们能够反旧意而用之，不再相信"破字当头，立也就在其中了"，而是认准"立字当头，变也就在其中了"！

是的，在"连续性"与"断裂性"的激烈拉锯中，恐怕再没有别的什么关键词，能像"激活"二字更让我们眼前一亮、更足以为我们带来思想的出路了。一方面，我们相信，历史过程是不能割断的，否则前此的文明成果就会被彻底"格式化"，而另一方面，我们又相信，历史轨迹却是可以被偏转的，如果我们发挥出进行"微调"的改革技巧。——这两种信念叠加在一起，就使我们有理由这样去相信：我们的国家能否最终得救，乃至我们的灵魂能否最终得救，此间的关键还是在于，我们能否做到有效地"激活"传统。

把这个原则落实到国民性问题上，也就使我们自然要彻悟到：无论像方维规那样在前文中去漠视国民性问题，还是像王彬彬那样在前文中去推重它，都只是看到了问题的一半。一方面，正如我反复提醒过的，对于来自外部的、哪怕是相当刻薄的批评，虽则我们肯定是有权去反驳它，但我们的这种反驳，却一定要基于充足的理由和坚固的事实，否则说来道去，还是在为人家的批评提供一次验证的机会。——也就是说，中国人当然有可能在今后发挥出历史主动性，逐步改变现有国民性格中的弱项，然而这一派光明的畅想，却并不是搪塞批评的万应宝丹，因为人家的批评本来就不啻在问：

为什么在迄今为止的历史进程中，还没见到中国人发挥出这样的历史主动性？

而另一方面，尽管我们相信，只有承认国民性是既定却相对的存在，才可能通过对于这些特性的体认和转化，创造出新的历史方向和国民风貌来，然而，鉴于现代中国史的惨痛教训，我们又必须时刻牢记，与其欲速不达地去空想"毕其功于一役"，倒不如学会尊重传统与经验，对这些心理特性进行因势利导的创造性转化，从而在原本就很严酷的文化转型中，尽量保证历史轨迹的平稳延续，和文化规则的正常有序：

> 须知，历史文本中所埋藏的答案，决不仅限于人们已经失去了什么，还更包含他们将可能得到什么；因为尽管人们可以凭空虚构出千百种未来生活的前景，但到头来真能为历史选中的，却唯有能从已化为下意识生活态度的共通文化心理中自然引申出来的那一种。从这个意义上讲，对于置身在历史延续性之中的人们来说，要想创造传统，就必须先有效地激活传统，而要想激活传统，又必须先全面地认识传统。如果人们看不到，这种确乎有限的历史主动性恰恰又是他们唯一现实的历史可能性，那么，他们尽可以跳出方外指手画脚地说中国缺这少那，但就是说不清中国可以得到什么，无力把握住这个民族真正的生存机会。[1]

第六，由此又应当认识到，正如不能一说到"国民性"，就沿着鲁迅的偏激话语，而把它仅仅理解为"国民劣根性"一样，如果我

---

[1] 刘东：《回到轴心时代》，《中华文明读本》序言，第 2 页。

们真心想要去"激活"传统，也就同样不能满足于只是"激活"中国历史中的"小传统"，——尽管我已再三说过，哪怕仅仅只是这些"小传统"，也对中国当下出人意料的快速崛起，起到了至关重要的、甚至是决定性的作用。

一个健康的文化共同体，毕竟需要足够的内部张力。所以，一个伟大文明的心理重新建设，终究需要本土固有的正面价值来积极参与。事实上，正是长期正反两面的历史经验，使我们比在任何别的时候都看得清楚：由于儒家思想本身，已经构成了中国文化历程的有机组成部分，因此，尽管拥有儒家价值的范导，也并不能保证我们的生活无懈可击，然而一旦失去儒家价值的范导，却注定会弄得我们的生活一无是处。

与此密切相关，我在以前的文章中，曾经指出过这样一个发人深省的案例，说明只有丧失传统的切肤之痛，才会使一向标榜反对传统的人，真切感受到回归正面价值的紧迫性——"具有讽刺意味的是，周作人竟然在变节投敌且渐受冷落之余，反而大谈特谈起儒家思想来了。他虽仍对此持半遮半掩的保留，却似已含混地意识到了，恰恰是这个曾被自己深恶痛绝口诛笔伐过的中国精神的另一必备侧面，才能强化国人对于本民族文化的认同感和自豪感，从而在一定程度上取得对于外族的心理优势"[1]：

> 笼统地说一句，我自己承认是属于儒家思想的，不过这儒家的名称是我所自定，内容的解说恐怕与一般的意见很有些不同的地方。我想中国人的思想是重在适当的做人，在儒家讲仁与中庸正与之相同，用这名称似无不合，其实这正因为孔子是

---

①刘东：《失去儒家制衡的"个人主义"——周作人案例研究》，《理论与心智》，第112页。

中国人，所以如此，并不是孔子设教传道，中国人乃始变为儒教徒也，儒家最重的是仁，但是智与勇二者也很重要，特别是在后世儒生成为道士化，禅和子化，差役化，思想混乱的时候，须要智以辨别，勇以决断，才能截断众流，站立得住。这一种人在中国却不易找到，因为这与君师的正统思想往往不合，立于很不利的地位，虽然对于国家与民族的前途有极大的价值。[①]

而现在，我愿意再举出一个发人深省的例子，说明一旦真要到了"国将不国"的紧急关头，周作人的那位同样、甚至更激烈反对传统的兄长，也无意间达到过同样的彻悟：

"自欺"也并非现在的新东西，现在只不过日见其明显，笼罩了一切罢了。然而，在这笼罩之下，我们有并不失掉自信力的中国人在。

我们从古以来，就有埋头苦干的人，有拼命硬干的人，有为民请命的人，有舍身求法的人，……虽是等于为帝王将相作家谱的所谓"正史"，也往往掩不住他们的光耀，这就是中国的脊梁。

这一类的人们，就是现在也何尝少呢？他们有确信，不自欺；他们在前仆后继的战斗，不过一面总在被摧残，被抹杀，消灭于黑暗中，不能为大家所知道罢了。说中国人失掉了自信力，用以指一部分人则可，倘若加于全体，那简直是诬蔑。[②]

---

① 周作人：《我的杂学》，《苦口甘言》，上海：太平书局，1944年，第60—61页。
② 鲁迅：《且介亭杂文·中国人失掉自信力了吗》，《鲁迅文集》（第四卷），第80—81页。

由此就产生了一系列的质疑：这种在中国文化史上绵绵不绝的"埋头苦干的人"、"拼命硬干的人"、"为民请命的人"、"舍身求法的人"……，究竟又属于怎样的一批人呢？——难道不正是（或者主要是）读过圣贤书籍、受过儒家教化的人么？那么他们的文化心理到底属不属于所谓国民性呢？难道就连这样的国民性也必须放到铁砧上去改造么？而且，有了这样的国民性，或者至少是国民性的组成部分，所谓的国民性还仅仅只是国民劣根性么？到底鲁迅的这番话跟他原先那些说法能否自圆呢？……

　　不过，就冲鲁迅到了生命的终点，总还算是悟到了这一点，那么沿着上述论辩的逻辑，就让我们宽容地讲一句吧：尽管特别不欣赏他的偏激、偏执与偏至，我们还是可以把鲁迅这个人，归属到那一群"埋头苦干的人"、"拼命硬干的人"、"为民请命的人"、"舍身求法的人"中去，因为就算他开出过错误的处方，也仍是在为中国的前途而"拼命硬干"的。——因而有意思的是，就算鲁迅曾经那么厌恶中国的文化传统，可是在骨子里，却还是不自觉地继承了这种传统，尽管那不过是一种偏离或偏转的继承。

　　第七，最后还应认识到，在全球化日益临近的世界体系中，这种对于历史传统的有效激活，当然决不会仅限于有限的国境之内。事实上，正如前文中的研讨所示，所谓"国民性"这样一种说法，原本就是针对其他国别而提出的。正因为这样，这种国民心理在此后的漂移，也自然要跟其他各国日益互动。在这个意义上，这种国民性越是变化到后来，也就越是中外文化相互渗透的产物；此外更不消说，越是让我们感到满意的国民性，则更应属于良性文明互动的产物。

　　由此说来，那个长久以来让人忧心忡忡的严峻问题，即"中国与世界"的关系问题，也就只能基于逐渐产生出来的文化间性，而沿着"一与多"的图式去良性地化解。——也就是说，在当下和今后一段时间内，最理想的国民性理应是这种状态：它既不像没商量的保守主义者所认定的，表现为一个深不见底的黑洞，也不像无原则的激进主义者所认定的，表现为对于世界特别是西方的心悦诚服的归化。惟其如此，存于新型的国民性中的普遍主义的成分，才足以保证我们同天下接轨，从而向世界的永久和平提供文化心理的支持；而存于新型的国民性中的特殊主义成分，也才足以保证我们具有独到的竞争优势，从而为人类的普遍发展提供中国人独特的贡献。

此外，更需要补充说明，正是在上述那种日益积累的文化间性之上，其实就连像民族国家这样一种政治组织，也会越来越表现为只是一种有限的组织形式。而正因为这样，那些在特定的历史阶段、建立在有限民族国家之上的国民性话语，当然也只能是一个暂时的思想热点，而或迟或早总要随着历史的发展，演变为一种考古学意义上的思想遗迹。

毫无疑问，果真到了那个时候，鲁迅当年由于受到了恶性外来刺激而发出的那些偏激之词，无论人们赞成还是否定，也终将会变成历史遗迹的。因为，从思想史发展的长时段来看，"鲁迅"这个名字无非意味着一种情绪，或表现为一种焦虑，而一旦"中国与世界"的关系发展到了无论还存在多少麻烦，却无需日夜为了自身生存而焦躁不安的时候，这种绝望的情绪当然也就会释缓了。——真等到了那个时候，即使还有人出于思想的惯性，而想要总是以鲁迅的是非为是非，他恐怕也只能是越来越感到寂寞了。

如何看待"汉化"

——也谈"乾隆下江南"的问题

（一）

开宗明义：这里沿用相传于民间的、暗含着世俗风情的"乾隆下江南"，而不是带有书卷气的、所谓"巡幸"或"南巡"的说法，是要跟《马背上的朝廷》中的说法区分开来；那本书的副标题正是"巡幸与清朝统治的建构"，而那种措辞一上来就预示着，此种"巡幸"更应被理解为"象征性统治"。——这样一来，也就算是开门见山地挑明了，至少是从我本人的角度，即使只从这两种不同的说法中，也能看出对于同一个历史事件，却会在钦定宣传和民间传说中，存在着由来已久的、根深蒂固的张力。

有意思的是，这本书的作者在《绪论》中，又开宗明义地这样来自述："本研究极大地受益于标榜为清史研究中的'阿尔泰'学派（与汉化学派相对立），它研究的是'以清为中心的清史'，或简称为'新清史'。正因如此，它加入了还在进行中的关于'汉化'作为一种理解清朝统治运行及意义的可行范式的争论。"① 由此简直要庆

---

① 张勉治：《马背上的朝廷：巡幸与清朝统治的建构（1680—1785）》，董建中译，南京：江苏人民出版社，2019年，第7页。

幸的是，尽管这还不算什么代表作，可国内读者总算有了一次机会，可以管窥到"新清史"到底是什么样子了。——这当然是一件好事：无论如何都不应简单粗暴地，将这些著作全都拒于汉语学术的门外，否则的话，就算其中果然存在商榷的余地，人们也很难去辨识问题之所在了。

可即便这样，本文还是无意直接碰触"新清史"问题，而只想抽象或总括地反思一下"汉化"问题，这充其量也只能算一个外围的问题。当然话说回来，既然"新清史"的矛头是冲着何炳棣的，而后者又针锋相对地写过《捍卫汉化》一文，所以我这种背景式的、或理论上的讨论，也可被视作一种迂回的回应。无论如何，即使只从前引的那段话中，读者们也很容易看得出来，如果这两种学派都是真实存在的——而不是源自纯属人为的、口号式或商标式的炒作——那么，这个"新清史"学派正是要跟"汉化"学派分庭抗礼的。

平心而论，在何炳棣的《清代在中国历史上的重要性》[1]中，他原本还是想尽量保持全面与平衡的。——在这里，为了能尽快地进入我们的讨论，权且引用徐泓对于此文要旨的综述："（一）历代中国的疆域，基本上是以长城以内的本部十八省为主，汉、唐、蒙元疆域虽扩及中亚甚至更广阔，但都不能维持长久；只有清朝，经康熙、雍正、乾隆三朝的努力经营，将长城以外的东北、蒙古、青海、宁夏、新疆、西藏纳入实际统治的版图，结成一个以汉、满、蒙、回、藏、苗为主的多民族国家，而为 1912 年成立的中华民国及 1949 年建政的中华人民共和国所继承。（二）传统中国官方人口总数，汉唐以前不过六千万，宋、明才超过一亿多，至康雍乾太平盛世，全国人口爆增，道光末年已增至四亿三千万，到 1960 年代后期中国人口已达

---

[1] 参见何炳棣：《清代在中国史上的地位》，陈秋坤译，《史绎》，第 5 期，台北，1968 年。

七亿，不能不说是清代留下来的遗产。（三）清廷由于采用制度性的汉化政策，以程朱理学为汉化政策核心，有利于满族八旗封建政权向统一的中央集权帝国演变；因此，成为中国历史上最成功的征服王朝。（四）传统的政治、经济和社会制度到清代臻于成熟，区域间经济与社会的整合，达到历史上的新高。（五）清代在物质文化、艺术、印刷和图书文库方面，取得丰富而辉煌的成就。（六）清朝由于人口爆增导致一连串当时的科技无法解决的经济难题；乾隆朝以后贪污侵盗公款的情况普遍而严重，盛世危机下，爆发白莲教乱及其他不断的民变；太平军之乱后，政治非中央化，地方势力兴起，中央无法掌控，加上大行捐纳制度以解决财政困难，却造成官僚制度的败坏；而且又遭遇数千年来未有之变局，难以抗拒具绝对优势的西方强敌，最后导致衰亡的命运。"①值得注意的是，这里虽则出现了"汉化政策"的字眼，却也同样出现了"征服王朝"的提法，而且前者还只被看成后者的统治工具，或统治策略。当然了，同样无可避免的是，基于本土所谓"二十四史"的连续性，这个最后的"征服王朝"就跟前边的蒙元王朝一样，还是被纳入了中华帝国"王朝循环"的统绪中。

只可惜，等到何炳棣又被激出了驳议文章，他所使用的口气就变得不大一样了，甚至在激怒之下也闪出了一些破绽。比如，再来看看他在《捍卫汉化》一文中的结论，就难免要担忧这更会引起别人的反弹了："汉化固有的力量似乎终极源于中国人以人为本的信仰，其核心是祖先崇拜。古代中国人的信仰，是将对生理和社会不灭的关注由'自己'推及'异己'，从根本上不同于古代西方的宗教——

---

①徐泓：《"新清史"论争：从何炳棣、罗友枝论战说起》，《首都师范大学学报（社会科学版）》，2016 年第 1 期，第 2 页。

犹太教、基督教和伊斯兰教——都具有排外主义和宗派主义的特征。中国很幸运，直到十九世纪下半叶的穆斯林反叛，在其漫长的历史中，没有出现过任何'圣战'。在长期的不同民族间和不同信仰间的接触中，中国人谦逊、没有偏见、心胸宽广，总是给有思想的异族留下良好的影响。传统中国'灵魂'中的'博大'完全能解释为什么汉化通常是自发的而非强迫的……汉化的力量和说服力部分地是由于虚心地、能动地借用外来的宗教和哲学思想及多方面的物质文化。一个最突出的例证就是，中世纪初期的中国因为佛教而印度化，但自唐代以后佛教最终被汉化了。已被汉化的佛教，其形而上学是宋代新儒学合成物的重要组成部分。汉化，从其更广泛的、合理的意义上来讲，远远超越了民族间关系的狭窄界限，而包含了整个中国文明的演化。"[1]

　　从我本人站在的立场——或说是从我眼下正教书的地方——其实又很容易看出来，何炳棣对于"汉化"的上述发挥，显然是从他老师的论断中脱出的，甚至就连举出的例子都是同出一辙的："至道教对输入之思想，如佛教摩尼教等，无不尽量吸收。然仍不忘其本来民族之地位。既融成一家之说以后，则坚持夷夏之论，以排斥外来之教义。此种思想上之态度，自六朝时亦已如此。虽似相反，而实足以相成。从来新儒家即继承此种遗业而能大成者。窃疑中国自今日以后，即使能忠实输入北美或东欧之思想，其结局当亦等于玄奘唯识之学，在吾国思想史上既不能居最高之地位，且亦终归于歇绝者。其真能于思想上自成系统，有所创获者，必须一方面吸收输入外来之学说，一方面不忘本来民族之地位。此二种相反而适相成

---

[1] 何炳棣：《捍卫汉化：驳伊芙琳·罗斯基之"再观清代"（下）》，张勉治译，《清史研究》，2000 年第 3 期，着重号为引者所加。

之态度，乃道教之真精神，新儒家之旧途径，而二千年吾民族与他民族思想接触史之所昭示者也。"①

可认真计较起来，一方面，在所谓"佛教征服中国"和"佛教中国化"这两种说法中，究竟去选择哪一种历史叙述方式，主要还是取决于验收历史的特定角度；另一方面，又正如我在检讨宋明理学时指出的，那一次在"中国与印度"之间的话语化合，也并非忠实地沿着先秦儒学的固有轨迹，由此还带来了后果相当严重的思想偏离与实践偏差。②不过平心而论，如果陈寅恪的论断在当年的危殆情境下，还曾发挥过力挽狂澜、砥砺心志的作用，毕竟当时到处是洋腔洋调的"西崽"，乃至中华民族也可能就此在历史的那个当口"失忆"；那么，一旦把这种向着内部发出的、旨在砥砺志意的"主位议论"，不讲策略地搬到当今的国际学界，把它当成一种外在观察的"客位描述"，就难免要引起那边同行的相应反弹了。必须看到，那里的话语场毕竟早已斗转星移了。因此，既然"西崽"们早已不再流行于市了，而当年的"西方中心论"或"欧洲中心论"，也早在西方或欧洲学界被视为"政治不正确"了，那么，这类议论也就很容易被沿着同样的逻辑，被归谬为与之一脉相承的"汉族中心论"或"中国中心论"。而出于同样的道理，如果我们再从思想方法上来检讨，正如相对于原生于西欧的民族主义，可以在曾被它剧烈冲击过的殖民地（或半殖民地）上，再激发出"衍生的"或"次生的"民族主义话语一样，相对于被后殖民主义所抵制的"帝国主义"，这种过于自我中心化的"汉化"议论，也同样像是一种过了时的"次生帝国主义"；同样的道理，相对于被解构主义所颠覆的"本质主义"，

①陈寅恪：《冯友兰〈中国哲学史〉下册审查报告》，《金明馆丛稿二编》，北京：三联书店，2015年，第284—285页，着重号为引者所加。
②参阅刘东：《天边有一块乌云》，南京：江苏人民出版社，2018年。

这也很像是一种过了时的"汉族本质主义"。

由此在我看来，如果不是确实在论战中被激怒了——我们也都了解这位老先生的执拗脾气——何柄棣也未必就会当真忘掉了，相关的史实还有它不可忽视的另一面。因而无论如何，把即使在古代也未尝间断过的文明对话，只说成是中国文化对于外来因素的"单向"吸收，或者只说成是消化异己的"汉化"过程，这样的判断肯定是不无偏颇的，且还会是授人以柄的。不管从什么角度，这样的对话过程都应被描述为双向的，甚至在有些情况下，本土的汉族文化还可能显出弱势。再回顾起来，就我个人的特定经历而言，之所以会从"第一感"就意识到这一点，则是因为在自己求学的过程中，最初看到"汉化"这个语词的时候，在脑海里蹦出的并非"自豪"或"强大"，倒毋宁是正相反的"羞辱"和"积弱"。也正因为这样，在我早岁以宋代为题的博士论文中，我才会这样来检讨由"汉化"所导致的"弱化"问题，——它同样导致了北方那些个"征服王朝"，一波未平、一波又起地要来入主中原："正是在这种外患频仍、国将不国的令人忧心如焚的危局中，却导致了在'重文'的同时必然'轻武'，导致了'宋人议论未定，而兵马过河'的空谈士风，这中间形成了多么强烈的反差！在外来刺激和挑战越来越强大的时候，意识和警觉到这种压力的中华民族却反而只能越来越削弱自己应答和承受它的能力，岂非咄咄怪事？这就使得我们不能不去逼问——在中国传统文化内部到底存在着一种什么样的价值导向？这种价值导向究竟又是如何使得人们只能产生越来越与外部环境脱节错位的文化心态从而失去应付挑战的能力的？"①

---

①刘东：《审美文化的兴盛与失落》，博士论文，打印本，中国社会科学院，1989年，第33页。

从这个角度看，被何炳棣如此看重的那个"汉化"过程，不过是到了后世才转为本土话语中的"后发制人"，而无论从当时人的亲身经历来看，还是从汉民族的自身发展历程来看，这个过程都根本算不得什么好事。——还记得，唐君毅就曾基于一种不无神秘的逻辑，回顾过对于本民族的"自身历程"来说，这种被动地开启了"汉化"的历史过程，包含着怎样的失望与苦涩意味："吾尝以易经元亨利贞仁义礼智之序，言中国民族文化精神之发展。则孔子承中国民族古代文化精神而立仁教，所开启之先秦文化之生机为元。秦汉之建立大帝国之政治，为礼制之实现为亨。魏晋隋唐之艺术、文学、宗教等文化，多端发展，旁皇四达，为文化中之义道，如元亨利贞中之利。则宋元之精神为智，而欲由贞下起元者也。惜乎元清异族入主中夏，盗憎主人，而中国文化精神之发展，乃不免受一顿挫。"①

正因为这样，这个先是属于"汉人"、后又属于"胡人"的"汉化"过程，至少是在北宋以后的中国历史中，才总会被暗中视同于不知不觉的、却又不可避免的"弱化"过程。也正因为这样，我们只要是打开了此后的史册，就总会看到由那广阔的北部边疆，从辽国到金国、再从元朝到清朝，不断有马蹄声在索命般地叩关。——无情的事实是，至少在主要使用冷兵器的时代，只有马背民族才最为灵活与生猛，也只有始终坚持马背上的艰辛生活，才能保持住整个群体的原始血性。由此也便自然而然地导致了：在一方面，正因为只有汉族自己才最早地、也是最充分地"汉化"了，它就总逃不脱要被马蹄践踏的命运；而在另一方面，一旦那些外来民族有条件来享受"汉化"了，它们也照样会逐渐堕入那条"弱化"的下滑线。

<hr />

① 唐君毅：《中国文化之精神价值》，台北：正中书局，1979 年，第 71—72 页。

又正因此，我们才会在有关金世宗的记载中，读到了下述这类的矛盾与踌躇。在一方面，原本正是在他本人的统治下，他的民族才加速了"汉化"过程，而且他本人也是相当热衷于汉文化。比如，"译经所进所译《易》、《书》、《论语》、《孟子》、《老子》、《杨子》、《文中子》、《刘子》及《新唐书》。上谓宰臣曰：'朕所以令译《五经》者，正欲女直人知仁义道德所在耳！'命颁行之。辛未，秋猎。"① 再如，"丙寅，上谓侍臣曰：'……朕于圣经不能深解，至于史传，开卷辄有所益。每见善人不忘忠孝，检身廉洁，皆出天性。至于常人多喜为非，有天下者苟无以惩之，何由致治。孔子为政七日而诛少正卯，圣人尚尔，况余人乎？' 戊辰，上谓宰臣曰：'朕虽年老，闻善不厌。孔子云：见善如不及，见不善如探汤。大哉言乎！'"②

　　可在另一方面，正是这位热衷于"汉化"的金世宗，却又对此种过程充满了警觉，于是也总想再转而"挽狂澜于既倒"。比如，"乙卯，上谓宰臣曰：'会宁乃国家兴王之地，自海陵迁都永安，女直人浸忘旧风。朕时尝见女直风俗，迄今不忘。今之燕饮音乐，皆习汉风，盖以备礼也，非朕心所好。东宫不知女直风俗，第以朕故，犹尚存之。恐异时一变此风，非长久之计。甚欲一至会宁，使子孙得见旧俗，庶几习效之。'"③ 再如，"乙亥，上御睿思殿，命歌者歌女直词。顾谓皇太子及诸王曰：'朕思先朝所行之事，未尝暂忘，故时听此词，亦欲令汝辈知之。汝辈自幼惟习汉人风俗，不知女直纯实之风，至于文字语言，或不通晓，是忘本也。汝辈当体朕意，至于子孙，亦当遵朕教诫也。'"④ 甚至，正因为连自家子弟也只会习唱汉曲了，他

---

① 《金史·卷一·本纪第八》，北京：中华书局，1975 年，第 184—185 页。
② 《金史·卷一·本纪第八》，第 195 页。
③ 《金史·卷一·本纪第七》，第 158—159 页。
④ 《金史·卷一·本纪第七》，第 159 页。

才会特地当众亲口唱出本族歌曲，并在这种怀旧的心情中潸然泪下："上曰：'吾来数月，未有一人歌本曲者，吾为汝等歌之。'命宗室弟叙坐殿下者皆坐殿上，听上自歌。其词道王业之艰难，及继述之不易，至'慨想祖宗，宛然如睹'，慷慨悲激，不能成声，歌毕泣下。"①

　　甚至于，如果继续向着前朝回溯，还会发现这个"汉化"等于"弱化"的问题，实则早在魏晋南北朝时代就已暴露无遗了，而且也正因为如此，它才更属于一个结构性的、无可回避的问题。比如，正是从何炳棣那位著名老师的笔下，就早已明确地勾勒出了这样的变化曲线，——它无可否认地意味着，无论人们原先的"民族性"如何，只要是进入了"汉化"的核心区域，都总要被当地的"文弱"之风所熏习、所软化，从而变得马放南山、不惯征战，甚至是文弱怯懦、临阵不前，这可以算是另一层意义上的"华夷之辨"吧？

　　　　观于宋书壹武帝纪上所云：
　　　　海盐令鲍陋遣子嗣之以吴兵一千，请为前驱。高祖曰："吴人不习战。若前驱失利，必败我军。"嗣之追奔，为贼所没。
　　　　又同书捌壹顾恺之传（南史叁伍顾恺之传同）所云：
　　　　尝与太祖坐论江左人物，言及顾荣，袁淑谓恺之曰：卿南人怯懦，岂办作贼。
　　　　则在南朝前期北人善战，吴人不善战一点可以证明，而北人江左数百年统治之权所以能确立者，其主因亦在于此，又不待言也。
　　　　然江左侨寓之寒族北人，至南朝后期，即梁代亦成为不善战之民族。当时政府乃不能不重用新自北方南来之降人以为

①《金史·卷一·本纪第八》，第189页。

将帅。①

可话又说回来，纵然是这般的"不习战"、这般的"怯懦"，这种被等同于"弱化"的"汉化"，却又对历史的当事人表现出了绝大的魅力，这才使得大凡接触到这种文化的人，也至少会像金世宗那样去从另一侧面，去承认乃至醉心于它那种强大的魅力，哪怕同时又因为内心保有的警觉而被撕裂。——比如，这里还可再举陈寅恪的例子作证：即使已经明确了那正等于"弱化"，我们仍然不难会心地意识到，他到晚年竟如此沉迷于"钱柳故事"，也肯定不会不为下面这类记述所动："（钱谦益）为（柳如是）筑绛云楼于半野堂之西，房珑窈窕，绮疏青琐。旁龛古金石文字，宋刻书数万卷。列三代秦汉尊彝环璧之属，晋唐宋元以来法书、名画，官、哥、定州、宣城之瓷，端溪、灵璧、大理之石，宣德之铜，果园厂之髹器，充牣其中。君于是乎俭梳静妆，湘帘棐几。煮沉水，斗旗抢，写青山，临墨妙，考异订讹，间以调谑，如李易安在赵德甫家故事。"②

只可惜，只要再翻到"风月宝鉴"的背面，这些个如此令人心醉的宝物或尤物，在"国仇家恨"的大背景映衬下，便只能被恨恨地贬低为"长物"了，也即根本没什么用的"冗余之物"。我们由这样的一个词，就难免要想起柯律格的《长物》一书，它脱出于明代文震亨的同名著作《长物志》。此书下分的"室庐、花木、水石、禽鱼、书画、几榻、器具、位置、衣饰、舟车、蔬果、香茗"十二类，也正好就被汉学家柯律格顺手拿来，当成了中国本土"艺术"

---

① 陈寅恪：《魏书司马睿传江东民族条释证及推论》，《金明馆丛稿初编》，北京：三联书店，2001 年，第 107 页，着重号为引者所加。
② 顾公燮：《丹午笔记》，南京：江苏古籍出版社，1985 年，第 93 页。

的固有范畴。① 紧接着，我们如果由此再稍加一点联想，那么从这种"百无一用"的"器物玩好"，以及被它们勾引炫惑出的"玩物丧志"，又会想起伊佩霞笔下的那位宋徽宗来，那正是一个因沉迷"艺术"而忘却"家国"的昏君。——当然也应就此提醒一句，虽说那位居于外部世界的汉学家，朝着这位"花鸟皇帝"投以很大的同情，②不过又值得警惕和分辨的却是，这种同情绝不是中国人自己的感情，虽说他也曾以"开门揖盗"的悲惨方式，被动地开启过别的"汉化"过程。

接下来，我们又可以从这一点，看出史实的另一种"两面性"来。一方面，只要从宋徽宗再联想起有宋一代，那么，总难免要联想起陈寅恪的下述断论："吾国近年之学术，如考古历史文艺及思想史等，以世局激荡及外缘薰习之故，咸有显著之变迁。将来所止之境，今固未敢断论。惟可一言蔽之曰，宋代学术之复兴，或新宋学之建立是已。华夏民族之文化，历数千载之演进，造极于赵宋之世。后渐衰微，终必复振。"③对于这一个侧面，我已在别的著作中多次首肯和张扬过，包括在那本刚刚杀青的《我们共通的理性》中。只可惜，问题还另有一个侧面，致使我们沿着上面的论述，竟又不难发现我们的华夏文化，还不光是"造极于赵宋之世"的，而且是"衰落于赵宋之世"的。更加耐人寻味的是，且不说陈寅恪对于史料的娴熟把握了，单说他当时"家亡国破此身留"的个人际遇，也注定使他忘不掉宋代的这种"两面性"。——正如我在前引博士论文中追问的：

①参阅柯律格：《长物：早期现代中国的物质文化与社会状况》，高昕丹、陈恒译，北京：三联书店，2015年。
②参阅伊佩霞：《宋徽宗》，韩华译，桂林：广西师范大学出版社，2018年。
③陈寅恪：《邓广铭〈宋史职官志考证〉序》，《金明馆丛稿二编》，第277页，着重号为引者所加。

"对于陈寅恪来说，复兴新宋学的美好愿望，是否也就同时意味着恢复这种'声容盛而武备衰，议论多而成功少'（王夫之：《宋论》）的整个文明的生存危机呢？有意思的是，尽管陈寅恪并没有正面涉及这个问题，但他却竟在同一篇文章中紧接着就写下了这样的话——'噫，先生（即邓广铭——引者案）与稼轩同乡土，遭际国难，间关南渡，尤复似之。'这如何不把人沮丧地带进'落日胡尘未断，西风塞马空肥'、'西北望长安，可怜无数山'的那种悲愤、忧患而惨淡的辛词境中！"[1]

出于上述的种种考虑，我们便有了充足的理由来认定，至少从中国自身的历史过程来看，特别是，当它又要去沐浴新一轮的腥风血雨、又要去面对"王朝循环"的无情洗牌时，这种"汉化"绝对算不上什么"好事"。曾几何时，那些如今被搜罗到展览馆或拍卖行中的"宝物"，当年都曾被看成汉族人"玩物丧志"的确切证据；而进一步说，那些有资格摆到几年前那次"康雍乾宫廷艺术大展"上的物件，又都可以被看成"曾经生猛"过的马背民族，又开始跟着汉文化走向"堕落"的明证。——也正因为这样，恰在他们开始学着享用这种文化的同时，于天崩地坼中感到了亡国、乃至亡天下之痛的顾炎武，也正在严厉地检讨这种浮华的虚文。比如，"唐、宋以下，何文人之多也！固有不识经术，不通古今，而自命为文人者矣……而宋刘挚之训子孙，每曰：'士当以器识为先，一号为文人，无足观矣。'然则以文人名于世，焉足重哉！此扬子云所谓'揅我华而不实我实'者也。黄鲁直言：'数十年来，先生君子但用文章提奖后生，故华而不实。'本朝嘉靖以来，亦有此风。"[2]再如，"《诗》云：'巧

①刘东：《审美文化的兴盛与失落》，博士论文，打印本，中国社会科学院，1989年，第28页。
②顾炎武：《日知录·卷十九·文人之多》，《日知录校注》，陈垣校注，合肥：安徽大学出版社，2007年，第1053年。

言如簧，颜之厚矣。'而孔子亦曰：'巧言令色，鲜矣仁。'又曰：'巧言乱德，'夫巧言不但言语，凡今人所作诗赋、碑状足以悦人之文，皆巧言之类也。不能不足以为通人，夫惟能之而不为，乃天下之大勇也，故夫子以刚毅木讷为近仁。学者所用力之途在此，不在彼矣。"① 又如，"世人情弥巧，文而不惭，固有朝赋《采薇》之篇，而夕有捧檄之喜者。苟以其言取之，则车载鲁连，斗量王蠋矣。曰：是不然，世有知言者出焉，则其人之真伪即以其言辨之，而卒莫能逃也……夫镜情伪，屏盗言，君子之道，兴王之事，莫先乎此。"②

由此可知，即使只是从中国人自身的角度看，他们的文化亦并非没有检讨的余地，所以也不能太过武断地、或曰"本质主义"地，径直把它当成文化的巅峰或顶点，只需到对外交流中去克服和消化异族文化，这正是像《捍卫汉化》这种题目的先天盲点。从学理上来讲，真正可取的态度毋宁是恰好相反：尽管从那个辉煌的宋代算起，中国文化又顽强地演进了上千年，而且也曾以自己强大的生命力，去不断地感化或"同化"外来的入侵者，但我们仍然有绝对的必要去继续攀高，且就在这种持续不断的向上攀登中，去克服业已暴露出来的自身缺陷，从而去谋求脱胎换骨般的自我更生，以避免再度陷入那类屡现不爽的陷阱。——我在前引的那篇博士论文中，曾把这种以往经常出现、躲避不开的陷阱，描述成为中华民族的某种内在的"心魔"，或者说，又如我在此后这篇后记中所说，是纯粹来自主观世界的"和谐感觉"，是属于一厢情愿的"天人合一"："这种审美愉悦毕竟只是得自主观世界中的和谐幻觉，而外部世界的冲突和危机则必须被自觉地排除掉，所以无论玩心、玩文、玩世还是

---

① 顾炎武：《日知录·卷十九·巧言》，《日知录校注》，第1054页。
② 顾炎武：《日知录·卷十九·文辞欺人》，《日知录校注》，第1053页。

玩物都可能丧志，都有可能因'心外无物'而玩得'梦里不知身是客'。正因此，如果我们考虑到，中华文明的各个因子（无论是其大文化还是小文化）都是'造极于赵宋'的，则文明的'瓜熟'和'蒂落'在历史上同时出现就并非不可理解了。正所谓——'成也审美败也审美'：倘无前人在审美境界中的苦心孤诣，他们就创造不出至今尚令人如此陶醉的伟大古代文化；但也正因为他们在审美快感中的'一晌贪欢'，却又使这种文化无可避免走向了失落！"[1]

（二）

只有在确认自家"屡战屡北"的前提下，我们才可以更为平心静气地，把眼光更宽广地投放到历史的"长时段"中，来观察汉族文化的那种"后发制人"。——这一方面意味着，由此就要在后来已经相互"同化"的基础上，放弃清末民初那种"驱逐鞑虏"的民族主义心态，但另一方面又不意味着，曾经被文天祥、史可法真实感受过的，就不再属于历史上确凿的"国仇家恨"了。

为了理解这一点，就应约略回顾一下历史背景。王明珂也曾从这样的"长时段"中——或者用他自己的话来讲，就是基于"比较长远的人类生态观点"——来观察东北是怎样成为"中国的一部分"的。而我们借助于他的相关研究，再来联系本文的问题意识，则可看出下述这样的变化：如果在较早的秦汉时代，也许由于汉文化的特征尚未毕露，中原帝国之不断的开疆拓土，还是靠着自家主动扩

---

[1] 刘东：《今宵梦醒何处》，《蒙元入侵前夜的中国日常生活》，(法) 谢和耐著，刘东译，南京：江苏人民出版社，1995 年，第 198—199 页。

张的边功，那么到了后来的魏晋时代，由于在东北受到了阻抗和反扑，就在那里形成了胶着、乃至退缩的局面，这当然就意味着"谁也化不了谁"。而接下来，长期反复拉锯的结果又是，等时间再推移到此后的朝代，实则得以再度发生"汉化"的历史背景，却首先是由鲜卑的部落联盟胜出，它不光把高句丽给逼退到了朝鲜半岛，也同样成功地入主了中原、并顺利地征服了蒙古草原。由此一来，也就出现了前文中述及的那种中原王朝的"屡战屡北"，乃至于出现了那种——汉民族无论如何也不会去主动追求的——"历史苦果"："不断有像鲜卑一样的东北部落联盟，如契丹、女真，征服蒙古草原及入主中原，建立辽、金及清等帝国。如此说来，东北成为今日中国的一部分，并非由于中原帝国对东北的征服，而是相反的，不断有出自东北的政权入主中原，将东北、蒙古草原及中原纳为一个人类生态体系。"[1]

所以说，如果不再抱持着虚妄的"历史目的论"，或者说，如果还能忠实于先人的真实感受，而不是基于一种诡异的"辩证法"，把他们当年撕心裂肺的经验，只当成了历史进步的"必要阶梯"，那么，我们总应更如实而全面地看到，让人纠结的历史"两面性"就在于，至少是从那个既"富甲天下"又"积贫积弱"的宋代开始，中国广大疆域的持续开拓与扩张，并不是来自汉族的主动对外征服，反是因为它总要被外来民族所征服；尽管这个"外族"经由此后的"汉化"过程，也可能又逐渐转成我们的"本族"。——这无论如何都意味着，此种只有到后世才能意外盘点到的、作为历史之无意后果的开疆拓土，绝不会是我们的先人意欲追求的，相反倒是他们当初肯定想要

---

①张耐冬：《王明珂：从人类学田野反观史书断简》，《经济观察报》2019 年 7 月 29 日，着重号为引者所加。

避免的。

　　当然话又说回来，那些曾将中原当成了"战利品"的外来民族，在一轮又一轮地向它发起冲击之余，也同样会在它那里目睹到越来越多的前车之鉴，那就是反而把本民族又弄成了"战利品"，拱手送进了汉族巨大的"同化"熔炉中，而这就属于本文正在处理的"汉化"问题了。毫无疑问，前文中提到的那位心情矛盾的金世宗，也正是在这种吊诡背景下才会潸然流泪的；而我们在这个意义上也不妨说，所谓"汉化"对于这个"弱化"的汉民族来说，也的确有点像是斯科特意义上的"弱者的武器"。——甚至于，这也使我们想起了老子那句"守弱处下"的名言来了，即所谓"将欲歙之，必故张之；将欲弱之，必故强之；将欲废之，必故兴之；将欲取之，必故与之。是谓微明。柔弱胜刚强。"[1]于是乎，如果在这样的意义上，所谓"后发制人"的那句古语，由此看来也有它一定的道理。

　　同样地，如果历史上能有"后悔药"可吃的话，我们至少也就有了相应的理由，去奉劝一下马背上的"征服民族"，至少在决计挥师南下、入主中原之前，也应当保持谨慎与思忖清楚，看到那样的征服即使能旗开得胜，从长远来看也毋宁是一把"双刃剑"。无论如何，利用马背上的优势去"打了就跑"，从而去指望"掠夺经济"意义的收获，这种传统的做法总还是相对安全的，尽管也难免遭到作为"兵家常事"的败绩。然而，一旦在巨大的诱惑下贸然入关，乃至长久地安家在令人垂涎的中原，这种反客为主的决策即使在短期内成功了，可如果从历史的长时段来看，却仍然可能付出沉重的代价，甚至比"被征服者"所付出的还重，弄不好就会是"壮士一去

---

① 《道德经·第三十六章》，王弼注，楼宇烈校释：《老子道德经校释》，北京：中华书局，2016年，第88—89页。

今，不复还"。事实上，宋人罗大经在《鹤林玉露》中的一段议论，就已涉及了这类的"温柔乡"和"销金锅"，是如何为那些马背上的征服民族，留下了既神魂颠倒、又不知所终的陷阱："孙何帅钱塘，柳耆卿作《望海潮》词赠之，云：'东南形胜，三吴都会，钱塘自古繁华。烟柳画桥，风帘翠幕，参差十万人家。云树绕堤沙。怒涛卷霜雪，天堑无涯。市列珠玑，户盈罗绮，竞豪奢。　重湖叠巘清佳。有三秋桂子，十里荷花。羌管弄晴，菱歌泛夜，嬉嬉钓叟莲娃。千骑拥高牙。乘醉听箫鼓，吟赏烟霞。异日图将好景，归去凤池夸。'此词流播，金主亮闻歌，欣然有慕于'三秋桂子，十里荷花'，遂起投鞭渡江之志。……余谓此词虽牵动长江之愁，然卒为金主送死之媒，未足恨也。至于荷艳桂香妆点湖山之清丽，使士夫流连于歌舞嬉游之乐，遂忘中原，是则深可恨耳。"[1]

　　相对而言，正是鉴于以往那类惨痛的教训，满清统治者在这方面已算是相当谨慎了。他们在冒了挥师入关、弄丢身份的风险之余，也时刻在提防由"汉化"所带来的"弱化"，还专门为此设计了特殊的制度和手段，这也就是张勉治常在他的书中所引证的"祖制"了。就个人的切身经验而言，也是常能被亲切地提醒这一点，因为我常要到燕山山脉的余脉，去专注于京郊别墅中的写作，那里有个优雅的地名叫"静之湖"；但我也知道，这地方在前清可没那么幽静，因为它当时恰被称作皇家的"上苑"，也即专门为皇家辟出的猎苑，时不时总会传出马蹄踏踏、羽箭嗖嗖的。更不要说，从我那个别墅再往远处走，还会在承德看到更大的木兰狩场，——那更是当年那个能征惯战的马背民族，指望着让本族子弟去保留征战"本能"的，

---

[1] 罗大经：《鹤林玉露·十里荷花》，孙雪霄校点，上海：上海古籍出版社，2012年，第150页。

以免像刘备所讲的那样"分久不骑，髀里肉生"。

可即使如此，如果从历史的长时段来看，或从文明的基本结构来看，这群人既已冒险入主中原、安家落户了，那么在海量汉族人口的簇拥之下，也是在汉文化无所不在的包围之下，其"汉化"的过程仍不免会是历史的趋势，这就是所谓"不以人的意志为转移"了吧？当然，此语中所讲的那个"人"，只是指处于历史过程中的，个别的，或少数的个人。由此也就正好推出了反命题：如果所有的"人"都是发自内心地想要"转移"，则历史趋势还是要随之"转移"的，只不过这样的"转移"，却又要用来喻指"汉化"过程本身了。由此我们才会看到，正是沿着无可抵挡的演变趋势，而且作为它无可辩驳的例证，围绕着所谓"八旗"这样一个词语，才能出现如此诡异的语义跳动，竟从原本指称最为彪悍的、精通骑射的马队，跳动到指称最为羸弱的、连弓箭都不再能拉开的玩家，从原本指称最能征善战的、惯于掠夺为生的军旅，跳动到指称只靠领取"铁杆庄稼"，舍此便再无谋生手段的市井游民。——当然从另一面来说，这种"八旗子弟"也算是很善于学习的，由此才学会了后来又被王世襄精通的那些"玩意儿"，并且走进了后来活跃在老舍舞台上的、拉足了京片子的那些"在旗"的人，有时候，他们在把玩"汉文化"的造诣方面，甚至比汉族人本身都要精通了；只可惜，他们在学习的同时却也很善于遗忘，不单是一如既往地再次忘记了骑射的本领，也同样一如既往地还再次忘记了自家的母语。

只是，既然已经不再相信神秘的"历史目的"，又从哪里冒出的这种"不以人的意志为转移"的历史趋势呢？这正是需要正襟危坐来回答的问题。无论如何，撇开从金朝开国阶段到清朝开国阶段的、尚且处在"短时段"中的抵抗与挣扎，实则究竟是要进入"化"还是拒绝"化"，或者说，究竟是要"毁灭"还是"生存"，主要还得取决于那个处于主场的"汉"文化，其自身的吸引力、感召力或向心力如何？或者再说得时髦一些，还要取决于那个主场文化的"软实力"到底如何？由此也就引出了本文的一个要点，因为至少从我本人的观点来看，真心想去廓清诸如此类的问题，就要把参照系再设定得开阔些，甚至还需要动用一下我一直想要仔细发挥、却基本还埋在笔记本中的一个想法——哪怕这会引起"文化相对主义者"的抵触与抗议——那就是足以帮我们走出"此亦一是非，彼亦一是非"的、在比较而言的意义上的"文化高度"。

当然，我也不是不知道，正在当今国际学界流行的，乃是韦伯意义上的"诸神之争"，而这又是基于下述的判断，即所谓"谈起价值无争辩"。不过，以我本人更加想定的看法，韦伯当初那个"诸神之争"的命题，从提出的时候就是很成问题的；而且，这种问题说到底还并非出自他本人，而是既出自他所属的社会学中的"价值无涉"，也出自他所信奉的哲学上的新康德主义。即使这样的口号对于"文化多样性"，有一种临时性的、或权宜性的保护功能，可无论如何，一旦被这样的禁忌缚住了手脚，也就禁止任何求索了一生的学者，哪怕他真正于求索中达到了"学究天人"的境界，胆敢再去沿着孔子和苏格拉底的思路，继续讨论人生中最为重大的课题，从而探寻出真正的"人生解决方案"；既然如此，这种所谓"价值中立"的、并不争辩的学术，拿到社会上也不过就只是一根"盲肠"，而我们所唯一拥有的这一次"人生"，也在无形中被拖累成了"无头苍蝇"。就此而论，如果我们在自问之下，既不是偏听偏信的"宗教徒"，也不是安于一隅的"井底蛙"，而对任何潜伏在"意识地平线"下的东西，都坚持以理性的姿态去不懈地诘问，那么，我们就既应当正视所谓"诸神之争"，将其视作对于当今复杂情势的写真，又不应安于这种"相对主义"的困境，相反倒应把它当成必须摆脱的泥沼。

作为一种佐证，这里要来援引一位年轻同事的相关论述："我觉得韦伯所有的洞察力以及他的不足，都来自于他的实证主义前提。实证主义的基本原则就是事实和价值的二分。韦伯认为，我们人类的科学认知，只能把握事实，因为只有事实是客观的，无论是自然科学的事实，还是人类领域的事实；但是，意义或价值本身完全是主观的、任意的，也就是说，价值的领域是没有什么理性可言的。这一点来自于康德。韦伯的结论就是，价值、信仰、道德等问题，只能是人的非理性的决断。这是韦伯思想中非常重要的一点。在他看来，只要涉及信仰、价值的问题，人类社会就不可能达成什么共识，结果一定是'诸神之争'——你有你的神，我有我的神，我们的神相互之间是绝对无法通约的。"[1]

同样地，我当然也不是不知道，所谓"文化相对主义"的口号，乃是率先由文化人类学家——具体而言，是由美国的第一位人类学家博厄斯——所制定的、借以要求"同情理解"其研究对象的律令，由此在这种特定的意义上、和这个学科的范围内，它也具有其相应的用处和意义，否则就更难收敛住"欧洲中心论"的妄念，从而彻底地走不进自身之外的文明了。正因为这样，当我们在具体阅读中国研究、或日本研究的著作时，往往还会嫌哪本书在这方面做得不够味、或者不真诚。——然而话说回来，一旦把这种对于旁观者、或闯入者的律令，不假思索地推广为"政治正确"的普适信条，转而要求那些居于本土社会中的主体，也不得对他们自己的生活进行判断与取舍，那么，这种从"客位"视角又转嫁给"主位"视角的信条，就有可能转变成一种碍手碍脚的有害教条了。

正是基于这种微妙的把握，就如我在以往的研究中指出的，尽

---

[1] 吴增定：《走出"韦伯神话"后的中国文化自觉》，《开放时代》2016年第3期，第47页。

管退一步说，这种"文化相对主义"的方法，的确也"有可能是既宽容沉稳又富于批判精神的：它有可能不再把地球上的各个文化看成是你死我活的敌手，而毋宁将其看成同一个学术研讨班中的参与者；它有可能不再目空一切地宣告哪一种现行的文明规则是完美无缺的，因此便不再试图去闭锁人类文明史的或然性进径"，①然而，如果再进一步说，则又恰是因为我们这些地球居民，都已"非常投入地参加了这个有关人类文明的学术研讨班，就必须首先从观念上明确从事这种研讨的主旨——那绝不应是为了贪图争论的热闹而永远就这么争执下去，而只应是在逐渐相互理解的基础上对人类所面对的主要问题达成基本的共识，并且基于这些共识而尝试着寻求某种更加正确的文明规则与生活方式。"②或者再换一种表达，恰是鉴于眼下"全球分裂"的、看似无解的现状，才使我们不得不又转而认定：如果向后退一步，尚可以采取"文化相对主义"的立场，把它看成是"文化多样性"的护身符，那么再向前一步，又绝不能满足于它和停留于它，反应把它看成是新的泥沼或陷阱，——人们要是当真信奉了这个，就再也不可能去谋求向上攀登，就总要停止在当今之困境，就不可能再指望未来的"大同世界"了。

围绕"文化相对主义"的长短优劣，我在新近杀青的《我们共通的理性》一书中，刚刚进行了更全面仔细的、有所递进的论述，大家如果有兴趣的话不妨去参看。而我在此想要进一步发挥的，则是沿着那本书中的相关反思，再导出一个从比较的意义上得到的、可以帮我们走出"文化相对主义"的概念，这就是我刚在前边提到的所谓**文化高度**。由此也就意味着，一方面，如果"文化相对主义"

①刘东：《文化观的钟摆》，《近思与远虑》，杭州：浙江大学出版社，2014年，第16—17页。
②刘东：《文化观的钟摆》，《近思与远虑》，杭州：浙江大学出版社，2014年，第17页。

的意思乃在于，一旦说起在"文化"、特别是文化中的"价值"或"意义"，那就根本是"不可比"的、从而是被明令不可"说三道四"的；那么，所谓"**文化高度**"的概念则又意味着，文化在"相对"的意义上却又是"可比"的，所以，也只有对于"文化相对主义"的警觉与克服，才足以支持我们去提出"**文化高度**"的概念。另一方面，虽则在文化的相互比较中，总要比出个同与异、长与短来，由此也才会在相对中显出"**文化高度**"，即使这种"高度"并没有特定的专属性，而很可能是犬牙交错、互有千秋的；然而，这里所讲的这种"**文化高度**"，却又只是在比较而言的意义上才能成立的，而且是经由了对于"文化相对主义"的扬弃的，换言之它本身也只属于"相对而言"的。

就此而言，对于"文化相对主义"的这种克服，也只是具有"相对"意义的克服。这也就意味着，我在这里所讲的"**文化高度**"，又并不是绝对的、单线的，和唯一的，乃至在不同的要素、层次和侧面上，还又是各有千秋的，和互有高低的，而且也正因为这样，它也就并不是命中注定的，与不可更改的。进一步说，又正是在这样的意义上，这种相对而言的"文化高度"概念，也就双向地同时跟拒不承认任何"可比性"的"文化相对主义"，以及这种观念想去竭力避免或排除的，那种带有浓厚历史目的论、欧洲中心论或白人优越论的倾向，都既明确又清晰地划清了界限。——由此就不在话下，它也便跟那种带有绝对意义的、视所谓"文明程度"而划分的、把人群本身定格为不同等级的做法，相当自觉而警醒地划定了严格界限。比如，18 世纪后期的英国人威廉·马斯登，就曾根据自己对于人类现状的粗略了解，把他们从高到低地排定为下述六个等级："在第一种类别中，我自然会把一些古希腊黄金时期的共和国纳入，还有奥古斯都时代及其前后时期的罗马、法国、英国及近 100 年高度发展的欧洲国家，或许还包括中国。第二个类别必须涵盖承平高峰时期的大型亚洲帝国：波斯、卧莫尔王朝及土耳其，此外，还有不同的欧洲王国。除了苏门答腊人及东印度群岛一些国家外，我还把北非国家和阿拉伯人中的文明人算入第三个类别中。第四个类别，有较不文明的苏门答腊人及新发现的南太平洋岛屿民族，或许也可算上墨西哥和秘鲁的著名王朝。鞑靼部落与地球上不同地区、知道个人财产与知道任何一种既成的臣服形式的所有民族，要比加勒比海人、澳洲人、拉普人及霍屯督人高上一级。这些民族全都展现出人类最为原始和最不体面的形象。"[1]

尽管在马斯登有关"文明程度"的排序中，几乎给了中国以"全球最高"的地位，我还是不能赞同他所排出的这种序列。这一方面是因为，他所暗中采用的尺度仍是以欧洲为标准的，而且，他有关中国如此"高度发展"的判断，也无非是因为它跟欧洲的某角落比较相似；另一方面也是因为，这种在人类内部划分"进化"梯次的做法，也就将人本身划分成了不同的物种，由此也就对个体构成了势在必然的、不可更改的宿命。事实上，把原本属于"多元"的空间分布，放到假象的时间序列中，去进行虚拟的"一元化"，这种做法恰恰构成了从泰勒到摩尔根的文化"前理解"，由此也才在人类学的传统中，导致了在欧洲标准上制定的"文明标准"，以及依此划定的作为野蛮的"落后"，乃至作为文明的"进步"，而且也正因此，后来它才构成了"文化相对主义"的批评靶子。在这个意义上，即使自己意识到了"文化相对主义"的局限，也未曾忘记要同时避开那种"文化绝对主义"的陷阱。——而这种谨慎的权衡，则正是我提出"大空间"与"小空间"理论的背景：

---

[1]转引自：于尔根·奥斯特哈默：《亚洲的去魔化：18世纪的欧洲与亚洲帝国》，刘兴华译，北京，社会科学文献出版社，2016年，第546页。

正是鉴于这样的困扰，我这一次毋宁从传播学的意义上，再提出一种"价值中立"的框架，希望它能从思想的出发点上，就排除掉对于作为绝对观念的"普世"价值的执迷。也就是说，为了防范任何个体都只能占有的、相当短暂的历史时间对于他们各自认识所产生的影响或误导，这个框架想要预先就阻止人们去坐井观天般地，只是从自己那个时代的受限眼光出发，便对某种观念进行全称的肯定。

在这个意义上，它就是要用一把新的"奥康姆剃刀"，来切除人们那种不由自主的做法，即把自身所占有的相当有限的时空，视作了通用于古往今来的普遍历史时空。这意味着，哪怕对于那些已被当代人普遍接受的价值——包括所谓的科学与民主、自由与平等——这个框架仍要预先就从方法论上指出，就算它们看似已经很接近具有"普世"的性质了，而且也确实在调节和校准着当代人的生活，但它们仍然未必就是"普世"的。①

经由这种由"小空间"叠合而成的、传播学意义上的"大空间"，我们可以更丰富而微妙地来理解**"文化高度"**的概念。首先，这种于比较中所产生的**"文化高度"**，只应被严格限定在某个有限区域之内，而且那个区域的尺度还是弹性的、或可变动的，也即会随着人类交往的范围而不断膨胀或缩小。其次，这种于比较中所产生的**"文化高度"**，在那个相应的有限区域之内，即使有哪一方显出了相对而言的优势，这种优势仍有可能在不同侧面表现为相互的，即通常所讲的"尺有所短，寸有所长"；再次，这种于比较中所产生的**"文化高度"**，也就给了交叉中的各方以相互"涵化"的机会，使其都在历

<hr>

① 刘东：《"大空间"与"小空间"：走出由"普世"观念带来的困境》，《引子与回旋》，上海：上海人民出版社，2017年，第145—146页。

史进程中展现出"时间性"来,并没有闭锁它们去继续"创造性转化"的机会;复次,这种于比较中所产生的**"文化高度"**,尤其对于那些介身于"大空间"中的、享有多种文化信息的个体而言,便不会表现为先天生成的必然"宿命",因其文化属性、价值观念和族群认同,由此就更要表现为社会性的、或后天习得的,于是也就在由交流所带来的松动或缝隙中,获得了进行再选择的机会与主动性⋯⋯

当然即便如此,既已提出了这种**"文化高度"**的概念,而还明确了这是在相对而言的意义上,那么这里毋庸讳言、或不必讳言的一层含义,也还在于只要不同的文化之间是"可比"的,则它们也就有可能各自暴露出缺陷,和显出彼此的差距。事实上,也正是基于这种"可比"与"相对高度"的信念,才支撑着我在前文中这么提出过,一旦几乎所有的人都发自内心地,要对历史的方向进行哪怕是不自觉的偏转或修正了——包括那种在当时并不属于"政治正确"的、向着汉文化的潜移默化的"涵化"即"汉化"——那也就应当被视作"不以(个别)人的意志为转移"的大势所趋了。

更进一步说,这里接下来的思想任务,就是要再来努力界定一下,这种**"文化高度"**概念的具体内涵,究竟又应当包括哪些要素或方面? 或者,为了更简捷明快地提示相关的思考,这问题也可以换个方向来表达:究竟是包蕴在一个文化中的哪些要素,才会吸引得那些作为历史主体的个人,竟不由自主地就想要"人往高处走",从而积分出了那种不可转移的趋势? 由此一来,尽管各文明使用的术语会不尽相同,但我们还是可以利用下面这一组关键词,来界定这种相对而言的**"文化高度"**的具体内涵。——从学理上讲,这些要素自当包括:更加公正的价值理念、更加敏锐的审美感受、更加细致的生命表达、更加精致的生活质量、更加和谐的人际关系、更加可靠的社会规范、更加精细的文化分支、更加齐备的部类划分、更加活跃的创造能力，更加恒久的自我更新、更加宽容的开放水平、更加久长的延续能力，如此等等。

尽管我们肯定没能够穷尽这些关键词，但即使只是姑且进行了这样的点算，也不会有哪个具体的文明或社会，在发展至今的有限历史时间内，就谈得上能将其无一遗漏地实现了，更不要说，还要去确保那些要素之间的齐头并进，与和谐发展。当然也正因为这样，这样的"**文化高度**"才会不可避免地，只能在比较的意义上、并且在有限的时空区间内才得以成立。——不过，此话又要分作两面来说，即使这样的"文化高度"也只是相对的，然而它对于历史的当事人来讲，却又是真实无误和确凿无疑的。正因此，一旦人们得以介身于叠合而成的"大空间"之中，再经由对于不同"小空间"的对比与权衡而发现，其中的哪一种文化的价值、规范与发明，的确是更多地具备了既别具匠心，又贴合人心的创造，那么，就算他们在短期内还难免会有其他考量，包括对于那些"非我族类"的生分与警惕，从而也势必在内心中充满了抗拒与挣扎，可是一旦从长时段的眼界来观察，他们还是会不知不觉地就"入其彀中"了，或者更直截了当地说，他们是自然而然就会被那个"**文化高度**"给"涵化"了。

从学理的层面讲，在由"小空间"叠合而成的"大空间"中，越是具有"**文化高度**"的、原属某个"小空间"的特定文化，其要素也就会越顺利地进入"大空间"；进一步说，如果更仔细地再来分辨，那么即使是那个"小空间"中的文化要素，则越是其中显出了可被普遍理解的特点，特别是其中那些包含了"理性"与"公正"因素的，也就越容易被顺利地接受到"大空间"中来。这样一来，也就需要我们再去进一步细分，什么是更属于"小空间"的"文化之根"，什么是才属于"大空间"的"文化之果"了。——正如我在分析贝多芬的《第九交响乐》与《庄严弥撒》时，根据"接受美学"

的阐释原理所进行的辨析："就以本人生平最爱的贝多芬为例，我们一方面当然应当意识到，即使以往只被抽象理解的《第九交响乐》，仍有暗中的文化之根和宗教之根，而不能对它用人声所推向的乐曲高潮，只认定是利用了某种'高级的乐器'。但我们另一方面也应注意到，尽管这两者几乎就是前后脚完成的，而且《贝九》还肯定是挪用了《庄严弥撒》中的人声要素，但由于其宗教意味的浓淡不同，毕竟只有前者才是属于'大空间'的，而后者则只能是属于'小空间'的。——换句话说，在非西方的或非基督教的世界中，人们也许可以接受贝多芬的《第九交响乐》，却未必就可以领教他的《庄严弥撒》，因为至少在前者那里，特定宗教的意涵并不是以一种劝世口吻而道出的，而是以一种稀释的和人间的形式而表现的；甚至，人们即使在接受《贝九》的时候，也未必就是全盘接受了它的'文化之根'，而只是接受了它能跟自己的文化意识相互重叠的那个部分。"①

由此也就不难理解了，正如前文中引证过金世宗所说的："朕所以令译《五经》者，正欲女直人知仁义道德所在耳！"②"朕虽年老，闻善不厌。孔子云：见善如不及，见不善如探汤。大哉言乎！"③虽然从一方面说，正如我已经一再特别强调的，汉民族的文化绝不是"无懈可击"的，正因此"汉化"才往往会意味着"弱化"乃至失败，但另一方面，那些来自东北部落联盟的、马背上的胜利征服者，不管还保有多少珍视的生活习惯，也不管赢得过多少傲娇的武功，可在他们自己的文化"小空间"中，却毕竟没有这么一位睿智圣明的"孔子"，竟能三言两语就把道理说到心里去，而且，在他有关"仁义道德"的学说与教诲中，也毕竟是最多地充满了"理性"与"公正"的精神，

①刘东：《国学如何走向开放与自由》，《国学的当代性》，北京：中华书局，2019年，第95页。
②《金史·卷一·本纪第八》，第195页。
③《金史·卷一·本纪第八》，第195页。

从而也便最容易被接引到叠合的"大空间"中，以致代表了他那一个"小空间"的**"文化高度"**。

在这个意义上，如果对于处在"客位"的人类学家来说，会觉得谈起"价值"或"意义"就"无争辩"、谈起相对的"文化"就"不可比"，那么，对于处在"主位"的历史当事人来说，却是每天都会在自己的日常生活中，面临着择善而从、乃至移风易俗的问题。而在这样的对比与选择中，人们自然就会觉得"有高就有低"。也就是说，如果所谓**"文化高度"**乃是相对而言的，那么同样是在这样的对比中，也会自然而然地同时显出"相对较低"的发展，正因此，后者才会对于那些历史的当事人，相应地缺乏像前者那样的魅力与吸引力。——甚至于，在这种由对照所打开的比较视野中，还有可能暴露某种程度的"社会的病态"，或者如爱德华·爱哲顿所说的，干脆就是"适应不良"的"病态的社会"："当一种文化信仰和实践减少了人口生存的机会，即出现了所谓的机能障碍（意为妨碍了有用的进程，或者至少对他们自己不再有用），就表明不再适应。爱哲顿认为，适应不良很常见，而且很可能也无法避免。'人们不可能总是做对的事情。无效、荒唐、唯利是图、残暴和苦难，曾是、正是并仍将是人类历史的一部分。'例如，格陵兰岛的古挪威人和复活节岛人等一些文化，都是因为他们自己的错误选择而走向灭亡。"[1] 再根据爱哲顿的具体论述，一旦在哪个现存的、或已经消失的文明中，发现它遭遇到了"信仰或机制不合适、有害，导致人口或文化无法生存"[2] 时，要么遭遇到了"成员中的高度不满"，且还"表现为冷

---

[1]约翰·奥莫亨德罗：《像人类学家一样思考》，张经纬等译，北京：北京大学出版社，2017年，第294页。

[2]约翰·奥莫亨德罗：《像人类学家一样思考》，张经纬等译，北京：北京大学出版社，2017年，第294页。

漠的态度，被其他族群吸纳或完全消失的意愿，或者是拒绝去做需要做的事情"①时，要么遭遇到了"成员的身心健康受损，以致无法满足个人所需，或不能进行社会、文化实践"②时，那么我们也就有相应的理由来判定：这样的社会当然要属于"病态的社会"了。

正因为这样，就像我在新近的著作中指出的，人类毕竟是总要做出"价值选择"的动物，因而他们在自己的日常生活中，当然就不会顾忌"文化相对主义"的戒律，而自然会趋向于那些欣然接受的东西，也必定会忽略难以接受的、甚至不可思议的东西，不管它们表现为明文中的价值系统，还是实践中的风俗习惯，抑或历史中的传统做法。——正如在讨论一种奇异的日本习俗时，我曾经毫不犹豫地表示过，无论那对外间有多大的"猎奇"效果，自己都绝不能接受那种冷酷的残忍："……又并不是所有的特殊文化设计，都足以进入那个普遍的'大空间'。比如，我在所有习俗中最不能认同的，就是今村昌平《楢山节考》中的那个故事，——人们简直像处理垃圾那样，把到了晚景的生身父母背上了荒山，让他们倚在一群白骨中去等死！也许，看过这部电影的人会向我辩解说，在以往长期贫困与匮乏的压力下，那位接近生命终点的阿玲婆，已经获得了文化的惯习，可以平静地乃至主动地，等待甚至迎接这种'死法'了；可即使如此，此间的残酷还是让我想起了蚂蚁，——也就是说，在这个'小空间'中的特定习俗，顶多也只适于其它群居动物，而不适于具有个体尊严的人类。"③

---

①约翰·奥莫亨德罗：《像人类学家一样思考》，张经纬等译，北京：北京大学出版社，2017年，第295页。
②约翰·奥莫亨德罗：《像人类学家一样思考》，张经纬等译，北京：北京大学出版社，2017年，第295页。
③刘东：《前期与后期：困境中的生命意识》，上海：上海人民出版社，2020年，第45—46页。

可以想象，还是会有些振振有词的人类学家，会从生理学、生态学、或者别的什么学的角度，去论证《楢山节考》中的这种奇异风俗，还是自有它的"合理性"或者"可理解性"。不过，尽管自己迄今还没有读到，但我却预先就想做出声明：对于这类原也不难逆料的说法，我将会统统都不予采信；否则就请先来告诉我，为什么生活在现代的日本人，已不再坚持这种奇异的"合理性"呢？说白了，正像格尔兹在《文化的解释》中自述的，其实只要是身为人类学家，就总会在"相对与否"的问题上徘徊着、犹疑着。也就是说，如果在一方面，从这门科学的起源而言，原本就是要探索自身"文明"之外的，或者说，是原本就预设为要去研究"野蛮"的；那么在另一方面，又由于总要涉及自身之外的文化，而直面它们的不可思议性，这门学科又不得不为它自己，制定出了"文化相对主义"的规训或禁忌。——由此在我看来，这种或许不无善良的意愿，也可说是表现出了智力上的挣扎。

但无论如何，这样的"文化相对主义"规训或禁忌，顶多也只是要求在这门学科内部，把"价值追问"给临时性地"悬置"一下。然而，一旦来到我们的日常生活中，或者我们的常识与良知中，这样的"价值追问"就仍属于人类的本能；而一旦来到这样的层面，"文化相对主义"的规训或禁忌，又显出恰是有违常理和不合人情的。事实上，正因为每时每刻都在进行"价值追问"，人类才有可能在他们的生活实践中，去通过对比与鉴别、思考与选择，来对过往的轨迹进行相应的偏转与修正。同样地，也正因为总要追问"好与坏"，或者"优与劣"，他们才有可能获得恒久的上升动能，以便突破以往形成的、殊别的"小空间"，从而进入展现在面前的、更加宽广的"大空间"，去基于相互融合而谋求人类文明的上升。说穿了，这些正是那些来自美利坚的人类学家，每天都能在他们自己的国家中见到的。——也正因为这样我才不敢相信，在他们中间果然能有那么一位，是诚心诚意地、自始至终地，都在信奉这种"文化相对主义"的教条。

（三）

唯有在思想上确立了"文化高度"的概念，才可以帮助我们接下来较为顺利地，展开对于"汉化"现象的细致分析。甚至于，即使对于那种一旦"汉化"就难免流于"弱化"的现象，也可以展开更设身处地、面面俱到的分析，至少不会把这样的"弱化"径直地就视同于"腐化"，——而且还是在专门对准了"东方"的、那面特制西洋镜中的"腐化"。

针对此一概念的具体内涵，我已就它的一个侧面指出了，"这种于比较中所产生的'文化高度'，只应被严格限定在某个有限区域之内，而且那个区域的尺度还是弹性的、或可变动的，也即会随着人类交往的范围而不断膨胀或缩小。"由此也就意味着，这种"文化高度"只是相对某个特定参照系而言的，而这种参照系又只是相对某个特定区域的，并且在那区域中还发生了各文化间的重叠，或者说，是出现了由具体"小空间"叠加而成的复合"大空间"。——既然如此，我们也就顺理成章地看到，一旦由特定叠合造就的具体"大空间"得以形成，也就会同步形成沿其界面扩展开的文化边界。这样一来，如果以往局限在"小空间"的汉族文化，原是位于那些马背民族的边界之外，可现在这种边界却被突然打破了，转换到了作为"大空间"的、由叠加产生的复合参照系中。再进一步说，在这样的情形下，一旦来到这种突然扩大的参照系中，那么，随着"对外"情势和"对内"

关系都发生了逆转，汉文化的那些特性也会被重新加以阐释，对于"大空间"中的人们也会呈现出不同的意义。

由此在一方面，当然还是会像在开篇时便已指出的，一旦"汉化"了便的确有可能流于"弱化"。我以前也曾在别的著作中明确写道："作为中华民族之主体的汉族，越是被大一统的国家意志所'驯化'，越是独自地攀越到了'止戈为武'的文化高度，就越是难于抵御野性未泯的马背上的民族。回溯起来，这种困窘到了高度发达的两宋之后，由于它那'杯酒释兵权'的疑心重重的起点，也由于它那'强干弱枝，重文轻武'的偏颇国策，便拖累得整个社会都难以从上述的落差中自救了。"① ——甚至于，就连根本没有来过中国的孟德斯鸠，也只是经由对于某些二手材料的阅读，便一眼看破了中国的那个痼疾所在："中国就是中央之国，它四周的国家都被视为野蛮的国度。中国政府善于维持国内安定，远胜于抵抗外侮。由于轻视武装，中国人在一个主要之点上有缺陷。"②

差不多可以肯定，孟德斯鸠当年能够看到的材料，肯定会包括马可·波罗那本有名的《游记》，于是也自然要包括后者向欧洲人传达的下述印象："……这片土地上的人民，决非勇武的斗士。他们贪恋女色，除此之外别无兴趣。皇帝本人更是甚上加甚，除赈济穷人之外，他满脑子都是女人。他的国土上并无战马，人民也从不习武，从不服任何形式的兵役。而这些蛮子的领地原本是很强固的，所有的城池都围着很深的护城河，河宽在强弩的射程之外。因此，设若此处的人们为赳赳武夫，这个国家原是不会沦陷的。但偏巧他们不

---

① 刘东：《悲剧的文化解析：从古代希腊到现代中国》，上海：上海人民出版社，2017年，第225—226页。
② 《孟德斯鸠论中国》，许明龙译，北京：商务印书馆，2016年，第49页。

善征战，才落得国破家亡。"①也正是沿着这样的印象，谢和耐才会到了七百多年之后，还是接着马可·波罗的话题继续发挥，虽则史学家和旅行家的语调和笔法会有所不同："有没有理由说此一时期是纷扰的时期？如果有，那不宵在说，这个重大的历史事件对于日常生活亦有着直接的影响。只不过，大多数人并未被这一重大的历史灾变所动，除非有朝一日他们亲身卷入其中。毫无疑问，对于那些手执权柄、其爱国心又强到足以使他们意识到这些危险的人来说，这确实是一个不安宁的时期。然而显而易见的是，直至兵临城下之前，杭州城内的生活仍是一如既往的悠哉闲哉。如所周知，中国人很有一套处世的哲学。"②

不过在另一方面，"起于青萍之末"的微妙变化却又在于，一旦"对外"的情势转成了"对内"的关系，那个由"汉化"所带来的"弱化"问题，虽则是依然故我地、像悬剑一般地存在着，却又随着那些马背民族的入主中原，而在"主位"与"客位"之间发生了位移与转义。甚至于，如果以往汉民族的那些突出弱点，比如在"重文"的同时偏要"轻武"，或者虽精于"安内"却疏于"攘外"，现在对征服王朝来说也都基本上失去意义了，因为那弱点原只是相对于"外部"世界而言的，而现在那些征服民族则已进入汉家"内部"。正因为如此，只要不再从外部世界燃起烽火狼烟，那么，所有被囊括在这个"大空间"的人们，不管他们原先的出身是胡是华、是蒙是蛮、是满是汉，眼下总会乐于安享受用这里的文化。——其实正因为这样，才验证了我在前文中指出的、那种带有某种"周期性"的一再失落："无

---

① 转引自谢和耐：《蒙元入侵前夜的中国日常生活》，刘东译，南京：江苏人民出版社，1995年，第125页。

② 谢和耐：《蒙元入侵前夜的中国日常生活》，刘东译，南京：江苏人民出版社，1995年，第4页。

论人们原先的'民族性'如何，只要是进入了'汉化'的核心区域，都总要被当地的'文弱'之风所熏习、所软化，从而变得马放南山、不惯征战，甚至是文弱怯懦、临阵不前。"同时也正因为这样，才可以解释我们后来所见到的情况：一旦要再去面对另一种外来的冲击了，比如由那位"上帝在中国的儿子"带来的冲击，何以原本以"尚武"为其本色的满族部队，无论是它的"八旗军"还是它的"绿营军"，都几乎在"长毛"面前望风披靡、屡战屡北，反而是一位原本文官出身的曾国藩，只是把家乡的汉民草草团练起来，就足以攻破天京并开启了"同治中兴"。

可既然如此，那又为什么不能把这种"外战外行"的特点，只去简单地归结为由"汉化"所带来的"腐化"呢？这就需要借助莱布尼兹的高超眼光，来从更宏大的世界主义层面，或者从更宏观的人类整体层面，进一步地评估与思考此一问题了："就中国和欧洲文明的比较而言，莱布尼兹发现：尽管西方在理论科学方面更为先进，但在道德哲学方面，中国却要出色的多。他写道：'人们无法用语言来描绘，中国人为使自己内部尽量少产生麻烦，对公共安全以及共同生活的准则考虑得何等的周到，较之其他国民的法规要优越许多。'尽管莱布尼兹发现西方在军事科学方面更为先进，但是，他却把这一事实归结为中国人更加高明的智慧而非他们的无知。他写道：'因为他们鄙视人类中所有滋生、助长暴力的行径，也因为他们几乎在遵循着基督教的更高的教义……实际上，倘若地球上只有他们自己存在，那么他们这么做将是明智的。'"[1]换句话说，尽管这种"重文"偏又"轻武"、"安内"却未"攘外"的问题，照孟德斯鸠看来无疑

---

①斯蒂克勒：《莱布尼兹与儒学：西方世界主义的兴起和衰落》，徐丽丽、田夫译，《世界哲学》2010年第5期，第58—59页。

是个主要的"缺陷",可是一旦放到了莱布尼兹的眼里,毕竟欧洲那些连年的征战与暴力,在任何意义上也算不得什么好事,无非表现了"无所不至"的人类自残;所以,如果能把人类更进一步地视作整体,使他们不再可能或需要爆发"对外"战争,那么中国文化的这种主要"缺陷"——正是这种"缺陷"才造成了由"汉化"所导致的"弱化"问题——也就在那个世界主义意义上的、空前一体的人类"大空间"中化为乌有了。

是啊,如果真能够长此以往、且长治久安,或者说,如果真能够建立康德或爱因斯坦向往的"世界政府",那么,谁不想刀枪入库、马放南山,过几天和平安宁、不再担惊受怕的日子呢?不过,也许这种世界主义的观念,至少在眼下的阶段还嫌太过迂远,那么,就赶紧再回到由"汉化"所造成的、当年那个相对较小的"大空间"来吧。无论如何,除了到这个"大空间"的界面之外,从接受来自"外部"挑战的意义上,去检讨人们对于"尚武"或"武备"的疏忽,我们还应转而从另一侧面来寻思,在当时这个"大空间"的界面之内,又究竟出现过和发生了什么,而居然能产生出如此强烈的吸引力,使人们竟一心要去埋头于"内部"事务,以致过度地专注于"崇文"或"修文"?或者,这个问题也可以这样来表达:在这样一个叠合而成的"大空间"中,究竟隐藏着什么样的特殊奥秘,才使得即使"汉化"确实是有其风险的,而且早从金世宗就已明确意识到了,可这样的"汉化"过程仍会属于"人心所向",并沿着时间的推移而积成了"大势所趋"?在我看来,尽管这问题看似相当之复杂,然而回答起来却可以十分简捷明快:那恰是因为在当年特定的"大空间"中,并且在各民族不断深入的交流与对话中,汉文化自然而然地显出了它的**"文化高度"**。进一步说,这样的**"文化高度"**如果一言以蔽之,则又是因为在当时的中原地区,早已进入了相对发达的"世俗社会",从而至少在相当的程度与侧面上,落实了一种独特的"人生解决方案",——那个"解决方案"正是早在先秦时代,就已被汉族先哲给思考了出来的,它足以保证即使在"天道远、人道迩"的世俗社会中,仍可以做到"无宗教而有道德",乃至于"无宗教而有快乐"。

说到了这里,不妨先来援引一个并非无关的旁证。无巧不巧、或曰此心攸同的是,美国学者菲尔·朱克曼在他的《没有上帝的社会》中,也同样从位于北欧的丹麦与瑞典两国,刚为我们见证了这种"无宗教而有道德"、并且"无宗教而有快乐"的现象:"在天空澄净、绿草如茵的斯堪的纳维亚半岛,很少有人提及上帝,也很少有人绞尽脑汁思考神学问题。尽管近年来丹麦和瑞典两国媒体开始以前所未有的力度报道与宗教相关的话题,但其宗旨不过是帮助本国人民更好地了解发生在遥远国度的奇怪现象——在那些国度,宗教似乎与每个人的命运息息相关。如果对凡夫俗子而言,确实存在传说中的人间天堂,则当代的丹麦和瑞典确乎当得起这样的美誉:那里的城镇古色古香,风姿绰约;那里的树林茂密,海港幽深;那里的社会和谐,犯罪率世界最低,而清廉指数全球最高。此外,那里教育体制完善,建筑精良,经济发展迅猛,人文气息浓郁;那里的医院明亮整洁,企业欣欣向荣;那里有免费的医疗,有精美的佳酿,还有独树一帜的电影;那里有全民共享的社会福利,有一流的时尚设计,有赏心悦目的自行车道——唯独没有对上帝的虔信。"①

对于朱克曼的这本社会学调查,我曾在其他著作中这么议论过:"如果不是在这个信息高速传播的当下时代——麦克卢汉据此都把这个星球说成是'地球村'了——那么,斯堪的纳维亚半岛上的那

---

①菲尔·朱克曼:《没有上帝的社会》,杨靖译,南京:译林出版社,即出。

几个既没有'上帝'概念、却又享有更高幸福感的社会，只怕就会跟当年伏尔泰所听说的中国一样，显得就像是不足凭信的、或太过理想化的道听途说了"。① 换句话说，那两个既"没有上帝"、却又"宛如天堂"的小型北欧国家，如果在这个特定的意义上，也可说是中国古代社会的当代版本了。而如果由此再返回本文的语境中，我们也不妨更进一步地设想，要是碰巧有这么一小批外来移民，其数量如果跟丹麦或瑞典的人口相比，也正好同当年满族跟汉族的比例相似，而他们还要拉开距离散居到各地去，并在那一住就住满整整三百年，那么，此后就让我们再来端详一下，看看他们还能保有多少固有的特点？——尤其是，不管他们原先信奉着怎样的宗教，比如就是满族当年信奉的萨满教，那么到了三百年后的那个世俗社会，在这方面还会剩下多少孑遗？

　　说到这里，又不免要再发一点同样是并非无关的议论。针对人类学研究中的分类问题，格尔兹曾经按照自己的学科理解，而大大地扩展了"宗教"一词的外延，把它拓宽成了潜藏在各种人类活动——"信仰、实践、态度、想象"——背后的"意义"问题："……'当我们在谈论宗教时我们在谈论什么？'真的，很大程度上我们是在谈论'意义'。假如有某种普遍、直观和清晰（至少在更精心地审视它之前）的范畴，它可以直接地凭直觉获知，明显地连贯一致，对今日那些大杂烩的'新国家'社会里的'宗教'的民族志叙述，其上天入地的广泛材料都可以比较性地归到它名下，那么这'宗教'范畴即属于那种意义。"② ——这看起来已经是很有气势了、甚至已经显得"至大无外"了，只不过如果从我的角度来看，只怕格尔兹

---

① 刘东：《天边有一块乌云：儒学与存在主义》，南京：江苏人民出版社，2018年，第349页。
② 克利福德·格尔兹：《斯人斯世：格尔兹遗文集》，甘会斌译，上海：上海人民出版社，2016年，第295页。

还是忘了再来补充一句，那就是又不光在谈论"宗教"的时候，我们有可能是在谈论"意义"问题，而且在讨论对于"宗教"的明确拒绝时，特别是当人们同时又能做到"无宗教而有道德""无宗教而有快乐"时，我们就更有可能是在谈论"意义"问题。

有意思的是，对于这种借宗教来进行的全称概括，格尔兹又在他的另一本更主要的书中，借着讨论那些象征符号的宗教功能，而仿佛是心怀疑虑地、至少也是有所保留地写道："虽然在理论上我们可以认为一个民族能够独立于形而上学参照物而构建价值体系、一个没有本体论的伦理道德体系，但我们在现实中似乎还没有发现这样一个民族。在某种水平上综合世界观和精神气质的倾向，假如在逻辑上不是必然的，至少在实践上是必须的；假如它不是在哲学上被证实的，至少在实用上是普遍的。"[①] 当然你也可以说，这无非属于作者的某种修辞策略，甚至其行文还会由此显得更为雄辩，因为那至少在"以退为进"的意义上，说明了实证层面上并没有"黑天鹅"，而由此"宗教符号"就更具有"放诸四海"的普遍性了。——不过读到这里，恐怕读者们也要会意地笑了，因为他们刚刚读到了朱克曼的北欧调查，而且紧接着又经由我的那番提示，联想到了中国古代的世俗社会。

的确，尽管任何人打开格尔兹的著作，都难免要赞叹作者的视野宏大、博闻强记，甚至看上去已表现得无所不谈，然而如果再合上他的书想一想，其实他真正切实做过**"田野调查"**的，也无非就是印度尼西亚和摩洛哥两地，而在这两个看似不怎么相干的地方，又不仅同样弥漫着浓重的宗教意识，还都共享着对于同一种伊斯兰教的信仰。换句话说，他是既没怎么关注过当代的北欧，更不可能

---

① 克利福德·格尔兹：《文化的解释》，韩莉译，南京：译林出版社，2014年，第156页。

注意到古代的中国,由此才会在上述文字中这么"以偏概全"了。——需要说明的是,我在这里之所以特别强调**"田野调查"**,又是因为根据以往的阅读经验,觉得只靠别人提供的二手报告,恐怕还是很难把握到中国的奥秘,特别是在当那些"汉学人类学家"们,把他们固有的学科预设与框架,全都原封照搬到陌生的中国来时:"大多数前来了解中国的人类学家,由于受到了本专业固有预设、和基本框架的制约,也由于沿袭和携带着前辈学者的问题意识,只要一来到中国就立即风尘仆仆地,奔向它的偏僻地区或边陲地带,盖因为只有在那些'未开发'的地方,才能找到更原汁原味的、也更适合他们口味的'民间宗教'。可由此一来,他们也就'先天色盲'地忽略掉了,按理说来到这里主要应当面对的,却是那片早已高度世俗化的汉族地区,以便从头来认识这个'无宗教而有道德'的文明。——这或许又是一种由专心'比同'所带来的困扰,而且,也正是这样的偏见或迷思,才妨碍了'汉学人类学'去更多地揭示中国的奥秘。"①

再接下来,借着前边发挥出的**"文化高度"**概念,就可以尝试来澄清诸多混乱的问题了,当然也包括本文正待处理的那个"汉化"问题。比如,正因为有了从"对外"情势向"对内"关系的转变,相对于那些马背的征服民族来说,汉民族的文化也随之从"劣势"转成了"优势"、从"洼地"变成了"高坡"。——这自然是因为,如果以前这种中原文化的、专注于其内部的某些特征,会让马背民族发现自己"有机可乘",那么现在他们早已在这里"反客为主",遂也就喜出望外地在它的腹地发现了,这里竟为自己准备好了这么多的、可供尽情享用的文化成果。不过,也正是在这样的意义上,当年在满汉之间所进行的交叉过程,才会不同于后来发生在中西之

①刘东:《我们共通的理性:向着公正的中西竞逐》,上海:上海人民出版社,即出。

间的、属于两个"轴心文明"之间的对等交谈，倒毋宁更像是以往由亚历山大所导致的那次"希腊化"过程。也就是说，无论是当年的马其顿、还是后来的罗马，如果只凭在军事上、或战场上的"硬实力"，当然要比希腊城邦更充满野性、更强劲生猛，足可以挥师来席卷它、征服它、蹂躏它，甚至将其吞并为自己的一个行省；然而，它终究还要被希腊所创造出来的，具有更多维度、高度与精度的文化，给无所不在地包裹住了、给不知不觉地涵盖住了，从而最终也就在无形中归化于它了。

这就是那个"**文化高度**"概念的厉害之处，或者说，是通常所讲的文化"软实力"的厉害之处。由此可见，如果对于那些"老死不相往来"的部落，至少在文化人类学的学科内部，还可以姑且启用"不可比"的禁令，来暂时维护"文化相对主义"的戒律，那么，一旦这些人群又彼此交叉了起来，特别是，一旦出现了像这样长驱直入、反客为主，闯进了汉族腹地来安家落户的民族，我们从历史学的基本要求出发，就无法再去因循"不可比"的禁令了，否则史实就会太过变形或失真了。无论如何，只要是介身于这种叠合的语境，人们在簇拥着自己的日常生活中，总要经常通过对比、排序与选择，来发现那中间相对而言的"**文化高度**"。甚至于，即使他们还被要求去抵制它、抗拒它、厌恶它，这样的"**文化高度**"还是会时时地显现出来，乃至于无处不在地产生出诱导，让人们下意识地进行跟从，也让历史轨迹不自觉地发生偏转。——实际上，在这个高度关联、密切相容的"全球化"的时代，我们只需随意扫视一下周遭，就会发现这样的对比、排序与选择，恰正是文化碰撞与叠合中的"家常便饭"。既然如此，又怎能设想在当年那个"大空间"的文化碰撞与叠合中，那个闯入了这种语境的满族就非要表现得"例外"？

当然了，问题并不是只有这一面。如果我们进一步下心体察，又会从历史中发现这样的吊诡：如果在一个方面，是只有入关以后的满清皇族，才最有权力或机会来享用汉族文化，那么在另一个方面，又同样是坐上龙廷的满清贵族，最需要对于"汉化"过程保持戒备，甚至时不时就要发出惊天的警号。——前一种情况，原就是最为司空见惯的现象，正因此我才会在一篇应约的讲演中，顺手就举出清代的"皇族艺术家"为例："虽说此后又接过来朱家皇位的，只不过是在起初阶段作为外族的满族，可即使在爱新觉罗氏中间，仍然代不乏人地涌现了大批艺术家。2015年夏天在上海龙美术馆展出的《盛清的世界：康雍乾宫廷艺术大展》，令人信服地展示了这个家族是何等地醉心于和享受着中国的艺术世界……这种艺术的教化和吸引，其实也正是所谓'汉化'的一种形式……实际上，这些早先属于外族的子弟，写着画着就不知不觉地，认同于一个属于更大范畴的中华民族了。"①

　　至于后一种情况，也即还想要不忘旧俗而保持初心，以便维护从马背上得到的天下，也同样在清代皇家那里屡见不鲜，——这里为了叙述与转折的方便，不妨顺手就从张勉治那里引证一段："乾隆皇帝的《论金世宗》一文，对此提供了完美解释。这里乾隆皇帝将女真人所建立金朝的第五位皇帝——完颜雍（金世宗，即乌禄、大定汗，1161—1189年在位）作为清朝政治上的祖先。在乾隆皇帝看来，金世宗值得崇敬，是因为他'不忘故风，禁习汉俗'。金世宗的文化保守主义源于他的'法祖'使命。因为他'拳拳以法祖宗、戒子孙为棘'，金世宗取代周文王成为榜样，变成了乾隆皇帝祈求'无逸'及'法祖'的民族—王朝参照人物。通过在意识形态上将'无逸'

---

①刘东：《中国的皇族艺术家：一个社会学的解释》，《引子与回旋》，上海：上海人民出版社，2017年，第190—191页。

和'法祖'合并，乾隆皇帝能够将金世宗抬至有着民族意义、明确的王朝孝道完人地位：'盖自古帝王未有不以敬念先业而兴，亦未有不以忘本即慆淫而亡者，是以《书》称"无逸"。'①

只不过，问题又不像在前引文字中这般简单。我们再联想到前边对于金世宗的叙述，也即"原本正是在他本人的统治下，他的民族才加速了'汉化'过程，而且他本人也是相当热衷于汉文化"，事情就显得更加吊诡、和更值得玩味了。也就是说，如果金世宗在究竟是"汉化"、还是去抵制"汉化"的问题上，原本就是充满了踌躇与迟疑的，那么，到他的牌位下去认祖归宗的清高宗，也同样是不可能只有这一面，而没有那一面的。事实上，还是因为汉族本身的**"文化高度"**，以及一旦朝这种**"文化高度"**去认同、去归化，就势必要给本民族带来的双面效应，才使得但凡闯进了关内的马背征服者，总难免要随之产生这样的矛盾心理。于是在这样的意义上，说来也许有趣的是，其实恰同列文森笔下的梁启超相反：这些得以坐上了龙廷的征服民族，从此就并不是在"理性上追求新的"、而在"情感上回护旧的"，反倒是在"理性上回护旧的"，而在"情感上依恋新的"。——他们几乎就是终其一生地，且还是一代接着一代地，总要在这两者之间左右为难、心理分裂。

就此而言，可以说乾隆本身就是个矛盾体；而且，我们一旦碰到了这样的矛盾体，就不能只看他在言辞上讲过什么了，还更要看他在实际上做了什么。一方面，毫无疑问的是，乾隆还是在两种心情中纠结、犯难与挣扎，正因此他才会把不合常规的"屡下江南"，以"政治正确"的话语说成是"巡幸"或"南巡"，以便在这样的名

---

① 张勉治：《马背上的朝廷：巡幸与清朝统治的建构（1680—1785）》，董建中译，南京：江苏人民出版社，2019年，第71页。

义下有点强词夺理地，将由此造成的巨大花费与广泛滋扰，不单不说成是"有违祖制"的，反倒自夸成是"合乎祖制"的。——有意思的是，其实这方面的种种细节，也是只需到张勉治的书中就能找到："乾隆皇帝没有否认江南秀美景色的诱惑，那样做会触犯这一地区精英的文化敏感和自尊，他是将观光描述为适宜女性的活动并将之改变为他向母亲——皇太后尽孝的意识形态的表现……然而，动用皇太后作为推崇江南美景的意识形态烟幕，丝毫无助于解决根本问题：乾隆皇帝南巡的两个意义框架即勤勉政事与闲暇观光间的矛盾。乾隆皇帝开始南巡的日程安排，与皇太后 1751 年六旬万寿的时间相重合，这是精心安排的，可这样做只能是强化了人们关于他前往江南就是游玩享乐的看法。就在 1757 年，即第二次南巡结束的第二年，乾隆皇帝痛苦地反驳汉大臣间普遍的认识：他自己（而不是他的母亲）巡幸南方的动机是游山玩水。乾隆皇帝严厉地反驳了御史孙灏（他在 1758 年反对皇帝所提出的出巡）：'南巡之举，岂仅为山水观览之娱？'"①

在这个意义上，尽管乾隆还肯定有他的另一面，也即遵从祖制、保有初心的一面，不过如果真想去表现他的那一面，他的"屡下江南"就并不是一个合适的题目。而相形之下，即使就是想要说明他的"不忘初心"，欧立德的那本也已译出的《乾隆帝》，在这方面就做得更加从容周全些，②至少不会因思之过甚而显得立论勉强，甚至总在强迫文中的史料就范。换言之，对于乾隆这样一个矛盾体而言，既然正如我在前文中所讲的，"不能只看他在言辞上讲过什么了，还更要看他在实际上做了什么"，所以，即使我们可以用再多的史料来证明，

---

① 张勉治：《马背上的朝廷：巡幸与清朝统治的建构（1680—1785）》，董建中译，南京：江苏人民出版社，2019 年，第 236—237 页。
② 参见欧立德：《乾隆帝》，青石译，北京：社会科学文献出版社，2014 年。

他确实还是相当地保有了固有的满族性，那也轮不到非要用"屡下江南"这件事来证明，不然的话，就很可能只因预定结论的强力牵引，便视而不见了很多铁定史料的基本意义。

如果不是这般缘木求鱼，那么事情原本就一目了然：满朝的文武当然不会看不出，而且乾隆自己也是心知肚明，他之所以要一而再、再而三，乃至三而四、五而六地"下江南"，那正是因为他确实感受到了"汉化"的魅力，从而真心诚意地喜爱那块富庶之乡中的世俗快乐。这一点对我来说简直是再明显不过了，因为我曾长期居住在所谓"三园"（圆明园、颐和园、畅春园）之间，很容易联想到假如没有这样的强烈心结，乾隆也就不会把熙熙攘攘的苏州街，干脆再仿造到北京西北的皇家园囿中来了。其实也正因为这样，我才在本文的开篇伊始，就先挑明了要沿用"相传于民间的、暗含着世俗风情的'乾隆下江南'，而不是带有书卷气的、所谓'巡幸'或'南巡'的说法"。——有意思的是，虽说有关"乾隆下江南"的、充满了香艳与传奇色彩的民间故事，我们从小就都是耳熟能详，甚至津津乐道的，不过眼下也用不着再去费力搜寻了，因为这同样能从张勉治的书中找到，特别是当他转述皇帝与皇后的尖锐矛盾时：

> 据京内外有关此事的传闻，当皇帝一行还在杭州时，乌喇纳拉氏显然已经以某种方式触犯了乾隆皇帝，接着她声泪俱下，向皇太后申诉。……这些是流言蜚语，是令人感兴趣的东西。乌喇纳拉氏出人意料地提前返京，既支持又被加入到了其他许多对于南巡的流行记述之中，许多主题都是有关乾隆皇帝放荡行为的。其中一些说，当乾隆皇帝经过江南各地时，常常在行宫或是御舟上召妓，寻欢作乐。有的记述了乾隆皇帝如何传当地的一群美女来他的临时住所，在夜间纵酒寻欢。有时，像这

些情色故事所讲，乾隆皇帝会乘船到杭州西湖，这样娼妓们可以侍奉他歌舞，等等。这些异常出轨的行为据说一直持续到凌晨，而乾隆皇帝也不返回规定的住处，也就是人们所认为的乌喇纳拉氏那里。可以说，乾隆皇帝与乌喇纳拉氏反目，至少在民众的想象中，是乾隆皇帝私生活放荡和对婚姻不忠的结果。[①]

无论如何，即使这些民间传说都是"无从稽考"的，也不能只去基于这个太过简单的理由，就以一种历史学家的"职业傲慢"，三言两语地便把它们全都打发了。事实上，如果从文学思维的内在理由来看——那至少在亚里士多德看来，要属于更深一层、或更高一级的学理——这些展开于想象空间中的民间故事，即使退一步来说未免是"于史无征"的，可进一步去讲却又是"于心有本"的，正如我曾在其他著作中就此指出的："那些看似'荒诞'的话本、评书或戏文，虽然对于往事采取了'戏说'的态度，无端生造出'于史无征'的离奇情节，然而，在它们'荒诞不经'的表面形式之后，这类文本又另有一番自身的规定性在，并且也就在这样的意义上，又另有一种自身的严肃性在；不然的话，我们也就无从解释，它们何以会朝着如此确定的方向来步步发展和推演。"[②] 既然如此，我们也就应从这类看似"荒诞不经"的传说中，看出带有戏谑与嘲讽意味的"批判性"来，而且潜藏在这些戏说或传言中的异端性，实则要比在臣工的奏议中显得更加尖锐，其矛头在直指另一位要来江南寻欢作乐，甚至不惜败光民脂民膏的亡国之君——隋炀帝。

---

①张勉治：《马背上的朝廷：巡幸与清朝统治的建构（1680—1785）》，董建中译，南京：江苏人民出版社，2019年，第294—295页。
②刘东：《悲剧的文化解析：从古代希腊到现代中国》，上海：上海人民出版社，2017年，第22页。

当然，如果只从他特别爱走动的个性而言，似乎也可以把"乾隆下江南"的超常规举动，跟他那尚未被彻底"汉化"的民族性联系起来，至少可以借此勾勒出一种模拟性的"同构"关系。特别是，一旦再照本宣科地引证他那些力主"巡游"的诏书，而并不把它们看成是用来堵别人嘴的"说辞"，那就更可以加强这样的一种判定，即这些表面上游山玩水、兴师动众的皇家"旅游"，确实就是旨在规避走向安逸与弱化的风险。如果非要来强调这一面的话，那么至少看起来还是有点表面的道理，因为那个以"康雍乾"并称的年代，毕竟还只在清代开国之后不久，正因此乾隆才会显得血性未泯、习于征战，甚至由此才会自诩是所谓"十全老人"。——尽管严格分析起来，"马背"一词原本是带有"多义"的，它既可以只是指称一种快捷的交通工具，比如周穆王在两千多年前就曾乘用的八骏马，也可用来喻指一种惯于鞍马劳顿与征战、且高度依赖于掠夺经济的特点，从而在这里暗示有清一代的特定"满族性"；可无论如何，反正只要还愿意跨上颠簸的马背，他们就总算还部分保留了以往的生活习性。

　　可话说回来，这一点无论如何都不能强调过分：如果乾隆当真如此念念不忘马背生活，他的目光就不会总是盯住江南的水乡，毕竟那里并不适合于马队的展开，再说在那个既热闹又文弱的富庶辖区，更谈不上有任何"边功"或"武功"在等他去建立。说到这里还要再补充一句，当我在前文提到隋炀帝的时候，还暗中带有了这样的一种"可比性"，那就是在"乾隆下江南"时其实并不需要骑马，倒是沿着从前那位昏君开挖的运河，而安安逸逸、舒舒服服地乘着龙船过去的。——更不要说，他也绝对不必在到了潮湿的江南水乡，竟还住在看似具有"满族性"的、但肯定相当不舒适的蒙古包里，那顶多也会只存在于宫廷画师的事后文饰中；至于他的随行大军却不得不就地安营扎寨，那在当时条件下也只是因为别无选择。

此外，如果再从"长时段"的观点来看，一旦过于强调"巡幸"和"马背"之间的这种同构关系，也很容易带来"适得其反"的阅读效果。也就是说，我们只需要再来历数一下此后的那些皇帝，什么嘉庆、道光、咸丰，什么同治、光绪、宣统，又有哪一个是这样血性未泯，而频繁出巡的？由此就更显出"乾隆下江南"的不同寻常、或有违常规了。所以，即使在乾隆那里似乎还可以说，仍是半真半假、若有若无地保留了这种"初心"，那么他的这种对于"汉化"的有意识抵制，到他的后代那里就更要被说成是"遗忘殆尽"了。——是啊，这正像我们如果短暂地仰观天象，是很难马上就觉察它是在位移的，不过如果再睡到夜深人静、一觉醒来之际，却会发现整个天穹中都已斗转星移了。照此说来，充其量也只能把乾隆的这些"巡幸"，看成是对于历史趋势的反向阻挡，而那趋势还是不多不少地，仍表现为从金世宗到他都要去阻止的"汉化"。如果从这个意义来看，那么乾隆此身所属的这个爱新觉罗氏，实则就是承担了一个不可能长久执行的、迟早要从那根平衡木上掉下去的任务。

当然再从另一方面说，这种虚拟的同构和过分的强调，更谈不上是当年事实的全部。无论如何都应当如实地看到，乾隆并不是出于"怵惕惟厉"的警觉，才神经紧绷地把自己想要取悦的母亲，给带到江南的那一片湖光山色中去的。而且，无论如何也应当如实地看到，尽管他仍要在故土的"满族性"和当今的"汉族性"之间，去保持一种"不偏不倚"、左右逢源的平衡，可乾隆毕竟还是在相当大的程度上，被具有相对**"高度"**的汉文化给同化了。既然如此，也就不能只把他跟汉族文人的交往，单向度地解释为政治上的权术与笼络。而实际上，乾隆是真心地喜爱那些诗文、书法与画卷，或者说，除了美景、美食与声色之乐，他也真心欣赏那些更为高雅的快乐，而后面那几种又都是由这个世俗社会，为了装点这个"为欢几何"的短暂人生，逐渐在中原地区发明和发展出来的。如果不是如此真诚地投入，乃至于想要对其"登堂入室"，以获得更高的造诣和更多的快乐，那么我们又怎么可以理解，他竟以自己的九五之尊，且还是一个外来的族裔，却如此认真地练习最为耗时的书法，却如此费心地搜求以稀为贵的法帖，却如此勤奋地写作数量惊人的汉诗？无论如何，这些行为都不会是"苦着脸"去进行的，也都不会仅仅只有"统战"的意义。——这一点对我也同样是不言而喻的，因为就在上述的那几个园子之间，自己几乎无论随意地走到哪里，都可能看到他那种熟悉的笔迹，那绝不可能是被什么给"强迫"出来的。

（四）

当然，即使如实地看到了那种作为趋势的"汉化"过程，也还是无人可以抹煞清代政权的"满族性"，无论历史后来又朝什么方向发展变异了，它在征服之初都属于一个外来的、或异在的入侵政权；同样地，即使平心地承认了那种作为长远趋势的"汉化"过程，也还是无人可以否认即使在汉文化的腹地，也同时又反向地存在着、虽则可能是越来越弱的"满族化"过程，那同样给中国进程打下了很深的印迹，无论这印迹对于几千年的文明轨迹而言，是构成了推进还是偏离。——别的不说，光那一道"留头不留发，留发不留头"的严峻剃发令，就使整个汉民的发型乃至服饰，都在此后的近三百年时间中，浓重而鲜明地打上了"满族化"的特有印迹。

不过，真正的问题却并不出在这里，而在于下述两个由此引申的要点。其一是，既然习于征战的开国满清贵族，不再沿袭那种"抢了就走"的掠夺经济，也愿意学着忍受不太习惯的炎热气候，而立意纵马兴兵来入主中原、并在这里反客为主地坐上了龙廷，那么从此之后，无论他们怎么去刻意维护"满族性"，那也注定不会是历史事实的全部了。相反，他们越到后来也就越会领悟到，必须在故有的民族性、与当地的汉族性之间，去保持小心翼翼的、宛如走上了钢丝的危险平衡；而且，这种平衡有时虽可说是左右逢源，有时则反过来是左右为难。正因为这样，所谓"满汉一体""满汉一家"的说法，便会是这些统治者在面对相应的矛盾时，所唯一还能做出的、作为必要"平衡术"的选择。

对于这一点，不妨可以参照一下雍正的下述朱批："从来为治之道，在开诚布公，迩迩一体，若因满汉存分别之见，则是有意猜疑，互相漠视，岂可以为治乎？天之生人，满汉一理，其才质不齐，有善有不善者，乃人情之常。用人惟当辨其可否，不当论其为满为汉也。"① 与此同时，尽管很想强调那相反的一面，可实则张勉治本人也不会看不到，再到了雍正的继承人乾隆那里，也同样是别无选择地，只能复述这种"四海一家""不分满汉"的话语："在笼络汉族精英方面，乾隆皇帝避免使用明确的民族—王朝例外主义话语。他自称是天子，而不是爱新觉罗的子孙。他推崇绘画、诗赋和学术——所有这些是士人身份的检验标准。他积极地寻求赞助和笼络沈德潜及学生所代表的相对自主的学术转变和文化趋势。从这一点看，清朝统治者似乎是以朝廷重新阐释和重申士人的文化和政治理想为前提的，都支持了士人在地方社会以及科举中的霸权地位，而这些理

---

① 《清世宗实录》卷74，雍正六年十月癸未，《清实录》第7册，北京：中华书局，1985年，第1100页。

想根本没有承认（甚至没有默认）朝廷同时所主张的民族—王朝例外主义。"①

其二是，既然这种小心翼翼的危险"平衡术"，对于有清一朝的爱新觉罗氏来说，恰正是至关重要的、不可稍离的"生命线"，那么，达成这种平衡的必要前提总要在于，至少在这个认同于"满人"的人群中，首先保持住自家的独特民族性。然而，又正如我们在前文中已经看到的，无论从比较而言的**"文化高度"**来看，还是从造成了稀释的"人口比例"来看，这种保持都只会变得日渐勉强与困难。——既然如此，一旦那些满清的贵族阶层、乃至他们所统领的那些满人，都已越来越卷入到"汉化"的大势中，那么，既然他们本身所保持的"满族性"，都已被历史的熔炉逐渐销蚀溶解，甚至连作为母语的满文都难以传承了，又到底如何再到那条钢丝上去保持平衡呢？

正是基于这样的观察，我才会在上节给出这样的判定："乾隆此身所属的这个爱新觉罗氏，实则就是承担了一个不可能长久执行的、迟早要从那根平衡木上掉下去的任务"。换句话说，尽管首先是由于汉族自己犯下的或遭遇的，既不可胜数、又缺一不可的诸多错误或灾异——比如，既要归因于那个刚愎自用又刻薄寡恩的崇祯，又要归因于那个迅速从内部腐化溃败的闯王，既要归因于美洲白银从外部世界的突然断供，也要归因于可怕瘟疫在内部社会的持续蔓延——而向原居于东北地区的满族闪现出了如此偶然的机运，使它得以用如此之小的规模来统治如此之大的人口；然而，又正如那句俗话所讲的，"出来混就总是要还的"，它在此后所精心营造的那个

①张勉治：《马背上的朝廷：巡幸与清朝统治的建构（1680—1785）》，董建中译，南京：江苏人民出版社，2019年，第231页。

上层建筑，虽说一直都在竭尽全力地维持平衡，只可惜还是把地基打在了缓慢的流沙上。

接下来，基于上述这两个基本的要点，又可进一步导出下述两个侧面。在一方面，既然那种小心翼翼的"平衡术"，的确就表现为大清王朝的"生命线"，那么，要是一味地把彼此讨论的中心、或争论的焦点，再放在到底是强调汉族认同、还是强调满族认同上，那就难免显得不得要领、甚至隔靴搔痒了。——事实上，如果能看得更透彻一些，那么对于当时的满清统治阶层来说，也只能像在狭小的拳击绳圈中那样，虚虚实实、来来回回、蹦蹦跳跳地移动重心，以规避当下最迫在眉睫的危险，根本谈不上哪边就能算是重中之重。而由此就意味着，即使所谓"满汉一体""满汉一家"的说法，难免也有其心口不一、虚与委蛇的一面，然而，正如我们到了清代末年又看到的，一旦连这种用来"统战"的策略都抛却了，或者把这种用来"安抚"的宣传都放弃了，而在"非我族类，其心必异"的褊狭心结下，鲁莽灭裂地弄出什么"满族内阁"来，还不顾一切地自恃手里"有兵在"，那也就等于自毁了统治上的合法性，所以也很快就证明了无非在"自取死路"。

另一方面，毕竟天底下的万事万物，从来都是"有成必有毁"的。因而，我们既已经认识到了，满清王朝最为性命攸关的生死线，正在于要到"满化"与"汉化"之间去保持平衡，并且我们与此同时也认识到了，这种平衡还必然随着"汉化"的深入而被打破，那么，即使只从逻辑上也很容易预判出：尽管这个征服王朝的上层统治者，尤其是同蒙元一朝的统治者相比，肯定是做出了高度警觉的、有时也卓有成效的努力，然而，这样的政权却因它本身的独特性质，以及由这种性质所带来的先天限定，而势必要体现出相应的"历史性"来。——换句话说，虽说那样的宣喻难免像是宣传策略，而那样的政策也难免像是权宜之计，以至于无论让在它治下的满人还是汉人，也都难免有时会觉得不够快意随心，然而，这个政权却正托命在这一条折衷线上；而一旦哪一天，要么是由于它自己的不小心，而贸然越过了这条"红线"的边界，要么是因为那些长期被统治的人们，不耐烦地要踢开它的这扇"命门"，那么它也立刻就岌岌可危、朝不保夕了。

准此我们也就可以认识到，这个作为中国古史之终局的清代，其实从头到尾都不可能成为别的什么，而只能是一个包含着异质性或混杂性的朝代。而且，实在说来，如果不是因为只要这个朝代还存在一天，就必要由闯入中原的爱新觉罗氏来执掌政权，那么，无论从前边所讲的**"文化高度"**来看，还是从前边所讲的"人口比例"来看，这个朝代所表现出的异质性、混杂性都还不会这样大，至少是大大超出了那个"满族性"的自身分量。可不管怎么样，我们还是在它那里明显看到了文化的相互影响与渗透，而且，沿着到底是"满族化"还是"汉族化"的相切界面，我们还会观察到如下一系列的对比、权衡与抉择，——比如到底是扎根塞外草原，还是偏重江南水乡？到底是喜爱游牧生活，还是钟情农耕生产？到底是惯于迁居生活，还是安于定居生活？到底是保持原始血性，还是接受精致生活？到底是一味马背尚武，还是更情愿偃旗崇文？到底是坚持祖宗的满文，还是修习中原的汉文？——以及在所有这些因素中"唯此为大"的：到底是在政治上坚持特殊主义的、强调族裔优越性的"家天下"，还是去推广普遍主义的、强调任人唯贤（而非唯亲）的"官僚制"？

那么，在这种左右为难的情况下，除了"见谁就说谁的话"、且又"对谁也都留一手"之外，难道还能有什么更好的选择吗？所以，你说这是无奈的权宜之计也好，说这是机智的活络之举也罢，反正清代的统治者也只能这样，既显得灵巧地辗转腾挪、又显得笨拙地言不由衷。耐人寻味的是，位于北京"回回营清真寺"内的一块石碑，即所谓《敕建回人礼拜寺碑记》，由于其两面和碑额是分别以四种文字写成，包含了分别用满文、汉文、蒙古文和突厥文写成的内容，而且各种文字的内容又总是因语言而变异，就足以形象地表征出这种权变的张力与裂痕。——正如我在自己的"卷首语"中曾经就此概述的："艾哈迈特·霍加指出，通过对比《敕建回人礼拜寺碑记》上的满、汉、蒙、突厥四种文字，可知此前被有意无意误读的'修其教不易其宜'一句，在碑记中的含义恰与过去的解读相反。而通过比对各文本间此前未被发现的一些语句的差异，作者又剖析了其产生的深层原因。进而，作者还对比了清高宗对中国士大夫阶层以中国传统帝王面目示人、对蒙藏政要则利用藏传佛教教义将自己建构为文殊菩萨化身、对突厥穆斯林又试图将自身比附真主的做法，从而对满洲皇帝的多面性、及清高宗的统治思路进行了再认识。"①

更加耐人寻味的则是，我们的眼界如果能再放宽一步，那么又不难出乎意料地发现，其实在迄今为止的人类进程中，特别是在它较为晚近的发展中，恐怕也没有什么样的制度或文化，不曾包含了这样的"异质性"和"混杂性"，而无非只是多多少少的不同罢了。我在前文中已经提到过，清代政治中最为典型的裂缝或张力，就在于"到底是在政治上坚持特殊主义的、强调族裔优越性的'家天下'，还是去推广普遍主义的、强调任人唯贤而非唯亲的'官僚制'？"然而，即使是这两个水火不容的概念，如果再从韦伯的社会学方法论来看，也不过是借以分析的"理想类型"而已。而我们实际上也都知道，如再返回到错综复杂的具体社会中，那么在韦伯意义上的"传统型"和"法理型"政治之间，就还存在着相当多过渡性的、夹

---

①刘东：《中国学术》，第三十六期卷首语，未刊稿。

杂交织的政治形态，它们还都可被划归为被艾森斯塔德所定义的、尚且处在历史临界点之上的中间事物。——正是基于这样的理解框架，这位"当代韦伯"才将目光旁及古埃及、古巴比伦、印加、阿兹特克、中华帝国、波斯帝国、罗马与希腊帝国、拜占庭帝国等等，[①]足见这种并非"非此即彼"、而乃"亦此亦彼"的现象，尽管并不符合整齐划一的理论界面，也难免由此给头脑带来相应的困扰，却差不多就是整部历史中的普遍现象。

还应当看到，除了表现于时间向度中、或曰发展进程中的"异质性"和"混杂性"，也还有形成于空间向度中、或曰传播过程中的"异质性"和"混杂性"。比如，即使是作为西方文化之最"纯正"源头的古希腊，如果根据马丁·贝尔纳在《黑色的雅典娜》一书中的考证，也照样潜藏着它那不为人知的"非洲之根"。[②]再比如，不光是传统所讲的"夏、商、周"三代，于今看来并非单线地表现为历时性的，也还要归因于不同地域文化的交叉叠合；而且，作为大唐之中流砥柱的关陇集团，也同样曾为中原地区引入过相当的胡风，由此才造成了陈寅恪所讲的"取塞外野蛮精悍之血，注入中原文化颓废之躯，旧染既除，新机重启，扩大恢张，遂能别创空前之世局。"[③]更不要说，刚刚在前文中谈到过的、给中国带来了深重灾难的"洪杨之乱"，不管是它想要去冲垮的、建立在"满汉之间"的清廷，还是它基于变种的"拜上帝教"，企图在中土建立的所谓"天国"，这两个不共戴天、你死我活的对手，也都显出了它们各自的、虽则来源不同的"异质性"

---

① 参见 S. N. 艾森斯塔德：《帝国的政治体制》，沈原、张旅平译，南昌：江西人民出版社，1992 年。
② 参阅马丁·贝尔纳：《黑色的雅典娜：古典文明的亚非之根》，郝田虎、程英译，长春：吉林出版集团有限公司，2011 年。
③ 陈寅恪：《金明馆丛稿二编》，第 344 页。

186 | 长问西东

和"混杂性"。

当然话说回来，即使我们已经明确地认识到了，看来在迄今为止的人类历史中，到处都布满了这样的"异质性"和"混杂性"，换句话说，即使我们已经明显地看到了，人类文明向前延展的历史轨迹，从来都不如理想那般光滑平顺，也未必就应当随即就得出悲观的结论，以为人类历史从来都只是一团糟心事。不管怎么样，我们对于这样的"异质性"和"混杂性"，也只能就事论事、因时因地制宜地去进行分析，比如各自的文化基因如何，具体的时空条件如何，带来的历史效应如何，内在的搭配比例如何，必要的弹性张力如何，有机的成长空间如何，可见的发展前景如何，如此等等；而不能一看到在现存的事态中，存在着种种的掺杂、混合与纷扰，就马上从自己的心理或情感深处，本能地感到了抵触、反抗、甚至恐惧，就好比玛丽·道格拉斯在《洁净与危险》中所讲的，是基于某种原始禁忌而看到了危险的"不洁物"。

既然如此，当我们想要借助形成于现代的概念，来理解发生在以往的那些事实时，最好还是首先保持一点心理上的警觉，以便从福柯"知识考古学"的意义上或网络中，来把握在"词与物"之间的历史生成关系，并准此去追踪形成了特定"物之序"的特定话语："秩序既是作为物的内在规律和确定了物相互间遭遇的方式的隐蔽网络而在物中被给定的，秩序又是只存在于由注视、检验和语言所创造的网络中；只是在这一网络的空格，秩序才深刻地宣明自己，似乎它早已在那里，默默地等待着自己被陈述的时刻。"[1]而在这样的意义上，特别是又考虑到此间不光有历时性的变迁，还更存在着空间性的传播，与

---

[1] 米歇尔·福柯：《词与物：人文科学的考古学·前言》，莫伟民译，上海：上海三联书店，2002年，第8页。

跨文化的游走，那就更需要时时都在心理上提防了：这很可能只是在用现代西方的一组范畴，来对中国古代的事物勉为其难地分类，因而所有对于它们的"现代命名"，也都有可能只是在"强为之名"。——这也就意味着，至少从逻辑上或学理上讲，也并非不存在那样的可能，很多古物中的"异质性"与"混杂性"，实则更多地存在于我们的意识中，而未必就同等程度地存在于古人的意识中。

的的确确，其实在相当多的情况或场合下，如果那个作为"自在之物"的大自然，原是由弥散式的"连续性"所构成，那么，又正是人类过于强烈的主观性，才用它们因时、因地而异的分类方式，再把它分解为特定的"断裂性"。由此就想起美国同行冯珠娣教授，曾在芝加哥大学向我们介绍过一篇文章，题为《制度生态：翻译与边界事物》，这里姑且从中信手选译出一段来："在这篇论文中，我们对包含科学对象的多种翻译感兴趣。而我们尤其感兴趣的则是，科学家们为了制造出包含不同世界元素的事物所进行的多种翻译，那些元素在不同的世界中原本是不同的——由此造成了世界边缘的事物，或者我们可称之为边界事物。在进行集体工作时，来自不同社会世界的人们时常会经验到，要去处理对他们中的每个人都有不同含义的事物。每一个社会世界都对该事物所代表的资源拥有部分的管辖权，而由重叠造成的不匹配则成为了协商的问题。不过，不同于边缘人会自反地面对其身份与成员资格问题，拥有多种成员身份的事物却既不会反身地改变自己，也不会主动去处理成员资格问题。虽说这些事物跟边缘人有着某些相同属性，却也与之存在着关键性的差别。"[①]——在这里还有必要再来补充一句：如果福柯意义

---

① Susan leigh Star and James R. Griesemer, Institutional Ecology, 'Translations' and Boundary Objects: Amateurs and Professionals in Berkeley's Museum of Vertebrate Zoology, 1907-39, *Social Studies of Science*, Volume 19, Issue 3（Aug., 1989），pp.387-420.

上的那种"物之序",是在特定的空间内表现出历时性的、或曰跳跃递进式的变化,那么在上文中所讲的这种"边界事物",则进一步地在叠加而成的"大空间"中,表现为各个"物之序"间的跨越与协商关系。

富于启发的是,一旦借助于"边界事物"这样的微妙概念,再来回顾前述的那种"异质性"和"混杂性",我们就更不能只是简单地或望文生义地,对于任何经由交叉和叠加形成的事物,都一概采取带有"洁癖"的武断态度了,——而更应像我在前文中已经说过的,去因时、因地、因事制宜地,分析那些彼此交融与混杂的侧面,它们"各自的文化基因如何,具体的时空条件如何,带来的历史效应如何,内在的搭配比例如何,必要的弹性张力如何,有机的成长空间如何,可见的发展前景如何,等等"。比如,只需看看孟德斯鸠的下述论断,就可以想到即使没有那样的征服王朝,中原地区这种"汉承秦制"的大一统政治,也同样是具有相当"异质性"和"混杂性"的:"中国的政体是一个混合政体,因其君主的广泛权力而具有许多专制主义因素,因其监察制度和建立在父爱和敬老基础之上的美德而具有一些共和政体因素,因其固定不变的法律和规范有序的法庭,视坚韧不拔和冒险说真话的精神为荣耀,而具有一些君主政体因素。这三种因素都不占强势地位,源自气候条件的某些具体原因使中国得以长期存在。如果说,疆域之大使中国是一个专制政体国家,那么,它或许就是所有专制政体国家中之最佳者。"①

我们都知道,这位孟德斯鸠是最敏感"分权"问题的,而且他也正是沿着这样的特殊敏感,才对政治学说做出了自己最大的贡献。

---

① 《孟德斯鸠论中国》,许明龙译,北京:商务印书馆,2016年,第277页,着重号为引者所加。

于是我们也便可以准此而想到，他对于中国政治进行的这种分析，以及他由此而得出的"混合政体"的判断，都有着古典政治哲学的学理根源，正如我在新近完成的著作中指出的："事实上，这个术语很早就出现在了亚里士多德的《政治学》中，还被他判断为既能兼具'一人'（君主专制）、'少数'（贵族政治）和'多数'（民主政治）的优点，又能平衡它们各自缺点的理想政体；而且，这样的观念发展到了孟德斯鸠那里，也正好构成了其'三权分立'之说的渊源。"①——当然在这样的意义上，我们也就有了同样的理由来认为，不单强调制衡的"三权分立"学说，原本就是具有"异质性"与"混杂性"的，就连始于亚里士多德的"共和主义"政治学说本身，也同样是建立在由"一人、少数、多数"所构成的"异质性"与"混杂性"上的，或者说，是寄望于君主、贵族与民主之间的杂交优势或优点互补上的。

由此看来，由"多元性"或"异质性"混杂出来的、带有某种交错或妥协性质的"边界事物"，其本身充其量也只具有"中性"的性质。事实上，即使仅从前述的那七种要点之一，即其"内在的搭配比例如何"来分析，也足以因时、因地、因事地得出不同的结论。比如，同样在市场经济与民主政治的搭配之间，我们当然可以从某个角落，看到某个比较靠近理想的国家，既利用了前者所带来的"效率"，又利用了后者所带来的"平等"，从而就在这两者的既相互促进、又相互防范中，既开发和利用了某个混杂侧面的好处，又抵制和削弱了某个混杂侧面的坏处。但与此同时，我们也可能在另一个角落，看到某个并不那么理想的国家，既用"看不见的手"去造成两极分化，又用"看不见的脚"来践踏和盘剥市场，从而既要去忍受由追求"效

---

① 刘东：《我们共通的理性：向着公正的中西竞逐》，上海：上海人民出版社，即出。

率"所带来的腐蚀，又要去忍受由无视"平等"所带来的怨愤，从而沦为集中了各种劣势的奇异混合。正因此，这就更使我们确信无疑地看到，无论是"异质性"还是"混杂性"本身，都不应被自动视作"归谬法"的逻辑终点，似乎一旦出现不那么清晰整齐的界面，就马上可以预判到其糟糕的结局了。事实有时候是刚好相反。——既然我们早已经明确地认识到了，人类从来都是要取道于"文化间性"，才得以去向更上一层的**"文化高度"**来攀升，那么，即使任何生于特定时空中的社会人，都难免要养成文化上的特定"成见"，他们还是要从一开始就提醒和警戒自己：必须具有一种"宽容大度"的、甚至"部分容错"的雅量，以便从心理上去习惯那种相互的交叉与嵌入、和彼此的掺杂与交错，起码也不能先入为主地认定那会属于"更差"。

不过，虽然从逻辑上、或学理上说，所谓"异质性"或"混杂性"，其本身充其量也只能算是"中性"的，而需要因时、因地、因事地去进行分析，然而一旦落实到清代的异质混杂上，那么，只要我们就此展开了这样的具体分析，情况就远没有那么令人乐观了。而此间最为突出的问题，当然还是前文中那个"唯此为大"的问题，也即"到底是在政治上坚持特殊主义的、强调族裔优越性的'家天下'，还是去推广普遍主义的、强调任人唯贤（而非唯亲）的'官僚制'？"令人遗憾的是，张勉治的这本《马背上的朝廷》，只将历史向上截取到了元代，而这样的断代就难免要模糊问题，因为它一头一尾竟都属于"征服王朝"，可这在中华文明的长期进程中，只不过属于某种作为特例的、或为时短暂的畸变。实际上，只需稍微再向上回溯一个朝代，就会来到迪特·库恩关注的内容，也即他在《儒家统治的时代》中所处理的、至少是由皇帝和儒生"共治天下"的朝代。——说到底，也正是在这个最为关键的问题上，正由于在"满汉之间"

是双向互动的，也即在"汉化"的同时还存在着"满化"，才导致了有清一代的政治统治，虽说在不失为中原王朝的前提下，却仍在很大程度上被"满族化"、或"马背化"了。

正因为在历史的实际事态中，总是存在着种种掺杂与错乱、脱节与纷扰，我才在以往处理其他棘手问题时，顺手发挥出一种类乎"光谱分析"的框架，尽管自己当时所要处理的那团乱麻，乃是这一头为"理性"、那一头为"迷信"的一道光谱："正因为儒学在'照亮'了历史的同时，也难免要遭到误解、曲解与不解，也难免要遭到裹挟、中和与钝化，才连累得即使是它自身的谱系，也难免成了那排繁杂错落、而色彩不一的'光谱'。这也就提示了我们，其实在大多数的历史主体那里，并不存在绝对的清醒理性，或者绝对的狂热迷信，而一般都会是犬牙交错的，和你中有我的，只不过各自的成色有所不同罢了。"①而我们如果在这篇文章中间，也带着同样的复杂思维来切入清代，那么就同样会看到这一头为"家天下"、那一头为"官僚制"的，既表现为连续性、又表现为断裂性的那道光谱。虽则说，我们当然没有理由误以为，在早前的那个所谓"儒家统治的时代"中，就已经纯粹属于普遍主义的"官僚制"了，毕竟历史从来都不如"理想类型"那般理想，而"汉族化"也绝不能被等同于"理性化"；不过，如果拿有宋一代来对比有清一代，那么我们还是有充分的理由来判定，毕竟在这条漫长而复杂的光谱上，那些马背统治者更朝着它的这一头、也即"家天下"的方向去移位了，换言之，清代的政治总是表现得更加特殊主义了，而这一点，当然也可以视作"满族性"相对于"汉族性"的表现。

---

① 刘东：《落实儒学的历史条件》，《国学的当代性》，北京：中华书局，2019年，第119—120页。

当然我们也可以说，清代的开国者是付出了巨大的努力，甚至可以说是用心良苦的学习，由此才接受了来自被征服者的"**文化高度**"，从而使得自己所进行的政治统治，不管怎么说还是处在那一道光谱之上，也即总算还是表现出了相对的"理性化"，而这相对于早先的那种马背政治来说，无疑要属于程度相当之大的改进或跃进了。然而，又在所难免的则是，正因为文化之间从来是互动的，且越在交叉的文化间就越会如此，所以，他们在接受异文化之"**文化高度**"的同时，也自然要把本文化的"混沌未开"也给带来了，并由此便在中原文化固有的轨迹中造成了"倒退"。此外，尤其显得可怕和吊诡的是，如果再来回顾一下包华石晚近出版的新作，[①]以及我刚对他这本著作做出的长篇评论，[②]那么，有清一代相对于"唐宋转换期"的这种倒退，又正好在世界历史的宏观对比视野中，对应了西欧在"唐宋榜样"之示范下的迅速进取，——这就越发地令人懊恼与惹人嗟呀了！

因此，无论一再地遭遇外族入侵或马背征服，这对那些后来被"汉化"的民族意味着什么，它肯定都是让中国文化史本身大大倒退了。而正是在这样的意义上，谢和耐用来形容"蒙元入侵"的下述说法，当然也可借以形容接踵而来的"满清入侵"："对于中国人来说，看到中国完全屈从于反抗一切文化的、坚执其好战的部落传统的蛮夷民族，乃是一番五内俱焚的经历。而对于西方人来说，这些游牧民族之令人惊讶的征服也使得大家瞠目结舌。蒙古人的入侵形成了对于伟大的中华帝国的沉重打击，这个帝国在当时是全世界最富有和最先进的国家。在蒙古人入侵的前夜，中华文明在许多方面都处

---

① 参阅包华石：《西中有东：前工业化时代的中英政治与视觉》，上海：上海人民出版社，2020 年。
② 参阅刘东：《我们共通的理性：向着公正的中西竞逐》，上海：上海人民出版社，即出。

于它的辉煌顶峰，而由于此次入侵，它却在其历史中经受着彻底的破坏。"①

也正因在政治文化上的这种明确倒退，相对于既鼓励人们"偏好议论"，又立誓"不杀上书言事人"的天水一朝，有清一代在基本的文化氛围，与必要的宽松言路方面——它们当然也要广义地属于政治文化——也同样是毋庸置疑地大大倒退了。虽则说，只要是知识人就总会去"自我正当化"，而且此后又从西方传来的科学主义思潮，也从实证角度去强化了清代学术的理由，然而在我看来，所有这些"障眼法"都无法掩盖一个简单的事实，那就是"蛮族入侵"毕竟在相当大的程度上，就是曾经无情地中断了、至少也相当地挫折了中国文化的固有进程，从而对后者的轨迹造成了很大的扭转与偏离："即使我们承认'空谈性命'在历史上部分地负有误国的责任，朴学家们接受道学家之教训的方式也是从根本上就错了。因为，'义理之学'的具体内容虽然可以有正有谬，但'义理之学'本身却不会错。即使是最荒谬绝伦的义理，也只有借更正确的义理才能纠正；即使是最空疏脱漏的哲学片断，也只有靠更体精思微的思想体系才能取代。只要人还活着，他们就一定会产生存在的焦虑，他们就必须以理论思维去应对这种焦虑。因此，不管人们能够找到多少条材料来证明清代学术对前朝的反拨是有其来历的，我总疑心，他们是上了清人'拿着不是当理说'的当。这样来勉强勾勒学术发展的'内在线索'，其最大的缺失是，它反而掩盖了一个最明显不过的事实：异族入侵的外部否定因素造成了汉文化的停滞和倒退。其实，若不是野蛮的统治者大兴文字狱，使士子们再也享受不到天水一朝那种

①谢和耐：《蒙元入侵前夜的中国日常生活》，刘东译，南京：江苏人民出版社，1995年，第7—8页。

相对开明和宽松的学术气氛，讲究正心诚意、修齐治平的书生们怎么会噤口不谈义理，一心只搞小学呢？"①

再来牵出一个埋在本文之初的伏笔。——我们一旦带着这样的判断，再来回顾何柄棣对于清代各个侧面的、看似面面俱到的历数，就会得出与他不尽相同的感受了。即使由此列举出来的全都是事实，而且也正如我在前文中所说的，何柄棣还是想"尽量保持全面与平衡"的，可我们还是不难从中细分出来，这个朝代真正能"拿得出手"的成就，基本上都体现在偏于物质性的、诸如疆域或人口的侧面，而且，即使在那些比较靠近精神性的层面，也仅仅是"在物质文化、艺术、印刷和图书文库方面，取得丰富而辉煌的成就"。只可惜，如此平行地去历数一番的缺陷，就是未能进而探入清代社会的内部，去考察当时文化的内在生机到底如何。而且，即使看到清代采取了"以程朱理学为汉化政策核心"的措施，也很难由此就得出"成为中国历史上最成功的征服王朝"的结论。实际上，率先将这一儒学旁支尊奉到"独尊"地位的，乃是早在它之前的、更加粗鲁的征服王朝——元朝；由此看来，这与其将之简单归纳成一种"汉化"策略，倒不如说是从马背民族的偏爱出发，而对于汉族文化所进行的、带有某种特定选择性的阐释，因为这种把一切都"合理化"了的学说，更有利于塑造温顺有序的臣民，从而巩固自己一统天下的权威。

当然这又并不代表，汉族的文化——包括它的学术文化——就不存在它自身固有的问题了。恰恰相反，正因为它在自身的发展进程中，也未能彻底解决"家天下"和"官僚制"之间的矛盾，或者说，正因为它本身也还未能摆脱那道斑驳的光谱，所以，即使是它曾经最靠近公正与理性的"科举制"，而且，即使是在它那个最像是

①刘东：《不通家法》，《近思与远虑》，杭州：浙江大学出版社，2014年，第5页。

在"君臣共治"的有宋一代，也仍然存在着不可否认的脱节与悖反，甚至从共和主义的学术视角来分析，反而走进了"欲速而不达"的历史窘境，正如我在刚刚完成的新作中指出的："……恰在'开科取士'最多的有宋一代，当然也是自先秦以后'言路最宽'的那个朝代，其在一方面的效应，当然是庶民的'向上流动'更为充分，而富家巨室的'承袭祖荫'也相对的更不足道，从而无可置辩地显出了社会的'公平'一面，但其另一方面的效应，正像我们在从亚里士多德到托克维尔那里，已经可以在学理层面把握到的那样，伴随着'少数'贵族失去其特权的，又不光有作为'多数'的寒门的脱颖而出，还更有作为'一人'的皇帝的权力巩固。正是缘于这样的'两面性'，偏偏在华夏文明得以'造极赵宋'、获得繁荣的同时，那种在'汉承秦制'后一直作为'九五之尊'的君权，也竟然对抗着不断'走向公正'的潮流，而在后一个千年纪的中国历史中，反而得到了难再撼动的强化与固化。"①

　　然而，不管还存在什么样的问题，毕竟都先要有富于生机的精神文化，才能从思想方面去暴露它、思考它，以期终究能在学术创新中去克服它、超越它。正如我在前引文章中指出的，"即使是最荒谬绝伦的义理，也只有借更正确的义理才能纠正；即使是最空疏脱漏的哲学片断，也只有靠更体精思微的思想体系才能取代。"只不过，如此艰难而勇敢的思想使命，又绝不是一种把"有限理性"给无限地夸大，从而也把一切有限的现存社会秩序，都一概予以合法化和神圣化的学说，就其固有的思想潜能而言还可指望的。——在这个意义上，虽则从一方面来说，是只有在高度活跃的有宋一代，才可能从"中国—印度"的文化间性中，产生出带有实验性的、也即原

---

① 刘东：《我们共通的理性：向着公正的中西竞逐》，上海：上海人民出版社，即出。

本并非正统的"宋明理学"来；然而从另一方面来说，这毕竟同后来又将它僵化地"定于一尊"，并强用它来充塞八股文的老套内容，以便约束与禁锢天下读书人的头脑，根本就是南辕北辙的两码事。

因此，无论如何也不能像何柄棣那样，只因为清代政府是"独尊"了程朱理学，而这种学说又部分地吸收过汉化的佛教，就认定那是这个朝代的"成功"之处。从我个人的角度来看，恐怕事实更接近这个判断的反面；也就是说，此后的中国社会之所以表现得活力不够，恐怕在相当大的程度上，正要归咎于程朱理学在思想上的"专卖"地位。——正如我曾在别的文章中指出过的："即使这种对于理性的无原则泛化，也有可能在特定的时间阶段，并且在某些具体的局部问题上，有利于推动理性在社会中的贯彻与普及，可到头来，又由于这种超越自身限制的泛化，其本身就有违于清醒而谨慎的理性精神，就终究会反而给社会带来相应的贻误。比如，还是接着来举张载的例子，他那句'民吾同胞，物吾与也'的名言，肯定是流传最为广远的儒学箴言了，它也确实浸透了泛爱大同的儒家精神；可即使如此，如今恐怕也很少有人愿意接着再念出：'大君者，吾父母宗子；其大臣，宗子之家相也'，因为那显然是对于并不合理的皇权，进行了明显过时和悖理的合法化，所以充其量，也只属于一种柔性的、或冲淡了的'三纲五常'。由此可见，无论一个人处在何种具体的时代，只要他无原则地泛化自己的理性，或者说，只要他误以为自己具有'无限的理性'，那么，他就总有可能去把具体的历史现象，包括肯定并没有那么合理的现行体制，都一厢情愿地'理性化'或'合理化'了，从而也就无意间构成了历史的阻力。"[1]

这也正是我如此看重明末清初的那位黄宗羲、尤其是看重他所

---

[1]刘东：《落实儒学的历史条件》，《国学的当代性》，北京：中华书局，2019年，第126—127页。

写下的《明夷待访录·原君篇》的缘由。无论如何，那种临时妥协性的、在特殊主义的"家天下"与普遍主义的"官僚制"之间的危险平衡，或者说，是清政府从一开始就不得不踏上的、那条绝对谈不上一天稳定的钢丝，总有一天是要随着历史的进展而被打破的。而且，从中国文化的内部活力来观察，这种打破的动力又最需要来自于它本身，来自于思想上的"应然"和现实中的"实然"的内在张力，来自于儒者们对于特定政治文化的深层批判，否则这种文化说到底也就丧失了自己的生命力。正是在这样的意义上，我才把黄宗羲在"天崩地解"后的那次大彻大悟，不仅看成是他本人所达到的空前思想高度，也看成整部儒学史中的一座空前思想高峰，甚至也看成儒家在和光同尘了两千多年之后，又对它的自身形态所进行的、一次极为必要的自我救赎："无论如何，宋明理学对于所有局部问题的相对理性化，都压不过它在这个皇权问题上的非理性化；只不过，这件事又不能被归咎于儒家本身，因为毕竟还是沿着儒学的思想逻辑，黄宗羲又把它的理性事业继续贯彻下去了。"①

无论如何，正是黄宗羲对于君主专制的反省，证明即使没有来自西方的剧烈冲击，那些儒者们从自己的价值理想出发，也终究还是要从根本上动摇帝制的，由此才见出儒家文化最基本的内核，终究是和"一家一姓"的制度无法相容的；否则的话，儒学作为思想就再无任何荣光可言了，也不必再努力流传到当今之世与未来之世了。——只可惜，一方面，正因为黄宗羲仍然属于明末遗民，而且他还明确拒绝了科场功名的诱惑，才可能在思想上具备这样的力度；而另一方面，又正因为前文述及的严峻政治氛围，以及由于读书人相当配合的、甚至相当主动的"自我驯化"，就使得黄宗羲的这种声

---

① 刘东：《落实儒学的历史条件》，《国学的当代性》，北京：中华书局，2019年，第127—128页。

音，到了有清一代就只能是一种绝响了。这当然也就意味着，这种对于"一家一姓"之政治制度的检讨，便只有等到清代的终结才能继续进行了。

既已说到了有清一代的终结，那么，与此相关的一个判断就是，从本文所交代的特殊历史结构来看，以往对于"戊戌变法"何以失败的讨论，更多地还是纠缠在琐碎的历史细节中，而且这样的细节，还体现在一堆"信则有、不信则无"的风闻与谣诼中。实际上，如果从更为宏观的历史语境来看，要是当时的皇室属于赵宋或明朱的后代，那么，虽说他们继承的王位仍很可疑，换言之，这种同样是过了时的君主专制制度，仍处在"家天下"与"官僚制"的驳杂光谱中，可不管怎么说，在那个正待转折的紧要节骨眼上，走上"君主立宪"之路都要简单得多、容易得多，而无论是光绪、还是康梁的改良案例，也都不会只被归结为教科书式的失败了。——只可惜，由于当时这种"传统型政治"的固有矛盾，偏又跟"满汉之间"的潜在族裔裂痕，相互叠合起来而双倍地增效了；与此同时也便可以说，由于清廷既属于一种"家天下"，又属于一种外来强加的"家天下"，就使得当时的历史语境太过纠结了，也显出当时的历史欠账太过沉重了。正因为这一点，才使得当时的统治者碍于族裔的问题，在那个历史关口更加缺乏所需的弹性，从而也才使他们益发地自我暴露出，在那道驳杂的光谱上要更偏于"家天下"、而不是"官僚制"。这也就意味着，还正是缘于这个朝代之最难以摆脱的、先天不足的限制，才使得当时正处在"十字路口"的、已然是火烧眉毛的中国，无法再通过"虚君位"的赎买形式，来换取类似"光荣革命"的结局、或"明治维新"的出口，因而也就无法选择代价较小的变革路线，来谋求较为平顺缓和的现代转型，这不仅给当时的中国带来了更大的动荡和灾难，也同样给当时的满清政府带来了灭顶之祸。

接下来，再跟踵而来的那些变化，也就更能切合本文的主题了，因为业已习惯了中原生活的满族，从此也就面临着彻底的"汉化"了，或者说，他们眼看就要实至名归地"汉化"了。而一旦来到历史的这个阶段，那个终有清一代都在纠结的问题，便已经根本不成为什么问题了，正如我有次面对记者脱口反诘的：如果到了这个时候还要来追问，到底是承认"满化"呢、还是"汉化"，那么就请先来给我解释一下，要是并未发生大规模的"汉化"，当年的那个"满族"究竟到哪里去了？所以，无论如何，即使有了前述的那些保持"民族性"的巨大努力——也不妨姑且算上很有争议的"乾隆屡下江南"——然而有清一代这个历史故事的终局，还是让那规模不大的几十万满人，融化到了规模巨大的汉族人口中。当然了，如果基于"民族之上犹有国族在"的叙事模式，即使这样的终局也未必意味着"悲惨"，因为它也可以换个角度被理解为，几乎从努尔哈赤和皇太极的努力开始，这个"马背民族"就开始如盐入水一般地，化入了规模更大的"中华国族"的大家庭中，且还为之带来了何柄棣所讲的那大片的疆土。

不管怎么说，如果相对于"独特性"和"多样性"而言，这样的融合仍不免属于一种无可挽回的损失；而且，如果这样的损失是由汉族扩张所造成的，而不是由哪个少数民族主动打进或嵌入的，也无疑应被判为一种不可忽略的罪过。只是反过来说，我们在为之感到痛惜的同时，还是要看到文化影响的相互性，甚至即使在认可了**"文化高度"**的概念之后，也仍不存在只朝"一边倒"的影响，正如美国的黑人在穿上了西装的同时，也给那里的乐坛带去了风靡的爵士乐。事实上，即使在同一个国度的框架下、在同一个国族的范围内，各个民族也仍会不断发生着互动。职是之故，传统的"华夷之辨"也就可能转为"华夷之变"，也即"华"既可以转变为"夷"，而"夷"也可以转变成"华",并且这两者还更可能融合为第三者。——从历史的积淀物来看，无论是赵武灵王在战国时期所倡导的"胡服骑射"，还是各种胡琴从大唐西域向着中原地带的传入与演变，乃至于迄今都让人大快朵颐的满族美食如萨其马、白肉血肠，以及迄今都还显得相当时髦的、足以让人们怦然心动的旗袍，全都表征着在"华"与"夷"、或"汉"与"胡"之间的文化交融。

　　至于说，在这种经由了相互融合的、变得更加宽广的中华世界中，到底还存在着多少"满族化"的成分或要素，那就需要更加细致具体地进行分析了。可无论如何，前文中已经讲述过的那些检验尺度，还是有助于更好地来进行这种分析，特别是去具体分析——融合各方的"文化基因"如何，乃至各自的"文化高度"又如何？而说到这里，又不免再转引大历史学家吉本的一段概述，来借此大致地鸟瞰一下"马背民族"的那些基本特点："按吉本的看法，游牧民族的实际情况和近代牧歌文学所勾勒出来的甜美田园景致毫无关系。从生活方式来看，所有这些民族十分相似。由于他们并不耕种土地，而是逐水草而居，无法形成任何文化认同。杀死动物是'蛮族'的日常生活，因而也助长了面对人类时的残暴。吃马肉并非禁忌，反而是马上战争成功的秘诀之一。不断备战，并非源自鞑靼人或西徐亚人的'性格'，而是源自游牧民族的生活方式：年轻人住在流动的帐幕营地，互相比武习艺。没有家乡或土地关系会阻碍他们不断寻找牧地。在艰苦的条件下生活，已为长途辛劳征战奠定基础。不过，游牧民族并不只靠牧群而活，他们亦是狩猎能手，从小便被训练如何准确击中猎物和迅速反应的能力。这种狩猎便是战争的前置阶段。因此，只需结合外来的冲击及内部的政治领导，便能引发马上游牧民族'历史的基本力量'般的大型攻击。"①无论如何也应承认，只要是从历史的长时段来着眼，那么，对于这种独特游牧民族性的保存，到了后来的人口密度与生态环境中，都注定会普遍演成世界性的难题；更不要说，那个民族还主动地脱离了原先的环境，并且还像"乾隆屡下江南"的故事所讲述的，已经更加心仪江南水乡的舒适生活了。

如此一来，也就只有"风物长宜放眼量"了。所幸的是，即使满族作为一个相对独立的民族，已经不再能算是完整的存在物了，可是那些满族祖先的后代子孙，作为更加真实的个体性的存在，却还是在这个世上完好地生存下来，而且其中的大部分都还生活得更好，有些人的生命潜能还得到了高度发挥，所以这说到底也并没有什么要紧的；这就像其祖上来自德国的特朗普，也同样没有刻意保持先人的认同，即使见到柏林来的默克尔也不想握手，而心心念念地只想"让美国再次伟大"一样。无论如何，人间正道终究是相互的涵化，不管人们起初的本意是否如此。而满族故事的特殊性也无非在于，他们一方面是以小搏大地、雄才大略地，冒险展开了一次惊人的"大业"（魏斐德语），从而享受了近三百年的舒适生活与荣华富贵；而另一方面，也确实因为这抢到的舒适与富贵，而整整担惊受怕了三百年之久，最终还不得不从危险的钢丝上掉了下来。——此外也不可否认，真等我们到事后来进行"复盘"了，那么在各民族之间的相互涵化中，毕竟由于它本身的体量相对较小，而且原本的**"文化高度"**也没有那么高，所以真能带到那个"大空间"中的东西，相形之下也就显得不那么厚重或丰富了。

---

① 于尔根·奥斯特哈默：《亚洲的去魔化：18世纪的欧洲与亚洲帝国》，刘兴华译，北京：社会科学文献出版社，2016年，第356页。

写到这里还不得不说，满族当年所以会"汉化"得这么快，甚至是"汉化"得这么彻底，还另有一种相当特殊的诱因，但它同样是缘自于汉族的"柔软"，而不是缘自于它的强硬或凶悍。从理论上说，正如以赛亚·伯林谈到过的，民族主义就像一根强韧的树枝，你用多大的力气把它压弯下去，它便会多么强烈地反弹回来；而我们又都知道，讲这话的伯林正是个犹太人，还积极参与过早期的复国运动，所以在他有关"自由民族主义"思想中，也肯定是积淀了长期的欧洲经验，特别是曾在那里恶性爆发的反犹主义。这就不免使我们于对比之下，又想起开封城里的另外一幅场景了，恐怕整个世界范围内的犹太人，也只有来到中国大地的这一支，居然未能保住自己的民族性，甚至连故有的宗教也给丢失了，而彻底融入了这里的世俗社会。而这种独特民族认同的失去，又肯定是跟来自外部的压力过小以致失去了异在的"他者"有关，那原本正是界定与维护"自我"所必须的。由此又不免联想到，尽管在清代政府行将覆灭之际，也曾出现过像孙中山、章太炎的反满主张，可毕竟从大体的局面来看、且还只是到了民国的初年，这种声调也便逐渐寝息下来，——甚至可以说，只要是爱新觉罗的皇权一倒，满人也就被视作与汉人无异了。所以，无论如何也要在认识上分辨清楚，满族的"汉化"或"满族性"的消失，绝非奥斯维辛意义上的那种消灭，倒更像是开封城里的那种交往中的融合。

　　要是再换另一个角度，实则满族的"汉化"或"满族性"的消失，在那个正待"走向共和"的民国初期，也很像一旦来到美利坚的土地上，就注定会呈显渐弱线的、来自各国的移民文化。为了能更好地理解这个问题，我还专门请过北京大学的马戎——有意思的是，如果仅就其出身而言，他本人无巧不巧也并不属于汉族——帮助翻译了戈登的《美国生活中的同化》一书。而这里为了叙述与阅读上的简便，就来快速引用一下写在该书封面的简介："这是首部对美国少数族群的同化进程展开全面研究的社会学专著。全书从美国社会的整体视角出发，将各族群及群际关系置于文化、政治、经济等不同维度组成的综合体系中进行系统而深入的考察，开创性地提出了理解和分析族群同化的变量体系，条分缕析地对'盎格鲁一致性'、'熔炉'和'多元文化主义'等族群同化理论进行了概括与评论。这本族群社会学研究的经典之作，对于当下的种族与民族问题研究有着较好的启发与借鉴意义。"①

进一步说，如果继续来"风物长宜放眼量"的话，那么把所有这一切放回历史长河中，也都只不过是那中间的一股涡流、甚至是一片水花。而且，这种放宽到长时段的眼光，不仅适合于用来观察"满族性"向着中华世界的融入，也同样适合于用来观察汉民族曾经遭遇到的、但仍然属于临时性的挫折。无论如何，人类历史从不呈现为一厢情愿的直线，从不会只是单线地受到"时间性"的制约；这是因为，既然有文化之间的交叉、叠加与融合，就必会另有来自外部的"地理性"、或"空间性"的因素，再从不同的层级、梯次和角度横插进来，从而打断和紊乱现有文明的特定时间刻度。所以，正如希腊文明要不是因为偶然的地缘因素，而在向外传播过程中遭遇到了希伯来精神，也不会就这么一头拐进那个黑暗的中世纪，汉族文化也同样是因为偶然遭逢的地缘因素，而惨痛地遭遇到了马背入侵与外来征服，甚至正如前文所讲的那样把车轮倒转回去，要重新面对原已至少部分解决过的难题。——可不管怎么说，一旦放眼于浩浩荡荡的历史长河，这都毕竟只能属于局部性、临时性的旋涡与

---

① 米尔顿·M. 戈登：《美国生活中的同化》，内容简介，马戎译，南京：译林出版社，2015年。

回流了；而一旦经过了各股水流的充分融聚汇合，那么，各"小空间"中的时钟就会在相互之间的"对表"中，逐渐把时针调整到大致相近的步调上。于是，人类文明就又会在统计学的概率上，显出"毕竟东流去"的历史大势来了。

正是在这样的意义上，打开一切历史纽结的最终锁钥，或者说，是克服历史挫折、走出失败瞬间的决定力量，就在于生成于各文明之上的"文化间性"，或者说，就在于本文正下力讨论的那个"化"字，不管它是在"相互影响""彼此涵化"的意义上，可以同时既属于"满化"又属于"汉化"，还是在"文化高度""叠加高地"的意义上，更其属于指向未来的"文明化"或"人性化"。由此也便想起，其实"化"这个概念在中国古代，从一开始就是相当重要的思想范畴，借以来体现对于变化世界的灵动把握，比如庄子就曾讲过"春夏先，秋冬后，四时之序也；万物化作，萌区有状，盛衰之杀，变化之流也"，[①]而正是出于这样的认识他才会又概括说："万物皆化。"[②]照此说来，在这个不断演进、生生不息的"大化世界"上，除了以高度的灵活性、和充沛的生命力去跟从它、匹配它，从而像《易传》所讲的那样足以去"穷神知化"，[③]乃至像荀子所讲的那样能够去"化性而起伪"，[④]剩下的恐怕也就只有它的反面，也即执而不化、食而不化、冥顽不化了，而后者又基本属于落败之途、与致死之道。

因此，如果从"交互文化哲学"的角度看，恐怕最为偏执、和最为有害的态度，就是坚持认为世界上只存在这种特殊的人、那

---

① 《庄子·天道》，郭庆藩：《庄子集释》，第477页。
② 《庄子·至乐》，郭庆藩：《庄子集释》，第614页。
③ 《易经·系辞下》，《十三经古注》第1册，北京：中华书局，2014年，第58页。
④ 《荀子·性恶》，王先谦撰：《荀子集解》，沈啸寰、王星贤点校，北京：中华书局，2016年，第517—518页。

种特殊的人，可就是看不到还有更高的人、一般的人、乃至本体的人，看不到分属于不同"小空间"的那些特殊人群，又有可能共同打破各自被给定的文化篱笆，从而齐步走向一个足以共享的"大空间"。——正如我曾在以往的文章中指出过的，这种不断加固文化围墙的可怕操作，只能把人类的心智给进一步圈闭起来，使他们原本就有限的理性变得更受限，也使他们原本不够开阔的感性变得更加狭隘："在对于文明价值的此种本质主义的理解中，各文明的原教旨根本是老死不相往来的。而由此展现出来的世界图景，也就好比是存在着许多生存竞争的文化物种，它们尽管从未拒绝过相互撕咬和吞食，但这种彼此消化却很难有助于共同的进化，而只能表现为一场撕咬——猫若咬了狗一口就长出一块猫肉，狗若咬了猫一口就长出一块狗肉，直到文化食物链的哪一环被戛然咬断为止。"[1]

　　而说到这里，又不得不附带着指出，由于人类打从丛林中、或打从基因里带来的本能，就是道德的本能、和认同的本能，否则他们从总体上作为一个物种，也就不可能在那种危险的环境下，利用集体的力量来进行基本的自保，于是也便无法再去攀援此后的进化阶梯。不过，其实也正因为这样，就像历史上的任何揭竿而起的民变，都知道马上去启灵于"平等主义"的道德本能一样——比如要么是"王侯将相，宁有种乎"（陈胜），要么是"等贵贱，均贫富"（钟相、杨幺），要么是"迎闯王，不纳粮"（李自成），要么是"无处不均匀，无人不饱暖"（洪秀全）——在以"民族国家"作为基本框架的现代世界，任何只讲短期效应、不顾长远代价的催票行为，也都可能去故意刺激意在自保的认同本能，从而对原本已是处处裂缝、累累伤痕的社会，去进行更进一步的、饮鸩止渴式的撕裂，哪怕这种不是

①刘东：《从接着讲到对着讲》，《道术与天下》，北京：北京大学出版社，2011年，第192页。

强调"化"或"合"、而是强调"分"和"独"的人为操作，虽然足以一把就抓住大众心理，却也很可能把他们带入更深的深渊。

幸而，有了前文中对于"分久必合"的大势分析，也有了前文中借重"文化间性"的历史远见，我们一旦看破了对于认同本能的这种操弄，也就有理由抛却对于"非我族类"的无名恐惧了。无论如何都应当看到，在迄今为止的人类进程中，不光从来都表现为"有分就有合"，还终究会表现为走向"化"与"合"。在这个意义上，无论是在"还原主义"的意义上，想去挑开仍处在弥合状态的伤疤，还是在"无中生有"的意义上，想要任意地营造出"想象的共同体"，都是有违于这种基本大势的，也都是对人类本身不负责任的。事实上，即使并非生活在当今的美利坚合众国，我们这些具有历史传承的"炎黄子孙"，原本也应是很容易理解这一点的。试想一下，当年的"炎帝一族"和"黄帝一族"，不也曾经是你死我活、不共戴天的敌手吗？可毕竟，此后又经历了几千年的交融与化合，以至于大家如今都难以再去认祖归宗，确知自己到底是来自炎帝的血统、还是来自黄帝的血统了，而且最有可能的还都是"两者兼有"。——那么我们又能怎么办？难道要去利用最近刚刚启动的、也未必就很可靠的人类基因调查，再来为自己虚幻地寻觅到一条血脉之根、或文化之根，从而再把一场同样你死我活、不共戴天的战斗，再拉回远在几千年前的炎黄战场吗？

正因为"在迄今为止的人类进程中，不光从来都表现为'有分就有合'，还终究会表现为走向'化'与'合'"，这样的"文化化合"就绝不会只体现在满族与汉族之间。事实上，一旦"满汉之间"的张力放松了下来，另一种文化间的张力随即便占据了主导，那正是体现在"中西之间"的、更具有压迫感的文化张力。而且，在这种增大的文化张力中间，以汉族为主体的中华民族，还遭遇到了前所未有的、更难应付的挑战，正如自己早在"攻读博士"期间，就因为面对着西方汉学的**"文化高度"**，而在《海外中国研究丛书》的总序中惊叹的："这套书不可避免地会加深我们一百五十年以来一直怀有的危机感和失落感，因为单是它的学术水准也足以提醒我们，中国文明在现时代所面对的决不再是某个粗蛮不文的、很快就将被自己同化的、马背上的战胜者，而是一个高度发展了的、必将对自己的根本价值取向大大触动的文明。"①无论如何，这一次来自海上的、西方文明的挑战，已不再是来自草原的、马背文明的挑战，它不会再像当年的蒙元入侵、或满清入主那样，可以随着时间推移而被自然消化；甚至，也正因为对方同样显出的**"文化高度"**，这一回就连人心也不能再往"一边倒"了，而由此一来，以往那种作为教化手段的、用以后发制人的"弱者的武器"，一旦面对西方也不再成其为"武器"了，正如我曾在以往的著作中指出的："近代中国的真正尴尬之处，还不在于无论人们是否情愿，都必须向空前的外来压力应战，而在于他们进退维谷地发现：这一回，居然连用以接受挑战的武器，也必须学自发出挑战的对手！"②这种吊诡的表述也就意味着，即使中国想去避免被"全盘西化"——或者说，正因为它不想被人家给全部"融化"——它就必须首先谋求自身的相应"变化"，而且"变化"的模板还恰恰来自挑战的对手。

写到了这里，也就自然要牵引出埋在本文前边的伏笔了：尽管中国文明绝对不失为雅斯贝尔斯意义上的、那几个主要的"轴心文明"之一，而且也正因为这一点，它才在面对马背文明时展现出了自己的**"文化高度"**，但是，即使只是从它总是不断地败北于外部挑

①刘东：《海外中国研究丛书·总序》，《用书铺成的路》，北京：北京大学出版社，2010年，第110页。
②刘东：《美国汉学的传教之根》，《道术与天下》，北京：北京大学出版社，2011年，第246页。

战来看，这样一个文明也绝不是无懈可击的、而是有其深刻自身缺陷的。现在回顾起来，我所以要在落笔伊始就去强调这一点，乃至于要强调"汉化往往就等同于弱化"，也正是为了凸显出这样的自身缺陷。因而理所当然的是，一方面，即使由于它相对而言的"文化高度"，周边的马背文明确实会受到"汉化"的吸引，可这样的"汉化"或"归化"过程，充其量也只意味着向上一步的攀越，而并不意味着全部问题的解决；另一方面，又正因为那并不能解决全部问题，所以，就不单是那个满族不能去扎紧文化的篱笆，就连汉族自己也同样不能去固步自封，否则也就无法获取必要的应战"武器"了。而说到这里，就不妨再来言简意赅地反问一下：为什么当今中国无需再去筑造万里长城了？为什么它不再把边疆的马背民族，心心念念地视作自己的心腹大患了？——那还不是因为，它已从西方那里谋得了相应的"武器"？那还不是因为，它已把自己安身立命的重中之重，寄托到了中西的"文化间性"之上，从而也就获得了更有力的"富国强兵"之道。

无论如何，即使西方到了我们这一代学人心中，并没有再像在五四学人那里一样，展现出如此全面的、压倒性的优势，它也至少是在相当多的重要侧面上，明显地显出了其相对的"**文化高度**"。也正因为这样，不断地借助于同西方文明的对话，来谋求自身"文明基座"的加深与拓宽，从而获取自己"**文化高度**"的不断增长，也正乃当今时代的"题中应有之义"。在这个意义上，要是我们在回顾历史的时候，应去想到"民族之上犹有国族在"，那么，我们在展望未来的时候，也同样应去念及"万国之上犹有人类在"。也就是说，其实我们应当更加在意的，乃是一种"价值理性"是否正确，或者一种"生活世界"可否接受，而不是斤斤计较、小肚鸡肠地，只去计较它是源出于何种文化传统。——正如我已在以往的著作中明确指出的：“正如我以往在北大课堂上反复申论的，在这个全球化的复杂时代，我们一方面当然应该存有'文化本根'，但另一方面却绝不应该持有'文化本位'。——必须清醒地意识到，任何的一个文化小空间，尤其是在这个全球化的时代，如果完全不去跟大空间接触、乃至试图叠加，那么它就相当孤僻或怪异、单薄而萎靡，就只能这般一味地顾影自怜下去，就失去了生存下去的活力和理由。”①

说实在的，当今国际情势的戏剧性发展，一方面当然使我们心怀悲观地看到，各国竟都在纷纷"西化"的过程中，获得了前所未有的毁灭性"动能"，因而整体人类从未如此岌岌可危过；但另一方面，不再像亨廷顿那样去一味煽动"文明的冲突"，而是赶在人类尚未"自我毁灭"之前，去为他们指明一条尚可"融为一体"的康庄大道，这样的做法也就更加显出了它的紧迫性。我们此身所属的中华民族，也只有在这条越走越宽的道路上，才能谋求同其他轴心文明的不断化合，也才能真正谋求自身文化高度的不断跃升；与此同时，如果世界上的其他民族和文明，也都能既带着各自不同的戛戛独造，又共同参与到这种"由多向一"的相互涵化中，总体上的人类文化才能保持共同上升的势头。——无论如何，只要我们眼下正在展望的人类历史，并未显出这种走向"大同"的长远趋势，那么，中华民族就不可能单独谋求"伟大的复兴"。

2019 年 10 月 19 日草拟于南京旅次

2020 年 4 月 23 日写定于三亚湾·双台阁

---

① 刘东：《"大空间"与"小空间"：走出由"普世"观念带来的困境》，《引子与回旋》，上海：上海人民出版社，2017 年，第 154 页。

比较的风险

以下这篇文字将根据我昨天针对法国巴黎第七大学弗朗索瓦·于连（Francois Jullien）教授在北大的讲演的回应铺陈而成。由于面谈时仅仅触及了一些要点，所以本文将在保留原有发言语序的基础上，进行合乎逻辑的顺势发挥。当然于连教授也有同样的机会和权利，以书面的形式继续此种学理交流。

一

长期以来，每逢新结识一位汉学家，我都渴望拿他的学术当一面镜子，看看他能在多大程度上损益甚至颠覆我的中国概念。这种做法原也无需什么特别的论证，无非是以他人为鉴求得自知之明罢了，不过要是不怕麻烦，也可以借一个后殖民的术语，把它正名为时髦的"gaze"，也即乞助他文化的眼光而审视母文化。当然我还得赶紧声明，我顶多也只算是半个后殖民主义者而已，因为以往的中国据论证只是个半殖民地。

但此番听罢弗朗索瓦·于连教授的讲演，却打破了我的上述习惯。也许因为他是一位独特的、介身于法国学术主流的汉学家，所以就有点儿像当年写作《符号帝国》的罗兰·巴特一样，不太在意其笔下那个东方的原有文化结构，而只把它当成了药引子。于是我的思想就开小差了——不由得又去琢磨"比较"这种思维方式，其中到底有多少值得提防的风险？

最近在学校参加入学面试，有位报考比较所的学生一再提及，"比较文学"已经是一门非常成熟的学问，我也就随即反问她，在借以把握世界的种种思想方式中，何以偏偏"比较"这种简单的认识手段，会凸出地构成一个学科的最终理由？当然，我并没有奢望一位本科生能像盛宁教授在《中国学术》上解答得那般前卫，其实她只要能脱口说出跨文本跨文化的那个"跨"字来，也就大可以合格过关了。

但现在回想起来，尽管心里有此一字真言作标准答案，实则底气根本不足。我愿意坦白地承认，在我们尚未充分理解、正视和警戒由这个"跨"字所带来的困难之前，还算不上真正为这门学科从理性上立了法。据说有些人转投"比较"这一行，无非是单打练不好改练双打罢了，但他们也许未曾想到，"脚踩两只船"其实并不见得比"无立锥之地"更容易立足，我们完全有可能在横比竖比东拉西扯了几十年之后，才回头发现虽都已著作等身，学业上却并无寸进。

为方便起见，我们可以把值得比较的对象，形象地画成两个圆圈，它们互相之间必得有部分重叠，且又只能有部分重叠——也就是说，如果你认定其外延完全重合，就用不着比较了，因为这干脆就是同一个圆周，其内涵也谅必相同；而如果你认定其外延毫不相干，也就犯不上比较了，因为这根本就构不成对比的基础，既不可能见出时间的脉络，也不可能寻出空间的异同。

这种简略的图示初看无甚奥妙，但只怕所有比较家们的争论焦点，全都凝聚在这两个圆圈的相交处了，也就是说，究竟如何判定从两个文本到两个文明的异同，端赖他们如何测定那个重叠部分的大小——往里边缩一缩，把相切的部分夸大了，就有可能认定东海西海此心攸同，往外边抻一抻，把重叠的部分缩小了，就有可能把人类之间看得比人兽之间差别更大。这或许还能化生出不同的治学家数来，比如钱钟书教授更爱罗列相同，李泽厚教授则更爱凸显不同，这应当跟他们对中西文明运势的不同判定（或者不同期望）不无牵连。

纯粹去比较相同点，对样样都絮絮叨叨地去说——你有我也有，我有你也有，其风险是会落得味同嚼蜡，哪怕再饱学再博雅也于事无补。但反过来说，一味去比较相异点，听起来虽很敏锐很过瘾，却也有可能在判然的"二分法"中，不自觉地夸大事物存在的极限状态，甚至在强烈的"我-他"对比中，忘掉了早先未遭变形的正态分布。打个比方，如果拿我和陈嘉映教授的外形做比较，肯定会得出一高一矮一胖一瘦的结论，这自然不错；不过要是把这话越说越顺嘴，拘执于这种结论并夸而大之，将其出处遗忘殆尽，误判我们两人一个专门适合打篮球，另一个专门适合搞相扑，那就会弄得谬以千里了。

听起来这只是个玩笑，但其中的蕴涵却并非荒诞不经，有些学问以前就是这么做出来的。由于在"见异不见同"的比较中，两种文明的倾向都被偏至化了，以致当我们再利用这种研究结论来回溯和重塑原有的传统时，连后者的总体形象都有可能被连累得漫画化。比如，人们当然很容易从《易经》之类的材料当中，拉出一条不是强调实体、而是强调互动的思想线索，叫人疑心中国古人是专攻朴素形态"场有论"的。然而大家也切不可忘记，在刚刚过去的几十年间，受完全不同的参照系制约，我们的哲学史家也同样找出了许多实体论的证据，把横渠之学直是描绘成了朴素的辩证唯物论体系。

这足以让我们领悟到，没准儿传统本身倒不乏圆融，只可惜竟被我们看扁了。而我要进一步指出，此类思想的偏差，又不能怪罪任何个人，因为"比较"这种思维方式本身，就有可能暗藏着危险的陷阱，使人有可能对把捉的对象进行简化和极化，乃至将其应有的丰富性大大削弱。假如我们自觉到已然陷入了此类困窘，那就必须不断地重返思想的原点，牢记住不光"比较"二字构不成充足理由，就连"跨"字也有可能一脚踏空。——而真能成为这门学问之内在理由和恒久冲动的，倒是大致类乎弗朗索瓦·于连教授今天所显示的路数，也即借助着超出以往系统的外缘支点，转而思入我们文明的至深隐秘，以便汲取最本源最强力的思想冲动，来重估和重塑这个生活世界的根基；尽管我还得补充一句，今天他的讲演更使我念叨起，世间的事情总是"说着容易做着难"的。

二

即使承认"比较"这种方式所带来的简化有时是难以避免的，我还是要再坚持补充一句，简化也照样有高低之分，正好比漫画家们的技艺也有高低之分一样——他们抓取的特征有传神与否之分，他们构造的画面有生动与否之分，由此就既有可能让被画的对象会心一笑，也有可能让他们哭笑不得。

今天所化约出来的中国形象，就使我有点儿不得要领了。不错，在中国古代的思想世界里，特别是在道家学派那里，确实有"大辩若讷""大辩不言""大辩无声"之类的说法，而且《太平经》上还指出了三寸不烂之舌是如何危害政务的——"辩与辩相为亲属兄弟者，今日已成大辩矣，凡有辩之人悉来归之。辩辩相与，无有终穷，一言为百言，百言为千言，千言为万言，供往供来，口舌云乱，无有真实。人君行之，其政万端，吏民无可置其命。"从这个意义讲，于连教授突出中国先哲对所谓"辩囿"的警觉，和对所谓"辩士"的贬斥，当然决非空穴来风。然则听来听去，我觉得还得马上补充一个要点：最吃紧的并不在于中国古代思想有无此一特征，而在于我们究竟有理由把它强调到何种地步。正如要是碰上了哪位模特鼻子大，画家们当然有权抓住这个特征来构图，可你不管怎么突出它，总不能把他的脸画得只剩下鼻子，否则就辨别不清这画的究竟是谁了。

根本用不着回去翻书，尽管古人没有留下录音带，他们相互辩难仍自言犹在耳——从夺席谈经，到鹅湖之辩，从盐铁之辩，到白虎之会，哪一回不是面红耳赤热火朝天？就拿我私心偏爱的宋代来说，恐怕那里不是辩论太少，而是辩论太多，从庆历年间直争到熙丰年间，不然怎会有"宋人议论未定，而兵马过河"之讥？所以，尽管对于那些往返的辩难能否算真正的辩论，还存在着一些有趣的争议，比如席文教授（Nathan Sivin）就根据有关争辩（dispute）、论辩（debate）和验辩（polemics）的严格西方定义，把孟子"不得已耳"的辩论、邹衍不求答辩的辩论、荀子只跟已故先哲的辩论等等，都排斥出了足以产生规范科学的辩论，但哪怕只凭他举的这些例子，我们不是照旧可以发现——古人终归还是张口辩论了而且藉此进行了思想交锋么？再说，难道葛瑞汉教授（Angus Charles Graham）不正是据此而把先秦诸子形容为一群"辩道者们"（Disputers of the Tao）么？由此在这个问题上，我倒想主动申请再用一回那个有名的谚语——请别跟我们矫情那些定义了：如果我们走得像鸭子，叫得像鸭子，就干脆把我们看成鸭子得了！

这足以使我们领悟出，或许中国古人并非真的不爱辩，而只是有其独特的不大容易为外人所理解的辩。其实，任何一个独特的共同体——还不要说我们这个赓续最久的共同体——都有其不言自明的隐秘游戏规则，都有其难与外人道清的象征文化信号。由此一来，就像西方人在说"你是个骗子"之前，还要兜着圈子加上个"亲爱的先生"一样，也许一个中国人早在不言中讲清了他的意思，另一个中国人也早已心领神会了他的意思，唯有一边旁观的西方人仍然如坠五里云中，觉得他们是在"迂回"或者绕圈子。由此就决定了，任何文本其实总有它写出来的和没有写出来的，所以我们对于古人的说法，也就得学会听出弦外之音，或者如法国人阿尔都赛所主张的，要对文本进行"深层的阅读"。比如，庄子说那句"大辩不言"究竟是什么意思？就不兴是一种辩论的特殊形式吗？就不兴是对于充盈于耳的低层辩论尚不满足，还要追求具备更高水准和力道的辩才吗？再比如，孟子那句"岂好辩哉"究竟潜台词何在？就不兴是在一个"以文乱法以武犯禁"的纷乱年代，由于已经涉嫌太过辩口利舌——请回想一下《孟子》从一开头是如何抢白的吧——而去提示自己比一般的纵横家更注重内在修为么？

由此我又想起狄百瑞教授（Wm. Theodore de Bary）的那本《东亚文明：五个阶段的对话》来，他在书中把中国文化的每一峰高潮，都巧妙对应了一个活跃的对话期，或曰一个激烈的辩论时代，并借此向我们展示，其实正是那种内在的对话性，非常本质地为这个文明机体注入了张力与生机。我在这里无意对两位汉学家的成果做出评判，也许他们一个是不可救药的普遍主义者，一个是不可救药的特殊主义者，其差别就像宗教信仰和艺术趣味一样不可争辩，而且势必各有其难以避免的优劣长短。但我一定要表明的是，我倾向于认为，我们根本就缺乏一种可靠的手段，来检验经由比较而产生的简化结果，正如我们也无力总结出一种美学法则，来教会别人怎样画出既天才又传神的漫画。

这并不等于说，事情已经全然无望了。其实恰是以上两种迥异的简化结果，又足以使我们联想到，比较这种方法又并非注定要损之又损，而如果应用得法，它也照样能使我们丰富和复杂起来，与日俱增地环顾到事物的多个侧面。看来为了表明这一层想法，就得求助于盛宁教授援引过的那个前卫定义了——"今日比较的空间将涉及通常要由不同的学科训练方可进行研究的艺术产品之间的比较；那些训练方法各异的文化建设之间的比较；西方的文化传统（无论高雅还是通俗）与非西方文化之间的比较；殖民地民族在沦为殖民地前后所接触的文化产品的比较；界定为女性与男性的社会性别建构之间的比较；……意义的阐释连接与生产、流通模式的唯物主义分析的比较；当然还远远不止这些。这些在扩大了的话语、文化、意识形态、种族与社会性别的领域内将文学语境化的方式，截然不同于传统的文学研究的模式，因为后者是建立在作者、国家、阶段、风格的基础之上的。"我们要能沿着这条思路，把比较的对象与范围大大扩充，深探进文明内部的各个向度中去，把握住大传统和小传统、显文化和隐文化、大空间和小空间、雅文体和俗文体、表面上和骨子里、虚文性与实用性之类的微妙区别，就不致再对总体文明进行率性的极化处理了。

三

即使如此仍未完事大吉。前些时跟宇文所安教授（Stephen Owen）通电邮，我曾经把"比较"说成是我们时代的宿命，经常能在种种比照中把我们的心智压扁。现在我要再来补充一句——我们越是对此中的风险懵然无知，就越是无法自觉地对抗这种宿命，从而我们的心智就越会被压扁。

应予注意的是，在进行跨界比较的过程中，我们经常会遭遇到一些绕人的怪圈。比如，其实任何从事比较哲学的个人，都会基于自己特定的精神视点来进行观察，他原有的话语系统构成了什么样的问题，他才会在其他的精神领域找到什么样的启发；从这个意义上讲，我们不妨说，其实比较哲学的结论往往是预设在其原有的文明倾向之中的。

就拿刚才提到的那种专事适应环境的"狡智"来说，我确实很欣赏于连教授看到了中国精神的此一突出侧面，而且我愿意告诉你，我一向认为我老师李泽厚教授最妙有所悟的文章，就是《中国古代思想史论》中的那篇《孙老韩合说》，他在其间以"实用理性"的说法来命名此类狡智，并从兵家思想中寻绎出了它的历史线索，因为只有这一派的生存环境才最凶险——"任何非理性东西的主宰，都可以立竿见影，顷刻覆灭，造成不可挽回的生死存亡的严重后果。"不过，就今天的"比较"话题而言，我也愿意进一步指出：一方面，无论怎样突出中国文明的此一特征，我们都必须看到，它毕竟还有互补的甚至更高的一面，那就是审美向度中的超功利的"主观的合目的性"，尽管我一向不赞成李泽厚教授在"实用理性"和"乐感文化"中所做的那种进化论式的勾联；另一方面，更重要的是，无论这种狡智具有怎样独特的中国性，如果不是据说是由尼采在前苏格拉底的传统中帮你们挖掘出类似的精神倾向来，像"实用理性"这种东方式的狡诈就未必入得了你们的法眼，——虽说好笑的是，我们当年最痛恨韩非的其实反而是他简直狡诈得像个"东方的马基雅维里"！

这还不算完——还有这个怪圈的另一半：看起来跟上述说法有点儿矛盾的是，其实任何从事比较哲学的个人，又都先要对其他哲学的背景有所了解，所以当他们在比较视野中去界定本土哲学时，又往往不自觉地要基于外缘参照系而完成。这使我们在阅读比较的结论时必须心存警觉。比如，当唐君毅教授描述中国哲学如何不重实体概念的时候，我们必须跟着追问一句，他是否已经了解到了西方的某种非实体主义？再比如，当牟宗三教授吟哦"惟天之命，於穆不已"的时候，或者当他强调陆王心学的正统性而把朱子学视为"歧出"的时候，我们也必须跟着追问一句，他是否已然先期了解到了怀特海或者康德？不进行这种小心翼翼的辨析，我们就很有危险径直把结果（至少部分地是结果）当成了原因。

我刚才曾把比较的对象图式化为两个圆圈，并将其相切的部分看成聚讼的焦点。若从这个意义上讲，于连教授心中的这两个圆圈，无疑是相距最远的，因为他明确地讲过——"为甚么要选择中国呢？因为我要同希腊思想拉开距离，进入中国文化是要更好地理解希腊，我希望给自己找到一个外在的立足点，以便远距离观察欧洲传统。那么为甚么要通过中国呢？其实答案不言而喻：要想走出印欧文化传统，因而就要排除梵文；要想走出历史的投影，因而就要排除阿拉伯文与希伯来文；同时要找到一种明辨的、见诸文字又是独立发展的思想，因而又要排除日文。将这三个条件综合起来：外在于印度语言、外在于欧洲历史传统、明辨的见着文本的思想，剩下来的就只有中国一家。欧洲－中国乃是两种完全不同的思想体系，恰如两条分途的思想大道。正如巴斯卡（Blaise Pascal）所言：'要么摩西，要么中国。'摩西代表欧洲这一条象征主义的、一神教的、超越的传统思想，而中国则完全不同。"由此我们就不妨说，他那两个圆圈其实是通过理论建构的虚线才具有可比性的，否则就根本不能相切。或许正因为这一点，他才对相距遥远的中西精神传统进行如此判然的区分——希腊的是哲学，先秦的是智慧，而且前者是论辩式的，后者是独白式的。

这听起来当然很玄妙也很有意思。我不由被勾起了无穷的遐想：照此来说，哲学与智慧之间又是什么关系呢？它们有可能相互比较么？它们有可能彼此渗透么？当我们用哲学话语来叙说智慧时，还能够道出它的奥妙么？当我们沉迷于智慧的独白时，还允许开读任何哲学书籍么？还可能从中获得任何益处么？还有，我们对此类书籍的批判性反思算不算辩论呢？非得张开嘴巴说出声来才算？如果算又会有补于还是糟蹋了智慧？再进一步说，智慧与智慧间的关系又是如何？如果智者们竟是老死不相辩论，他们又依靠什么进行交流？他们指望靠什么判定高下？又通过什么在递相授受？再说在这种纯粹私人的语境中，我们还有权认定孔子比颜回更有智慧么？有权认定颜回比其他孔门弟子更有智慧么？甚至有权认定圣人比俗人悟出了更多的智慧么？……

此中的困境，正好引领我们绕进我要分说的第二个怪圈：一方面，我们确实具有别提多充分的理由，去通过比较思维来叩问和开掘传统资源，无论那资源内在于还是外在于我们，好从那里获取最本源的思想强力，以便挣脱束缚我们已久的运思程式，冲入更开阔更自由的精神视域；但另一方面，比较思维的本性又往往陷我们于迷津，使我们不是去丰富化而是去简化、极化和弱化彼此的传统，甚至仅仅像那西赛斯那样对着自家的水面顾影自怜，这样一来，这种建基于削弱和抽空之上的肤浅开掘，又怎能真正帮我们从传统资源中汲取绵绵伟力？

我暂时对此尚无答案，而只想强烈地提示此中的风险——因为世上最可怕的风险，莫过于身在险中不知险了。

2000年11月1日—3日于北大草庐

马戏团的母猴子

——比较思维的放纵与收束

　　在我的治学生涯中，有两度曾跟"比较"结下过专业性的缘分：一次是在社科院外文所时，郭宏安教授曾把我整编到他新成立的比较室，不过他那个室自身却为时不长；另一次则是应孟华教授之邀，来到她当时主持的北大比较所，而此行已达十年之久。尽管这两次结缘，都并非出自深思熟虑和主动选择，但毕竟干什么就要吆喝什么，每逢夜深人静的时候，免不了总要对着"比较"二字出神。

　　琢磨长了，好歹也琢磨出一些门道来，觉得"比较"二字并不简单，竟很有批判的潜能，弄不好便能循着它的理路，道出许多"人所未道"来。比如，跟对于既成事实的习惯成自然的领受相比，专业性的比较头脑，很容易一眼就看穿，有哪些貌似由来已久的东西，实不过是文明间的化合物，属于"被做旧的"或"被发明的"传统，由此下意识地就去追根究底，进行知识考古学意义上的探掘与剥离，借机丰富了早被磨洗、湮灭和淡忘的历史。

　　但与此同时，我又时常痛心地观察到，"比较"这两个字，又不仅有其光明的正面，还更有其阴暗的背面，故而要是弄得不巧，非但焕发不出什么洞见，还会无端制造出大堆学术垃圾，混淆了真假学问的基本界限。正因为这样，针对那些一心贪图省事的比较家们，我上次曾在《中国比较文学》上，冒着或让一部分人感冒的风险，发表过这样的批评：

> 一方面，他们似乎认为，这是一门非大学问家不办的高深学科，它需要家学渊源，需要学贯中西，需要饱读诗书，需要过目成诵，——总而言之，这是且只是一个令人生畏的"天才的领地"。可另一方面，他们似乎又认为，这是一门至轻松至简易的速成学问，无非是"打不赢单打就打双打"的安慰赛，随便什么人都可以随便挑选两个随便什么东西乱七八糟地胡比一通，——总而言之，这是且只是一个令人生厌的"傻瓜的乐园"。（刘东《莫使泛滥必成灾》）

接着往下说，除了不成体统的学风问题，更加值得警惕的还在于，由于"比较"二字看似简单，有些人往往就停留于望文生义，而不知其字面背后，隐藏着很多危险的陷阱。缘此又有一回，我曾在《读书》杂志上，针对那些比照着西洋框架，经过一番定向的寻找，下足了削足适履的功夫，叩问得本土传统"要什么有什么"的做法，提出过不客气的批评，认为这种煞有介事的比较研究，在思想上实在是倒果为因了：

> 在进行跨界比较的过程中，我们经常会遭遇到一些绕人的怪圈。比如，其实任何从事比较哲学的个人，都会基于自己特定的精神视点来进行观察，他原有的话语系统构成了什么样的问题，他才会在其他的精神领域找到什么样的启发；从这个意义上讲，我们不妨说，其实比较哲学的结论往往是预设在其原有的文明倾向之中的。（刘东《比较的风险》）

因了这个缘故，在阅读比较研究成果的时候，又不得不心存警惕，时刻记住这种思维方式本身，在有可能带给我们解放的同时，也有可能让我们大上其当。今天的这篇小文，不过是一种示范而已，它打算以"马戏团的母猴子"这样一个看似荒诞的题目，来突显此种思维所暗含的另一种陷阱，——惟愿像我一样关切"比较"学业的人，读罢也能跟我会心一笑。

此话怎讲？——且听我从头道来：设若眼下有一只雌性的猴子，被我们从马戏团那里借了出来，当成这次思想实验的对象，那么，从比较思维的特性出发，针对这只马戏团的母猴子，究竟可以基于哪些相关的物象，去发现所谓的异中之同呢？

——首先，就它是一头哺乳类动物而言，我们可以拿这只猴子，来跟北京动物园里的很多居民进行比较，于是不难发现，原来它跟另一头憨态可掬的狗熊，具有相当的可比性，比如都有与人相似的四肢，都受到孩子们无条件的喜爱，也都可以被人工繁殖和驯化等等。

——其次，就它是一个灵长类动物而言，我们又可以拿这只猴子，来跟其他的灵长类近亲进行比较，于是又不难发现，原来它跟另一头生活在肯尼亚动物保护区的黑猩猩，具有相当的可比性，比如具有相似的肢体语言和面部表情、相近的智慧能力和生活习性，甚至具有大体接近的基因组合等等。

——再次，就她是一位雌性动物而言，我们又可以拿这只猴子，来跟天下所有的母性进行比较，于是又不难发现，原来它跟某一头游荡在孟买街头的母象，具有相当的可比性，比如都对后代表现出先天的母爱，都生有足以释放这种母爱的乳房，也都本能地会喂养与呵护自己的孩子等等。

——复次，就它属于生活在马戏团的动物而言，我们还可以拿这只猴子，来同马戏舞台上的任何动物进行比较，于是又不难发现，原来它跟墨西哥马戏团那位鼻子上总是戴着红球的小丑，具有更真实的可比性，比如他（它）们说到底都要靠门票过活，也都会以滑稽表演来赚取这种门票，甚至为了达到这种滑稽效果，也都不会很在意到自己的尊严等等……

事实上，像上面这样一个所谓比较的序列，几乎可以无休止地写下去，——比如就它为了少得可怜的糖果便甘愿被别人摆弄的工作原则而言，就它也要换上一身华服步入灯火通明的表演舞台而言，就它一听到掌声和喝彩声就会情不自禁地手舞足蹈而言，就它对于强烈且乱糟糟的色彩总能感到摄入吗啡般的兴奋而言，就它从不掩饰自己对于年轻异性的浓烈冲动而言……，不过，还是让我们就此打住吧，而且也无需再把那些与之共享可比性的具体对象，一个个赤裸裸地列出来，不然就总会显得有些亵渎。（当然我也无法阻止，读者们又在私下里发挥联想，把一些自己最想戏弄的对象，再给它"比较"上去。）

大家不要以为，上面只是开了个玩笑。事实上，尽管程度略有不同，然而大同小异的比较研究，在很多圈子里却是司空见惯的。而且，就其制造出的热闹效果而言，这种研究活动还很有效验，养活了相当一批学术人口，而且只要这些人口每年各向核心期刊贡献一篇论文，再来相互参照一番、以便共同提升引用率，那么至少在表格和指标上，就几乎样样都齐活了！当然，这种表面上的热闹，肯定是经不起严肃追问的：就这么围绕一只马戏团的母猴子，被信口开河地随意拉扯到了北京、肯尼亚、孟买和墨西哥城，又牵连到了狗熊、黑猩猩、母象、小丑——以及还有性工作者、时装模特、做秀的政客、先锋派画家和性欲狂患者——究竟打算说明什么、又究竟能够说明什么呢？除了让思想陷入一团混乱之外，还能否指望知识上的寸进呢？

然而，就比较方法的任意性而言，上述信口开河的说法，还不算是最没有章法的，——不管怎么说，我们总算还抓住了这只马戏团的母猴子，当作对于想象力的某种收束，由此虽是千奇百怪的比较活动，任凭它怎样天马行空，总还要围绕这个中心来展开；如若不然，再连最后这点约束也给抛开，继续放任比较的缰绳，那么思想就更会像断线的风筝，一下子飞到九天云外去了。（由此对于前一种思想模式，尚可以名之为有限的圆周型，而对于后一种思想模式，则更要名之为无限的射线型。）

此话又怎讲？——还要拿这只母猴子来打比方。《吕氏春秋·察传篇》上有这么段话："夫得言不可以不察。数传而白为黑，黑为白。故狗似玃，玃似母猴，母猴似人，人之与狗则远矣。"——真是无巧不巧哇：敢情跟几千年前的吕不韦（或其门客）想到一起去了，连举个例子都这么相似！

那么，古人相隔在几千年之外，为什么也会得出"狗似玃，玃似母猴，母猴似人"的结论呢？——还不是因为在这个序列中，在任何两两一组之间，都具有某种似是而非的可比性吗？按照这个逻辑，若再把此种逐渐走向荒谬的序列，稍稍延展一番，就很容易得出一大长串不知所云的推导：

> 人看上去像机器人，而机器人很像魔鬼，
> 魔鬼当然又像海怪，而海怪则很像乌贼，
> 乌贼当然又像墨斗，而墨斗则很像荷包，
> 荷包当然又像手绢，而手绢则很像头巾，
> 头巾当然又像彩旗，而彩旗则很像烈火……

看来比较思维的这张大网，端的是疏而不漏啊！所以也实在想不出，天底下到底还有什么东西，不能被代入这样一个任意而为的系列？同时也实在想不出，在这个系列的一头一尾，到底还具不具备最起码的关联？

并非我本人故意要来夸张，其实凡此种种，都是比较方法的本性所致。——说穿了，类比或比较思维本身，原本就有一定的含混性，而一旦再拿这种含混，去掺乎和发酵另一种含混，思想上的含混就会不断地翻番，直到起初那点似是而非的道理，再也显示不出来了，只剩下堵在心头的那团乱麻。

对于比较思维的这种局限，可以举出一个有力的佐证，就是维特根斯坦提出的"家族相似"概念所遭遇到的类似困难。不消说，这个概念是二十世纪哲学给人印象最深的发现之一，也是我个人最喜欢运用的思想工具之一。在日常语言的生活实践中，它以一组尽管意义有所滑移、但仍保有某种向心力的义项，消解了以往那种过于严整的共相，使我们的心智在涵容了一定的模糊与多元之后，反而更加富于弹性和实效。不过，问题的背面却是，由于同样应用了类比的方法，故而要是不加限定的话，这种"家族相似"的概念，也会漫无边际地扩张起来。比如，在一个这样的"家族"概念下面，总会有甲乙丙丁各种现象，而要是沿着甲"相似"于乙、乙则"相似"于丙、丙又"相似"于丁的思路，无休无止地类推下去，那么这个在其内部两两"相似"的"家族"，岂不要变得至大无外，把世上的林林总总的现象，全都给囊括进来？——那样的话，所谓概念和范畴，就不再是人类认识之网的网上纽结，而干脆就是这张网本身了！——由此更加可见，只要不从对立面加以限定，比较这种思维方式，就总有可能让我们想入非非。

在这个意义上，不管"比较"二字看上去何等重要，又何等方便，仅凭这两个字本身，还是很难为认识提供真正客观的基础，而只能任由一厢情愿的主观想象，如脱缰之马一般在畅想中走失。准此，也就想起列维·布留尔笔下的原始思维来：由于受制于巫术般的互渗律，而缺乏对于概念的清晰限定，据说这种思维方式的主要特点，就是"任何东西都可以产生出任何东西来"。——照此说来，或许也可以把前述种种迷误，都说成是一种"比较的巫术"吧？

进一步说，比较思维的似是而非还体现于：尽管从一个方面讲，物象之间的可比性，当然会有大有小，然而从另一方面讲，这些可比性的大小，却又很难确切地定量定性，由此就造成了各种自觉的或不自觉的混乱。比如，再沿着前头的话题说，就算只把某个"家族"的范围限定在人类这个群体之内，在人和人之间现实存在的种种"相似"性，也同样会纵横交错、眼花缭乱，——特别当有人故意要利用某种"相似"性，来达到其浑水摸鱼的目的时。

这不——有本题为《黑天鹅》的书，就关注到了类似的现象："一名瑞典男性与一名多哥男性的相似性，高于一名瑞典男性与一名瑞典女性的相似性；一名秘鲁哲学家与一名苏格兰哲学家的相似性，高于一名秘鲁哲学家与一名秘鲁看门人的相似性"。的确不错！我们这个拥有共同祖先的人类，在经历了长期的自然进化或社会分化之后，已经悲惨地出现了在阶级、阶层、职业、性别、肤色、国别、种族、文化、信仰、智力等方面的内部落差，由此，无论研究者想朝什么方向切割，总不难找到他所需要的分类方式，来勾画出一个看似"相似"的"家族"。——君不见，近来国内的思想阵线这么混乱，还不是因为有人在"站边"的问题上，利用了似是而非的"相似"性，混进了一个国际公认的激进"家族"，标榜上了"一笔写不出两个"的"左"字，却模糊掉了在固定社会结构中的既有政治倾向？……

把道理分说到这里，也就该再回到起初那只"马戏团的母猴子"

了，——对于我们真切关注的比较研究来说，这样的一个作为想象力圆心的实验对象，可以说具有相当的代表性，可以典型地反映出人们有意识的比较思维，会怎样于无意之间，自我首尾缠绕，弄得难解难分。

而且，或许读者们会有点惊讶，这种圆周性的分布状态，还并非全都是小字辈或无名之辈所为，恰恰相反，它足以包含很多最负盛名的研究，也势必涉及不少素受敬重的名家。比如，姑以一个世纪以来最为热闹的对于《红楼梦》的比较研究为例——限于篇幅恕不分别抄出各自的引文了——我们很容易就能联想到：那位伟大的曹雪芹到了研究者的笔下，竟是既像德国哲学家叔本华（据王国维的研究），又像希腊悲剧家索福克勒斯（据胡适和牟宗三的研究），又像意大利诗人但丁（据吴宓的研究），又像法国作家巴尔扎克或俄国作家托尔斯泰（据李希凡和蓝翎的研究），又像俄国作家陀思妥耶夫斯基（据夏志清的研究），又像德国哲学家海德格尔（据米勒的研究），还像法国作家普鲁斯特（据涂卫群的研究）……真可以说是贯通古今、囊括万有。所以毫不夸张地说，整整一部西方文学史，曹雪芹竟然是无一不像，而他本人的创作技巧、手法与风格，也好像是无所不用其极了！

这到底又是怎么回事？——原来，至少照我看来，比较这种思维方式，无非是一种相当简单和非常粗浅的思路，是任何人、甚至大多数动物都能具有的参照对比方式，所以，就算它也能给我们的认识带来什么，那也不过是相当初阶的认识。而在应接和处理人类文明的复杂事实时，只要稍不留神，或者要是仅仅依仗着这种方式，那很可能就会变成没头苍蝇。

可也正因此，同样照我看来，自觉的和专业的比较研究，反而更需要较高的学术素养，因为此中所运用的比较方法，必须辅以更高妙的思维手段，和更广远的知识背景；而一旦单纯地变成为比较而比较，人云亦云地进行比较，想入非非地进行比较，那么在这样的研究活动背后，就准会缺乏真正有问题的预设，就无法得出真正有意义的结论。由此可知，或许事与愿违的是，偏偏是这个看似容易上手的比较研究，由于其"无法之法"的家法更需要功力，反而最容易暴露出高手与俗手的区别，——这种区别既显现在学识方面，也显示在趣味方面，更显示在格局方面，而终究要体现在洞见方面。

准此，再来回顾刚才涉及的围绕红学而发的种种比较，大家才会恍然大悟，原来这红学竟是一只真实存在的马戏团的母猴子！问题的要害在于，如果只是把上述比较结果排列起来，或者把叔本华、索福克勒斯、但丁、巴尔扎克、托尔斯泰、陀思妥耶夫斯基、海德格尔和普鲁斯特排列起来，根本就不能帮我们认识到曹雪芹和《红楼梦》的任何好处，也完全不能帮我们在面对王国维、胡适、牟宗三、吴宓、李希凡、蓝翎、夏志清、米勒和涂卫群的研究时，判断出孰优孰劣。——我们必须跟着再深问一层：究竟是哪一种具体的比较研究，才抓到了更加关键和深层的可比性，而且正是透过这种可比性，才更加透辟而真实地显露了曹雪芹的堂奥？

说到这里，忍不住要再举长期以来围绕儒家的比较研究为例。那么，这种一方面极富文化特性、另一方面又极富思想侧面的思想学说，一旦到了西方思想的参照系下面，会显出怎样的对照效果呢？——事实上，效果还是相仿佛的：它竟然既可以像康德（据牟宗三的研究），又可以像怀特海（据唐君毅的研究），还可以像马克思（据李泽厚的研究），还可以像恩格斯（据张岱年的研究），还可以像马克斯·韦伯（据刘东的研究），还可以像杜威（据郝大维与安乐哲的研究），更可以像海德格尔（据李泽厚的研究），甚至都还可以像无神论存在主义者萨特（据刘东尚未发表的研究）……——这还是只从哲学视角来打量呢！若再换上宗教的参照系，那么恐怕整整一部西方思想史，又都会笼罩在孔子的树荫之下，显出跟儒家思想的可比性了！

或问：不是连你本人也列入其中了么？——是的，我是有意要这样做的，以示自己并无轻率或笼统地进行指斥的意思。恰恰相反，由于古往今来的哲人，总要以最富独创的运思，来处理人类共通的问题，所以他们总有可能留下空间，诱使旁观者在一边是特殊主义、一边是普遍主义的平衡木上，来做出一系列高难度的动作，也就是说，来对于两位哲人所体验到的困境与难题、方案与进路，进行既很有启发、也很冒风险的比较研究。（正由于既意识到了其间的可能、也意识到了其间的困难，我才在北大比较所的教学中，历来是既不否定作为"无法之法"的平行研究，也不主张同学们尚在博士论文阶段，就贸然选取这种更考验手眼和苛求格局的题目。）

于是，就允许我再来戏做一个比较吧！记得康德曾在《导论》中慨叹，形而上学这门学科，已经沦入这样一种窘境："它的追随者们已经东零西散，自信有足够的能力在其他科学上发挥才能的人们谁也不愿意拿自己的名誉在这上面冒险。而一些不学无术的人在这上面却大言不惭地做出一些决定性的评论，这是因为在这个领域里，实在说来，人们还不掌握确实可靠的衡量标准用以区别什么是真知灼见，什么是无稽之谈。"——大家拿这个比比看，眼下的比较研究领域，不正是陷入了同样的困窘么？然而，我却要对此补充一句：不无讽刺的是，当"比较"二字仅仅被那些不会"打单打"就想来"打双打"的人们，当成一个掩饰其不学无术的挡箭牌时，他们恐怕万万没有料到，这个领域反而是最容易露怯的所在！

由此记起法国的比较名家安田朴，写过一篇非常醒目的名文，叫做《比较不是理由：比较文学的危机》，而我们现在则应当再追加一句：正由于比较不是理由，至少不会是充足理由，所以大家在着手比较研究时，才一定要三思而后行、谋定而后动，因为你对于具体可比性的选择，一定会有很大的后坐力，向你逼问每一次具体比较活动的充足理由。——换言之，我们必须时刻警觉地意识到下述逻辑关系：

因为：比较本不是理由，
所以：比较更需要理由！

2009 年 12 月 28 日于三亚湾双台阁

当先锋艺术不再挑战*

很高兴来聆听诸位讲演，尤其是，当我从中感受到了激情时，也很是为之触动。要知道，学着来从事学术研究，不单是为了得一个博士学位，再找份工作来养家糊口，这样很容易把生命力给耗尽，无法把学界的精气神给传递下去。所以今天，看到大家对于共享的话题和学科，都表现出了发自内心的投入和热爱，甚至是难以自持的激动，这一点使我很是欣慰。

实际上，学术界早就开始了对于这些问题的思考。我的《西方的丑学》早在1985年就已出版了，那可以说是我整个学术生涯的开始。而刚才听诸位演讲时，我的头脑也不断地在闪回，核对一下其中的哪种艺术现象，是我当年的《西方的丑学》所无法概括的。我跟范景中有过一次相似的探讨，而我那次得出的结论是，我年轻时做出的那种理论概括，还是能够解释大部分现代艺术现象。不过，所谓先锋派这个概念，却往往超出或大于现代派，所以丑的文学、诗歌，丑的戏剧、电影，丑的绘画、雕塑，甚至丑的音乐、演唱，都可以俯拾皆是地找到，却唯独丑的建筑，似乎不容易找到，所以，我当时就有点强作解人地，把巴黎那座蓬皮杜文化中心，权且当作了丑建筑的典型代表。要是搁

＊2017年6月24日在清华大学美术学院主办的"比格尔与当代艺术"研讨会上的即兴发言。

在眼下，我就愿意更开阔地把它概括为先锋派。

话又说回来了，先锋派在它萌生的初期，还是有着强烈的反体制特性，对于现行体制持否定的态度，就这一点而言，它仍可以被丑学理论来概括。只不过，这些先锋派到了后来，大多又乖乖巧巧地被收编了，也就不能再以现代派来笼统解读了。譬如，我前年夏天去巴黎访问时，在蓬皮杜中心的顶楼去就餐，那格调实在是相当的"小资"了，不光餐厅的装潢相当现代，就连服务员都有模特的水平。所以吃着吃着，我也就油然想到，原来这个中心的里里外外，都已被资产阶级给"收买"了。由此，我更是突出地感受到，先锋派已不能被丑学概括了。换言之，它一旦被正统体制所收编，身上的那点倒刺和反骨，就会被天鹅绒给包裹起来，也就显得温柔和顺眼起来，无非是发点嗲、撒点娇罢了。这就是卢文超方才所提到的，它自身有个走向没落、衰微和消亡的过程。

由此，我们就不免要向上来回溯，想弄清楚这些所隶属的"艺术"本身，到底又是什么东西？读过塔塔科维奇《六概念的历史》的人，都理应充满历史感地想到，其实这个问题从没有定论，倒是像维特根斯坦所描绘的，属于在不停自由漂浮的生活游戏。仅就近代东亚的情况来看，先是明治时代的日本人，拿着"芸（Gei）"和"術（Jutsu）"二字，对应着英文的 Art，不分青红皂白地组建了"艺术"一词，所以，汉语中具有新义的"艺术"，其实只不过是个日文的外来语，尽管该词在中国也算古已有之，然而它的旧义却类乎"方技"。当年梁启超刚到日本时，就曾为这种歧义而感到头疼，因为当时如果讲"艺术家"，国人的第一反应会是"方术之士"，由此在最初写出"艺术"概念时，还需要特别加上括号来注明，这是它的新义即琴棋书画之类，而不是它的旧义即算命风水等等。于是，"艺"和"术"这两个字的组合，也就从最不受高雅之士待见的东西，一跃而成为最令他们心悦诚服的了。

可无论如何，当我们以"艺术"来勾连西方的 art 时，在这两个词之间就搭起了一个通道。而正是经由这个暗通款曲的通道，全部西方的艺术观念，乃至其背后的全部文化预设，就会系统而持续地向东亚渗透。所以，问题的严重性正在于，我们并不是仅仅输入了一个词语，还更准此输入了一整套的相关观念。我们有了这样的警觉，再来回顾康德对于艺术家的分析，就会发现他的想法原本是非常独特的，即艺术是、而且仅仅是天才的事业，并且这种天马行空式的人物，又是既不受任何规则的限制，也不可被任何别人来模仿。这些奇异的想法，如以人类学的相对主义视角，把它当作某个特定人类部落中，在某个发展阶段的独特观念，当然也很值得体会和玩味；然而，一旦以哲学的绝对主义视角，把它当成了放诸四海的真理，强要全世界的各文明都向此看齐，那就会带来很多实践上的被动。

正因为这样，我们还是应把当今的艺术家群体，只看成来自西方的某个特殊部落。比如，甚至只需要经由外表的显著特征，就足以对这群人进行简单的识别，既包括他们特立独行的做派，也包括他们刻意造作的装束，甚至包括他们有意无意的反社会姿态。这是因为，一旦有了关于艺术家的定式，他们就会真的朝着这方向靠拢。事实上，一个理论只要形成和传播开，就有了能力去指导、派生甚至是创造出属于自己的事物，这本来要归咎于语言自身的述行性，却往往反被膜拜成了理论的莫须有的解释力。在对悲剧进行文化解析的过程中，我也曾发现过大体相同的规律。事实上，是先有了悲剧的创作与演出，又有了柏拉图向悲剧发起的攻击，而此后亚里士多德又要来唱老师的反调，觉得至少还有索福克勒斯的一出戏，也就是那出杀父娶母的《俄狄浦斯王》，可以在某种程度上算作独特的例外。可亚里士多德这样的理论一经形成，就不光是后世的理论家要跟着来弄巧，要再发挥出更显得圆通在理的理论，就连艺术家也要顺着这些讨论，而继续创造出更加贴合这种论调的作品，从而越发让早先那些理论显得似是而非、似非而是了。

总而言之，理论和实践之间的那种复杂关系，其实好比是"鸡与蛋"之间的亘古难题。由此特别值得留意的是，在当代艺术的复杂语境中，到底哪种东西在前或在后，这都是需要具体分析、不可笼统而论的。所以，再回到塔塔科维奇的那本书，如果其中的"审美"这个哲学概念，将来怕是要由"神经美学"来最终解决，正所谓"一唱雄鸡天下白"了，那么其中另一个"艺术"概念，恐怕主要应由社会学和人类学来解决。回顾起来，借助于德国古典美学的论述，我们也没有找到过什么艺术的真谛，而无非是从文化史的意义上，找到了艺术自律观念的第一推动。而此后，如果再通过对于涂尔干《社会分工论》的阅读，我们才能更加设身处地地理解，为什么在西方这个特定的人类部落中，会如此这般地出现作为"艺术家"的特殊分工，而他们这样子的自我认同，又是由谁给率先想象出来的。事实上，只有这样来高屋建瓴、势如破竹地理解，我们才能充满同情甚至哀怜地想象，面对着艺术家们无所不用其极的进逼，理论家们的推演为什么要步步地后退，于是才有了比格尔、格林伯格的解释，乃至才产生了所谓艺术圈、艺术界、艺术场的概念。照此说来，我早年给出的那种丑的解释，当然也可以算作解释的一种，可它却不是那类话语中的一种，因为它强调的只是"西方的"丑学，而由此就并不简单地意味着，非西方文明的全部艺术表象，也必须跟着变身为丑陋，否则就属于无可挽回的落伍，就只能遭到艺术理论的漠视。

这里，再顺便回答卢文超的一个问题，他看到我为《中国当代美术史》所写的序言，想知道我眼下对于高名潞主持的这本书，乃至他所代表的那个艺术群体的看法。回顾起来，在当年那个特定历史阶段，我个人对于80年代那批有追求的、带有反体制特质的前卫艺术家，还是谨慎地抱持赞成态度的，其中包括王广义、丁方、刘彦、吴山专、黄永砯等。他们可以代表前述的先锋派的初期，还带有那种激进的、甚至是略有倾覆性质的劲头。无论如何，既然路径本身确有它的依赖性，那么也应当允许沿着西方的路径去摸索。可即使如此，我当时的心底还潜藏着一点保留：你不能连反叛、连苦痛、连愤怒都是学来的！当然，还有一点要留意，如果我当时还在左袒这种探索，那也是因为在那个1980年代，我们对西方的了解还远远不够充分，以致于看到任何西方的新奇事物，总是有点"不明觉厉"的感觉，甚至西方当时就意味着几乎一切可能，这和90年代以后的情势大不相同。

换句话说，如果在那个历史的关节点上，能把西方先锋派的神髓尽快学来，再努力地予以消化、克服和发挥，把它们绝处逢生地玩出花儿来，这在当时并不一定意味着一局死棋，或者说，至少在上世纪80年代的中期，这一手好牌还并非注定要被"玩坏"。我们听听肖斯塔科维奇的音乐，再读读帕斯捷尔纳克的传记，会发现他们都曾深受过西方现代艺术的影响。然而，问题的另一面却在于，如果我们再去同情地理解，会发现如果不能又像他们那样，去跟俄苏人民去分享深层的呼吸，去深切体验他们遭受的痛苦，甚至再借助于这种苦痛的经验，来追溯由来已久的俄罗斯文化传统，那么，这两位苏联艺术家的作品，是远远达不到那种创造高度的。由此可见，即使受西方艺术的影响也无可厚非，关键在于如何借用、改造和超越这种模板。

不管怎么说，我们今天已经确然地看到西方先锋派的式微、没落和走投无路了，不光艺术家的自律成了一句空话，就连创造的前卫似乎也已经无新可创了。与此同时，那些曾经替他们力争的理论家，其实也都已经走到了创造的尽头，并不怎么坚持自己那些拼贴式的论点，甚至干脆连电话都懒得再接了。换句话说，无论是从感官还是从思维，他们都已经不再构成什么刺激或挑战了。应当看到，西方先锋派艺术及其理论的困境，恰正是我们进行"弯道超车"的契机，大家应该为此感到欣欣鼓舞才是，怎么反而有人会替它感到头疼、感到绝望呢？如果用一句英文来表达，眼下正应当大喝一声——"This is your big disaster, not ours."所以，眼下的当务之急，还应回到我早年在《西方的丑学》中的思路，其中最关键的一条，就是不能把空间与时间给弄混了。中国和西方的区别，或者整个非西方世界同西方世界的区别，原本应当是属于空间性的，也就是说，是分属于不同的文化部落的，可惜有些人却将它看成时间性的了，由此就把西方直接看成"进步"的化身了，还美其名曰这是什么"审美现代性"。在我看来，这种缺乏反思的、亦步亦趋的提法，在观念上和实践上的恶果，就只能是无论西方人犯下什么错误，我们都必须跟着犯什么错误，永远像一群"过江之鲫"一样，去盲目跟从前边那只"头羊"的后尘，——设若如此，我们过去吃过的那些悲惨的苦头，才真的都是白白地、枉然地、活该地遭受了。

2017 年 6 月 29 日修订

审美现代性，还是现代感应性？

——写在《西方的丑学》出版 30 年之后

《西方的丑学》这本书，是在我当年学士论文的基础上，经由再次修改与扩充而写成的，因此可以说，此书是构思于钟山脚下的南大，而杀青于西子湖畔的浙大，而待到它实际印出来的时候，我又来到位于京师的社科院了。另外，如再讲起它跟四川那边的关系，则先是拿它参加过 1982 年哲学界的成都会议，并将初稿发表在《未定稿》杂志上；后又把它发挥铺陈成了同名的著作，并把它贡献给了《走向未来》丛书，——而众所周知，这套当年名重一时的丛书，也恰是由四川人民出版社印行的。回顾起来，对于初出茅庐的自己来说，无论是参加那次学术会议，还是发表那篇学术论文，乃至于出版那本学术著作，以致又因此加入了丛书的编委会，都属于破天荒的头一次，所以毫不夸张地说，正是"西方的丑学"这五个字，代表了自己在起步阶段的学术研究，也就此开启了自那以后的学术生涯；大约很多人能够注意到自己，也应当是从这五个字开始的。在这个意义上，尽管这本书也曾出走过一趟，被北京大学出版社印行了一版，可它现在又回归四川人民出版社，亦完全可说是得其所哉、且此其时也，——因为无论对出版社的诸位同仁，还是对三十多年之后的我自己，这都属于一种珍贵的纪念，而且这种念想要是拖得再晚，也就剩不下、或显不出多少意义了。

还应当交代的是，还没等这本处女作真正印刷出来，我的兴趣便开始向外转移了，或者说，是被另外的研究课题、乃至其他的知识领域给吸引走了。就个人心智的发展企求而言，我是最怕"效益递减"这样的事，不甘心总在一个坑里"刨食吃"；虽则说，如果就这个分工社会的要求而言，它当然是更鼓励对于这种桎梏的屈从。——正因为这样，这种不愿画地为牢、把书越读越野的结果，一方面是在我个人简介中，可以随手在专业一栏填上"除国学领域之外，尚有美学（哲学）、比较文学（文学）、国际汉学（历史学）、政治哲学（政治学）、高等教育（教育学），晚近又进入艺术社会学（社会学）"，且不谈，自己还时不时地会读点人类学、心理学和语言学的著作；可另一方面，这种在知识领域的开疆拓土，又似乎只是满足了个人的求知欲，真能受益的也只是个人的写作与谈吐，至于社会则对这些根本就无动于衷，倒把褒奖都送给了固守一隅的学者，——只除了记者们还会如背书一般地、实则也是在明知故问地反复追问："为什么现在就再也不出大师了呢？"

　　这就是所谓的"古之学者为己，今之学者为人"吧？只不过，夫子当年看到的这种古今对比，于今看来更属于社会的空间分布，由此念叨了几千年也不见有什么改进。所以说，这里的"古"大约只意味着某种"古风"，它总是若有若无地处在某种"消亡"或"减弱"的状态，却又从来都不曾彻底泯灭过。——由是话说回来，正因此我却又相信，无论按照世俗的算计这会何等的吃亏，而且从势头上看也会多么趋于式微，但此等"古风"也并不会完全"消亡"的，比如我在北大、清华带出的一些学生，看起来又要属于这类"读书种子"了，而且，他们能这样做还主要是心性使然，更在意自家内在的感觉或心理的企求，不见得全都要归于乃师的"贻误"。大不了的，他们也只是从我这里领教过某种风度，而且他们对此也完全心知肚明，了解到这种风度是纯属个人性的，真拿到学术市场上并讨不到什么好，特别当这种市场再遭到官场的强力扭曲时。

另一方面，尽管我此后很少碰触"丑学"的话题了，但这并不意味着，我就会像"白板"一样去开启后续的研究。正相反，无论是我写作此书的知识基础，还是我就此表达出的学术判断，都注定会被不自觉地带入其他领域，从而构成了自己无形中的思考背景，也融进了逐渐搭起的中西文化观。一个人的学问总是这样积攒和叠加的，正如自己在此后的学术生涯中，也是又带着比较文学的问题意识，重新返回到美学、乃至哲学学科的，也是又带着国际汉学的学科视野，对比性地返回到国学领地的。从这个意义上，我在《丑学》中的那一场思想遭遇，其实是终生都不可能忘怀的，而且也不知不觉间帮了我不少忙——比如，就像我在后来的一篇文章中自述的："看来难以逃避的是，表面上无所不用其极的当代艺术创造，至今都还在简单地复述着我早年的这种描述，甚至简直可以直接地拍摄下来当作我这本书的新版的插图。我刚刚从丹麦的奥尔胡斯大学讲学归来，在那里也顺便参观了一家当代的美术馆。实在不好意思，那些刻意制造丑陋和突破底线的绘画，至少已经不能给写过《丑学》的我以任何震撼了。"[1]

说来又很有意思，也正因为长期地掉头不顾，自己几乎都没怎么留意过，人们后来简直像一窝蜂地，主要是在"审美现代性"的提法下，有时也在"先锋艺术"（或"前卫艺术"）的提法下，重新处理了我在早期著作中涉猎过的主要内容。具体作者的名单实在太长，这里就姑且忽略过去了，但见他们把很多杂乱的东西，要么是

---

[1]刘东：《感性的暴虐》，《西方的丑学》，成都：四川人民出版社，2018年，第287页。

短暂、过渡或碎片化，要么是反对宏大叙事或强调偶然，要么是主体至上或审美自律，要么是时间意识或未完成性，要么是感性维度或反对理性深究，都不再讲究什么内在的逻辑关系，而只去把有关"现代性"的、来自各家各派的论说，都统统冠上一个"审美"的定语，一股脑地"打包"到了"审美现代性"的名下。——要是再碰到了什么不能自圆的、或明显讲不通的部分，就再利用辩证法的障眼"戏法儿"，把种种悖论强行归并到了一起，辩称这原就是复杂悖反的概念，似乎越是讲不通就越玄奥和越高明。而且，用"拼贴"的理论来匹配"拼贴"的现实，也总可强辩说是别有一番道理的，由此便有了现代性的"若干副面孔"，或者干脆是"自我悖反的"现代性。

不待言，由于也一并收纳了波德莱尔的标新立异，囊括了对于日常生活的尖锐批判，和包含了对于现代生活的全盘否定，这些有关"审美现代性"的总体概括，总还跟自己当年的研究存在着部分的重合。可即使如此，我首先关注到的还是彼此间的区别，因为自己当年尝试立论的基点，主要是那种跟传统格调格格不入的、既扎眼又辛辣的新潮文学艺术，而人们后来所要援引的根据，则主要是那些同样带有实验性的、对于现代文学艺术的理论解说。换句话说，由于我当年动手得还比较早，便只能实验性地和相对生涩地，来自行消化那些陌生的文艺现象；而后来，随着交流的频繁与开放的递进，人们则得以更加轻易简便地，直接引进别人对那些文艺现象的理论消化了。——不过在我看来，问题又很可能正是出在这里，因为这很可能就用平滑的译介替代了艰涩的思考，或者说，是用别人的思考覆盖了自家的、蛮以为可以缺省处理的思考。

此间的要害在于，正因为那些文艺现象的"未完成性"，所以西方在这方面的相应理论解说，虽然看上去很是权威厚重、很是深思熟虑，也能一时间唬住某些跟风应声的人，却根本就算不得学术上的"盖棺论定"。恰恰相反，那些"拿着不是当理说"的所谓学理，那些在各种"造反"现象面前的、带有退却性质的解释，和带有防守性质的理论，不仅在当时就显得苍白无力，到现在则更已是少有人再问津了。——我前一阵子，到了某次有关先锋派的会议上，就忍不住干脆给直接挑明了，指出那些说法无非是"皇帝的新衣服"而已："我们今天已经确然地看到西方先锋派的式微、没落和走投无路了，不光艺术家的自律成了一句空话，就连创造的前卫似乎也已经无新可创了。与此同时，那些曾经替他们力争的理论家，其实也都已经走到了创造的尽头，并不怎么坚持自己那些拼贴式的论点，甚至干脆连电话都懒得再接了。"[1]

的确，即使忽略国内的反常情况，只考虑国外的、特别是西方的情况，我们还是能设身处地地想到，知识分子是最会"拿着不是当理说"的，或者稍微文雅一点儿说，他们是最善于进行"自我正当化"的。而这样的特性，一旦反映到现当代的艺术理论界，就会自动生产出我方才所讲的"带有退却性质的解释，和带有防守性质的理论"。——如若不然，又怎会在杜尚放肆送展的那个小便器面前，乃至在布里洛故弄玄虚的一堆纸盒子面前，或者说，又怎会在根本不具备任何艺术特性的所谓"艺术品"面前，随即就逼出强作解人的、似是而非的解释或理论？从这个角度看，无论是丹托所强辩出的、作为"一种艺术理论氛围，一种艺术史的知识"的"艺术界"，还是迪基所强辩出的、足以对任何人工制品进行合法化承认的"艺术圈"，一直到迪弗所强辩出的、借助于法学的讲法而抽空了任何确定内涵的"判例说"，都不过是这种步步退守且又退无可退，或者防不胜防且又心劳日拙的勉强解释。

---

[1] 刘东：《当先锋艺术不再挑战》。

作为上述判断的一种佐证，不妨再来援引一段刚刚从网上读到的、罗杰·斯克鲁顿基于保守主义的立场，针对这种被他称作"大骗局"的文化现象的嘲讽："类似的场面也出现在视觉艺术上，最开始是马塞尔·杜尚（Marcel Duchamp）的撒尿的耶稣，随后是安迪·沃霍尔（Andy Warhol）的丝网印刷的肖像画和布里洛盒子（Brillo boxes），最后到达米恩·赫斯特（Damien Hirst）的甲醛制成的鲨鱼和奶牛。在每个例子中，批评家们就像母鸡围着莫名其妙的新鸡蛋咯咯叫个不停。伪造的假作品被真实作品推介所需要的整个体制介绍给公众。集体伪造的冲动非常强烈，现在已经成为一种要求，比如闯入英国特纳奖（the Turner Prize）决赛的人必须创造出一件谁也不认为是艺术的东西，除非有人告诉他这是艺术。"[1]

再从比较文化的角度来剖析，则又如我早在北大课堂上就指出的，与其说迪弗那本强词夺理的《艺术之名》，曾经"解决了什么不确定的问题，倒不如说它给我们凸现了一个确定的问题……作者当然也曾试图给出自己的答案，从而提出了不无新颖的'判例说'，也就是说，他试图把艺术概念的界定标准历史化，把它归结于某种变化着的文明语境的规定。这听起来已经很宽容了，然而细想之下，这种主张仍有很大的漏洞。既然我们现在所处的时段不过是历史长河的一个瞬间，那么他所设想的这位火星人，究竟是在历史的哪一个阶段来到了地球，而且既然这个星球是不断转动的，那么他又是碰巧在降落的那一刻到达了哪一个具体的文明？也许，作者的心目

---

①罗杰·斯克鲁顿：《大骗局》，吴万伟译，引自 http://www.360doc.com/content/12/1
230/22/8553846_257247076.shtml。

中其实只有西方，所以这位火星人也就只有准确地降落在西方。"[1]

另一方面，又把事情催生得更复杂的是，正如奥斯汀在《如何以言行事》中所指出的，话语又总是转过来具有"述行性"的，这样一来，也就会随即产生新一轮的"鸡生蛋，还是蛋生鸡"问题。换言之，人们随即就会把那些"拿着不是当理说"的话语，径直当作了值得效法的权威概括，并遵从着这种学理再进行新一轮的文艺创造，从而让这些学理显得越来越像模像样，也显得越来越似是而非，就跟当真属于针对事实的铁定总结一样。无论如何，理论思维本身的性质就决定了，任何理论解释只要一经形成，就马上具备了能力去指导、派生、乃至创造出专属于自己的现象，或曰这种虚拟理论在现实世界的倒影。这原本只属于语言本身固有的"述行"效应，却往往被转而夸张为理论本身的解释力。——比如，在对悲剧进行"文化解析"的时候，我也发现过类似的如影随形的现象。先是基于祭祀的庆典而发明了悲剧的控诉，并引起了柏拉图对于这种危险挑战的攻击，此后才有了亚里士多德对于老师的刻意反驳，从而发明出"恐惧与怜悯"的净化说，和"好人犯错误"的哈马提亚说，以说明至少还有索福克勒斯的一出戏，也即只是在无意间杀父娶母的《俄狄浦斯王》，可以作为一个免被柏拉图攻击的"例外"。可是，这种强作解人的理论涂抹一经形成，便不光是后世的理论家要跟着来弄巧，想再继续发挥出更能讲得通、更能说得圆的理论，就连后世的艺术家也要对照着这种解释，再来继续生产更加合乎规范的悲剧作品，从而越发让这种理论显得似是而非、或似非而是了。

同样地，再上升到更抽象一层的美学话语，也联系到这篇文

---

① 刘东：《艺术：双语对等下的文化压抑》，我曾以此文的初稿参加 2005 年 8 月 26—29 日由国际日本文化研究中心举办的"近代东亚诸概念的成立"国际学术研讨会，修订稿未刊。

章的主要论域，我们同样有理由指出，要不是鲍姆加登当年非要找出个生疏的希腊词，在德语中生造出个 Asthetik（感性学）来，要不是中江兆民后来又凭着他对西方的一知半解，再在日文中把这个 aesthetics 误译成了"美学"（びがく），那么，中文世界后来对于"艺术"和"感性"的处理，就不会是、也不应当是现在的这副样子。对于这一点，我早就在《西方的丑学》一书中——具体讲是在"埃斯特惕克为什么是美学"那一章中——就已经切实地剖析清楚了。而现在，如再针对所谓"审美现代性"的说法，我们还可把这种思路再向下延伸；此外，鉴于西语词汇 aesthetics 同汉语词汇"美"之间在传播过程中所粘连的这种剪不断、理还乱的关系，我还要提倡干脆弃用来自希腊文 αισθητική 的这一术语，而换用不太容易引发误解的拉丁文 sensus 一词。只有进行了这样的语词更换，我们才会不再那么拖泥带水，而随时意识到这自始至终都只是一门感性学（a subject of sense），或曰从头到尾都并不是一门美的学科（a subject of beauty）。

　　这个思想起点一旦被明确下来，后边的理解也就会势如破竹了：无论如何，我们在感性学的学科范围之内，可以而且应当从现当代世界中面对和接纳，并对之进行学术性处理的，也就并不是什么"审美现代性"（Aesthetic Modernity），而只能是"现代感应性"（Modern Sensibility）。这种"感应性"或简称作"感性"，当然是来自生命的演化进程。也正因为这样，我才会在前文提到的那次讲演中，根据最近出现的研究势头，顺便预判了一下未来的学科分化："再回到塔塔克维奇的那本书，如果其中的'审美'这个哲学概念，将来怕是要由'神经美学'来最终解决，正所谓'一唱雄鸡天下白'了，那么其中另一个'艺术'概念,恐怕主要应由社会学和人类学来解决。"①
具体的学理不便在此文中展开,但我当时之所以要这么说,总是因为自己每读到"审美"二字时,都会在心里再把它悄悄地译回"感性"。

又正是因为,这种作为即时反应的"感应性",一直都扎根在生命的演化进程中,所以,这种获得性的"本能"才必然是历时迁移性的,或者也可以说是天然带有"时间性"的。而由此才会又导致,我们越是回顾古代的感性世界,就越会清晰地意识到自己的感性世界,肯定是具有当下的、或曰现代的性质。姑且拿我刚刚又听完一遍的、叶秀山老师生前送我的一套音碟为例:身为著名指挥家的伯恩斯坦,当然可以娴熟地演绎古典音乐,无论是贝多芬、德沃夏克,还是稍后的马勒、理查·施特劳斯;然而,同时又身为作曲家的伯恩斯坦,一旦轮到要呈献自己的创作了,就马上会让自己那根指挥棒下,转而流出浓重的爵士乐和音乐剧味道。依我的揣想,就连伯恩斯坦自己也不会不知道,这种并列并不意味着质量上的"对等",甚至于,把《西城故事》和《费德里奥》如此地并列,简直就有点不知天高地厚,很有点"狂妄""僭越"和"亵渎"的味道。可即使如此,这位现代作曲家也是别无他法可想,因为要不然他就只能脱离自己的时代,就无法呈现出当下的感性生活,从而说到底,就只能去伪造古典时代的赝品或仿作。——也正是出于同样的考虑,我当年才会在《丑学》一书中,引用了海德格尔的下述说法:"艺术家可以觉得东西美,而且他可以说:是呀,如果人是生活在六百年前就能画出来了,或者在三百年前或者哪怕在三十年前。但是他现在却画不出来了。即使他想画,他就画不出。于是最伟大的艺术家就要算有天才的伪造家汉斯·范·梅格伦了,他还能画得比其他的人

---

① 刘东:《当先锋艺术不再挑战》。

'更好'呢……"①

更有意思的是，即使伯恩斯坦自问已经够"现代"了——而且也正因为这种"现代"的味道，他的《西城故事》跟比他早出的、格什温的那部同样充满爵士味道的《蓝色狂想曲》，才可能在后来的音乐会上"聊备一格"地偶尔出现——可此后毕竟又是几十年过去了，所以我们只需稍微留意就能够听出，伯恩斯坦当年所演绎的比才或普契尼，如果跟眼下层出不穷的新版音碟相比，都还显得太过迟缓、圆润与抒情了，换言之，是太缺乏刺激性的情绪、节奏和力度了，或曰是太不敢越出乐感与和声的雷池了。而这样的对比，就使我不由想起了自己先前的论述："在日益过敏的现代感应性面前，如果古人存心制作出的冲突竟然比今人刻意寻找的和谐还要和谐，那也不能被说成是仅仅由我们的耳朵弄出的错！我们的室外背景声早已变成了各种引擎的永无休止的轰鸣，我们的听觉参照系也早已变成了OK伴奏带里的千篇一律的喧闹，由此一来，海顿《G大调第94交响曲》中那个有名的响亮合弦就很难再让我们感到多少'惊愕'了，而莫扎特《D小调钢琴协奏曲》（K. 466）中极度渲染的情感张力也很难再使我们感到多少骚动了；除非专攻音乐史的方家，则人们更多地是通过瞳孔读到、而不是凭借耳鼓听出其中之'急风暴雨'和'激动不安'的，大概任何一位诚实的听众都勇于承认这一点！"②——千真万确，这正是出于自己笔下的**"现代感应性"**，而且早在九十年代初的《东方》杂志上，自己就已经明白无疑、确

---

① 《"只还有一个上帝能救渡我们"——1966年9月23日〈明镜〉记者与海德格尔的谈话》，熊伟译，《外国哲学资料》第五辑，北京大学外国哲学研究所编译，北京：商务印书馆，1980年版，第188页。

② 刘东：《并非胡话》，《浮世绘》，第36页，沈阳：辽宁教育出版社，1996年，着重号为引者所加。

有所指地提到了它!

除了这种历史中的"时间性"之外,再参阅一下人类学著作就不难领悟,在晚期智人走出非洲的漫漫长途中,既然连人种都演化得如此分岔了,那么,这些具有不同体质与文化的人类群体,其身心所秉有的具有获得性的"感应性",当然也会发展或沾染不同的"空间性",或者说,是各种"时间性"在不同场域中的"大分流"。照我看来,在对于这种特定"空间性"的形塑中,除了曾经受到孟德斯鸠等人重视的、决定了各自"人类学之根"的地理与气候要素,还至少会另有两种相当关键的动因。——其中之一,就是文明开发中的**"路径依赖"**,这尤其是指各部落中的先民们,不仅从丛林里带来了赖以生存的、初始形态的"感应性",还又在此后形成的具体文明社会里,更加自觉地萃取、开掘和发挥了自身的"感应性",从而创造出了足以将信念和价值寄寓其中,因而载有确定生活意义的形象综合体。众所周知,相当一段时间以来,这种形象综合体在西方经由提纯后被称作 arts,它后来也同样取道于东洋而被译成了"艺术"(げいじゅつ)。——其中之二,则又是文明扩张中的**"路径互动"**,也即待到天下大势从"合久必分"又走向"分久必合"时,各个文明原本相对独立的延伸路径,又总会在相互间发生吸引、渗透与叠合,而强势文明也总会仗着自身的能量,在扩张过程中逐渐倾轧、改造和覆盖弱势文明,遂使后者在以往形成的轨迹与路向,也随之出现了相应的变异、紊乱与失序,这中间当然也包括了"感应性"的扩张、侵蚀与变形。

人们眼下总喜欢天真地引证,费孝通曾经把文明间的关系,概括成了"各美其美,美人之美,美美与共,天下大同"。不过,这种"多元一体"的理想状态,毕竟只属于纯粹理念的层面,它当然可以作为学理来矫正现实,却不可被径直当成了现实。而一旦说到尚不理想的"现实",那么,由于此次的国际化乃至全球化,乃是从西欧的某个角落发动和传播的,或者说,乃是以欧洲化或西方化为底本的,于是,就连西方人所开发的特定"感应性",以及由此生发的特定文化样貌,也都被顺带推展成了其他文明的样板,为它们构成了专供比较的、挥之不去的"幽灵"(本尼迪克特·安德森);此外,这种"感应性"在西方中心的每一步变迁,也都随即要求别人去盲目跟从,甚至于,就连那些极不正常的、演化论意义上的明显"适应不良",其本身都已快把当代西方给拖垮了,也都同样强令其他文明要去亦步亦趋。——正是鉴于这种悖理的情况,我们在当代本土的文化实践中,除了要引进西方内部的日常生活批判,还应同等力度地唤起来自本土的后殖民批判;而不待言,这两种不同种类的运思方向和问题意识,如果不是总在构成激烈冲突的话,至少也是经常会形成强烈张力的。

事实上,我很久以前就已写下、现又正在继续阐发的"现代感应性",正是在前述的种种轴线的交叉处形成的,而且,我们也理应沿着这些轴线来把握和理解它,其中既包括"时间性"和"空间性"的交叉,也包括此种"路径依赖"与彼种"路径依赖"的交叉,更包括日常生活批判和后殖民批判的交叉。——也正因为诸如此类的交叉,这种"现代感应性"仍会像人们对于所谓"审美现代性"的形容那样,是高度包容、极度复杂和相互渗透的,比如其中既包括国际化的食谱和平均化的口味,也包括手机铃声中的贝多芬和随身听里的披头士,既包括西式服装的标准化和各地时装的趋异化,也包括恐怖镜头的冲击力和国家地理的炫惑性,既包括高速路上的敞篷车和热带风情的观光业,也包括对于诺贝尔奖的热衷和对于足球明星的追捧,既包括装了落地窗的海景房和挤满了海滩的比基尼,也包括影视界的工业化和艺术家的娱乐化,既包括博物馆里轮流照相的排队长龙，也包括互联网上铺天盖地的情色风暴，而最能反映出此中的盲从、紊乱和纠结的，就要算被狠心整容出来的西式美女，和唯恐要被"退货"处理的赝品新娘了……

可话说回来，就算这种作为"现代感应性"的变化趋势，其本身就是复杂纷繁、不无脱节和内含应力的，而且，就算它既在西方遭遇了反弹与回潮，也在非西方社会遭遇了对抗与杂交，更不要说，就算我们眼下也的确无法逆料，它对于西方自身到底是利是弊，以及对于整个人类终究是福是祸，然而我们只要冷静而仔细地观察，却总会发现它并不像那些马虎的描述那样，只属于一团混乱无序的乱麻，或一幅杂乱无章的拼贴画。——事实上，至少从我本人的角度看来，它作为一种节节发展的变化趋势，至少在西方并不是全无规律可寻的；相反，如果撇开刚才讲到的外部反抗与外来反弹，只就西方自身的"现代感应性"而言，那么，我们从这样一种变化的生活趋势中，就可以依次区分出三种不同的层面、或者三个自外向内的同心圆来。

第一，在最为宽广的意义上，我们从西方传来的最新生活方式中，的确会感受到一种堪称"现代"（modern）的"感应性"（sensibility）。——无论从文学还是从美术、从听觉还是从视觉中，也无论从建筑还是从舞蹈、从纯粹艺术还是从工业设计中，乃至从一块招眼的招牌、一件新奇的时装、或一组极简的家具中，以及从一种撞色的装饰、一种爆炸的发型，或一组蒙太奇的镜头中，我们都能一目了然地感受它，并且确信无疑地认知它，知道它正在当下包围簇拥着我们。事实上，尽管并没有构成现有生活的全部，可这种"现代感应性"毕竟又鲜活地扎根于生活，并参与构成了现代人的总体语境。既然如此，这种对于"现代生活"的综合感受，在外延上就势必要大于"先锋艺术"（或"前卫艺术"）的概念，且由此就既在铺垫和滋养着后者，又转而去不断汲取着后者的影响，乃至受制于后者的强力推动，和忍受着后者破坏性的突破。

第二，其实我们从前边的论述中，已经悄然推向次级的同心圆了，或者说，我们已可在一种较为缩小的意义上，来理解和安顿"先锋（或前卫）艺术"及其理论解释了。需要注意的是，这后一种概念的范围或外延，常会显得跟"现代感应性"大体重合，甚至不过是同一事物的不同侧面，只要人们更愿去关注那个大圆的"艺术"素质，或者只要他们尽量把这个小圆扩大，乃至于认定了无论是木工还是裁缝，园丁还是理发师，都算得上是平民化的、广义上的"艺术家"。但即使如此，我们凭靠着艺术社会学的理论框架，比如从"文化资本"与"生产场域"的概念入手，还是可以借助于中心还是边缘、自主还是他律、创造还是模仿、高雅还是通俗、纯粹还是实用、专业还是业余、小众还是大众、愤世还是媚俗等区隔或壁垒，辨识出这两者之间的相对界线来。而且，就算诸如此类的相对界限，有时候的确会显得模糊或交叉：比如，跟无功利的街头涂鸦画比起来，那些实用美术的大师难免会觉得，自己精心制作的玉雕作品或图书装帧，无疑是更为高雅、更具匠心和更有艺术性的；再比如，劳特雷克当年的招贴画，或者肖斯塔科维奇当年的电影配乐，后来也都升格成了美术馆里的高雅展品，或者音乐会中的别致节目。但大体而言，这两者的界线还是相对清晰的。所以，我们仍不妨把那些偶然的越界现象，看作由超常努力所造成的例外情况。

不过又正因为，这两者有时的确界限模糊，我们还应对较小的同心圆再进行一次界定，指出"先锋艺术"最为本质的神髓，仍在于它注定要针对现行的社会规则，和居于主导地位的意识形态，进行持续不断的、出人意表的，甚至无所不用其极的反抗，而且唯独只有这一个更本质的特点，才表现出了它那桀骜不驯的"自律性"。

反过来说，也正是它这种堪称本质的要点，才使它所带来的冲击性的感觉效应，在作为"现代感应性"的总体氛围中，只是占据着一个核心的和要冲的位置，或曰只构成了那总体效应的某个组成部分。在这个意义上，判定一种新颖或时尚的形象综合体，究竟是否真正属于"先锋（或前卫）艺术"，尽管可以参考上述那一系列界限或区隔，但主要还是应看它对于现行规则与意识形态，到底是采取了反抗的还是顺从的、挑战的还是接受的姿态。虽则说，这种挑战也往往会在事后被吸纳下来，因而这种反抗也往往会被消化为某种"激发"，到头来也对社会产生了或好或坏的推动，表现为某种建构或解构社会的能动力量；可与此同时，一旦这种原本游离在外的质疑、挑战或反抗，又被现行体制给见怪不怪地容纳了下来，它那异端或造反的精神也就被悄悄消费掉了，而它这种令人羡慕的"终成善果"的结局，也正标示着其自身正步入式微与败亡。

正是基于这样的严格标准，我在前边提到的那次即兴讲演中，才会指出当代西方的先锋派艺术，其能量也已在社会的"招安"中被消耗殆尽了："先锋派在它萌生的初期，还是有着强烈的反体制特性，对于现行体制持否定的态度，就这一点而言，它仍可以被丑学理论来概括。只不过，这些先锋派到了后来，大多又乖乖巧巧地被收编了，也就不能再以现代派来笼统解读了……由此，我更是突出地感受到，先锋派已不能被丑学概括了。换言之，它一旦被正统体制所收编，身上的那点倒刺和反骨，就会被天鹅绒给包裹起来，也就显得温柔和顺眼起来，无非是发点嗲、撒点娇罢了。这就是卢文超方才所提到的，它自身有个走向没落、衰微和消亡的过程。"[1]再进一步说，也正因为它本身已经活力将尽了，那些因它而起的、同

---

①刘东：《当先锋艺术不再挑战》。

样带有实验或假说性质的先锋派理论，诸如比格尔或格林伯格的那些解释，也就并不值得我们把它们太当回事了。

其三，我们沿着上文中的逻辑方向，还可顺势再推出一个更小的同心圆，那正是我在《丑学》一书中专门处理的对象："这是一种完全笃信丑学的，用来看待世间一切事物的丑的滤色镜。有了这种满眼皆丑的目光，他们怎能不把他人看作地狱（萨特），把自我看成荒诞（加缪），把天空看作尸布（狄兰·托马斯），把大陆看作荒原（T·S·艾略特）呢？他们怎能不把整个人生及其生存环境看得如此阴森、畸形、嘈杂、血腥、混乱、变态、肮脏、扭曲、苍白、孤独、冷寂、荒凉、空虚、怪诞和无聊呢？"①

这方面的详细论述，早已写进了《丑学》一书中，没必要在这里过多地重复。可无论如何，我仍需再界定一下这个最小的同心圆。一方面，在相当常见的和堪称主流的场合，或者干脆说，是在它们最具神髓或风骨的地方，"先锋（或前卫）艺术"及其理论，还是跟我所讲的"丑学"与"丑艺术"，在大体上相似乃至在基本上重合的。也就是说，就其深入骨髓中的反抗精神而言，就其对现行规则的总体拒绝而言，就其对人生意义的全盘否定而言，我们也不妨就用"丑学"和"丑艺术"的概念，来涵盖"先锋艺术"的主要实践及其理论。可另一方面，如果想要面面俱到、事无巨细地对之考察，那么，"丑学"和"丑艺术"的较为狭小和精确的外延，还是无法覆盖"先锋艺术"的较为粗疏与驳杂的呐喊。——首先，实际上这方面的第一层肇因，我已经在前边的论述中碰触过了，是因为这种在外表上缺乏艺术性的"先锋艺术"，反而是更容易被人们伪造或仿造的，尤其是在它受到了社会上丰厚的安抚，并被推向了拍卖橱窗和美术展厅之后，自

---

① 刘东：《西方的丑学》，成都：四川人民出版社，2018年，第245页。

然会成批量地吸引来追名逐利者，只去追求外在的形似与轰动的噱头，却失去了它对于当代社会的批判性，以及对于人类生活的震惊力。由此一来，这种并不对抗和颠覆的先锋艺术，或者这种有名无实的前卫艺术，当然也就游离了"丑学"或"丑艺术"的更小同心圆，不再能被我所发明的这个概念给涵盖了。

其次，这方面的第二层肇因，则是来自于不同"文体"的制约，或者干脆说，是因为"arts"（艺术）这个源自西方的术语，总是在不断地自由漂移和随意黏连，已杂凑起了一大堆无法整齐定义的东西。正因为这样，后来我在讨论贡布里希对潘诺夫斯基和沃尔夫林的质疑时，也曾顺便检讨过自己在早年遭遇的困扰，彼时我还太过在意"艺术"概念的齐整，未能转念想到受具体"文体"和"用途"的限制，用来居住的"建筑"正如用来睡觉的"床榻"，并不能负载起对于价值的关切和对于生活的批判："当我主要是在现代西方哲学和现代西方文学中找到了构思《西方的丑学》的灵感之后，竟然长久地为了找不到丑艺术在现代西方建筑作品中的表现形式而苦恼，于是最后便只有强辞夺理地把蓬皮杜文化中心说成是丑建筑的典型。当然我并不认为《西方的丑学》这本书一无是处，我认为它的基本论点至今仍然是有道理和有创见的。不过，如果我当时能够更多地考虑到艺术类型学的问题，那么无疑我就会在这本书中对艺术事实进行更具有曲折复杂的中介环节的周全处理，而不至于在建筑的外观表象方面向自己直截了当地提出'是否丑陋'的难堪问题。"[1]

而到了晚近，既已在认识上划定了这三个同心圆，再处理起这类问题来我就毫不犯难了："我年轻时做出的那种理论概括，还是

---

①刘东：《艺术究竟是怎样流变的》，《近思与远虑》，杭州：浙江大学出版社，2014年，第100页。

能够解释大部分现代艺术现象。不过，所谓先锋派这个概念，却往往超出或大于现代派，所以丑的文学、诗歌，丑的戏剧、电影，丑的绘画、雕塑，甚至丑的音乐、演唱，都可以俯拾皆是地找到，却唯独丑的建筑，似乎不容易找到，所以，我当时就有点强作解人地，把巴黎那座蓬皮杜文化中心，权且当作了丑建筑的典型代表。要是搁在眼下，我就愿意更开阔地把它概括为先锋派。"[①] 甚至这样一来，反觉得更为凸显了自己在《丑学》一书中处理的对象，从而赋予了这本书以更确定专注的意涵。——所以不妨再来清点一下：如果从小圆来看，那么"丑学"和"丑艺术"所关注和处理的内容，应当是小于"先锋（或前卫）艺术"的；而如果从大圆来看，那么"先锋（或前卫）艺术"所包括的内涵，则又应当是小于"现代感应性"的。

而由此再来回头检讨，自己在《西方的丑学》中所采取的角度，就有两种应当特别予以提示的特点。——其一是，我一入手就以"**西方的**"这个所指笃定的定语，开宗明义地凸显了它的"西方性"。换句话说，自己在这本书中处理的文化现象，由于具有相当特殊的"空间性"，就只属于某个特定的文化共同体。因而，尽管这种文化现象也很值得别人关注，甚至也很值得他们警觉地对照，却并不具备普遍适用的"时间性"，并无理由要别人去照单全收、亦步亦趋。——其二是，我紧接着又以"**丑学**"这个自创的术语，凸显了在全部的"现代感应性"中，那种最居核心或关键位置的文化现象，而且在我看来，这种文化现象之最为鲜明的特征，正在于它那彻底的灰暗、深层的绝望和极度的消极，以及它对于意义消解与价值毁灭的执意凸显："对于丑艺术家来说，最美的艺术绝不等于最好的艺术。正像以前只有审美力超群才能成为艺术大师一样，现代西方的艺术才情，也恰

---

① 刘东：《当先锋艺术不再挑战》。

恰表现在敏锐的审丑力上。他们绝不愿意被围于（鲁迅所概括的那个）'美的圈'，而偏偏要把注意力集中在传统以为不可以表现的鼻涕、大便、癞头疮、毛毛虫上；而且谁对之以崭新的创造性手法表现得淋漓尽致，谁似乎就更容易赢得名声。这样，如果我们不把根本立足点从美学转移到丑学上来，我们就根本无法有效地识悟这种丑艺术的匠心，就根本无从下手去令人信服地评判它的得失。"①

　　既然如此，同样应当公允肯定的是，那些有关"审美现代性"的笼统提法，一旦跨过了近代西方的精神门槛，而踏上了西方现代主义的灰暗时段，也就同样需要涵容更多的反抗与冲突，以及由此所带来的灰暗与绝望，从而，它们也同样会一反古典主义的乐观情调，不再会认为但凡属于"感性"的，就天然或必定会属于"美好"的了。正因为这样，即使在这类带有翻译腔的论述中，"感性学"实则也并不意味着"美的学科"了，——可惜那个英文中的aesthetics，还是沿着从日本转口的既定词典，被吊诡或悖反地因袭为"美学"二字。也正因为这样，这类论述也往往都正确地指出了，以我老师李泽厚为代表的传统美学，由于太过脱离或无视现代的生活，已无法满足学科发展的紧迫需要了。

　　而附带着就应说明，由于是在写完了《丑学》之后，才负笈来到了李泽厚的门下，我后来也就在《感性的暴虐》一文中，简直有点不敢相信地回想到，自己的"美学"观点竟然从一开始，就大体是跟自己老师背道而驰的："回顾起来，我这种立场实则是其来已久，它不是从书本上的美学中学来的，而是从实际生活中领悟到的。打从写作自己的第一本著作《西方的丑学》的时候起，我就对那种'从美丽走向更美丽'的上升过程表示了怀疑，——尽管当时我还并

---

① 刘东：《西方的丑学》，成都：四川人民出版社，2018年，第226页。

不认识李老师,无缘把这些不同意见当面讲给他听。正是在那本写于近三十年前的处女作中,对应着西方世界的充满悲观的现代艺术,自己率先从理论上切断了'感性'与'审美'的关系,从而不再把人类艺术心理的'演化'等同于'进化',相反倒认为它有可能不断'积存'或'累加'负面因素"。①

　　当然说到这里,马上就应该补充说明,自己肯定在很多别的方面,都受到过李老师极深的影响,否则的话,我也许就不会把阅读和运思,如此漫无边际地向外扩展。可无论如何,我们两人就是不曾讨论过"美学"问题,而我也偏就在这个被指定为"专业"的领域,并没有受到过自己老师的什么影响,这恐怕都要归因于《丑学》的成书太早,而本人的看法一经形成也就固执了下来。——正因为如此,就像我到了后来幡然回顾的,居然跟李老师的名作《美的历程》相反,我这本《西方的丑学》反而意味着,起码就西方本身的特定情况而言,真正存在着的倒是一次《丑的历程》:"这种感性心理蜕变的过程,在大多数的情况下,与其说是像李泽厚当年所描画的那样,是作为"美的历程",还不如说是像我当年所描画的那样,是作为'丑的历程'。也就是说,它很可能并不是沿着黑格尔的节奏,在演示出'否定之否定'的螺旋上升,而是沿着一架直线下落的滑梯,不断地体现为'麻木——刺激——更麻木——更刺激——直至麻木不仁……',甚至很可能是'残忍——接受——更残忍——再接受——直至惨不忍睹……'"。②

　　赶紧再把话题收拢回来。尽管正如前文中所指出的,那类有关"审美现代性"的论述,也部分接触到了现代西方的感性特征,可令

---

①刘东:《感性的暴虐》,《西方的丑学》,成都:四川人民出版社,2018年,第277—278页。
②刘东:《感性的暴虐》,《西方的丑学》,成都:四川人民出版社,2018年,第288—289页。

人遗憾的是，它们却是既缺乏内在的条理和逻辑的连贯，也缺乏独立的观察和自觉的立场。而正因此，它们也就未能将这些驳杂的感性特征，合理地放置到那个文化的原生场域，以便去聚焦和分析这种文化的核心与要害。更加令人遗憾的是，它们又往往只表现为西方理论的复述，而缺乏同这种思维方式的平等对话，只是在介绍对于西方艺术的西方解释，而缺乏对这种现象的独立运思的看法。由此一来，这种所谓"审美现代性"的提法，也就不自觉地隐含着这样的逻辑：正如所谓"前现代性－现代性－后现代性"的时序，暗中或潜在地向非西方世界所喻示的那样，不管当今西方的发展是何等的脱节与错乱，它都仍然属于历史的必然和别人的明天，因而也就都属于非西方必须紧紧跟随的。——甚至把话说得更直白些，哪怕是人家已显然是"精神分裂"了，那也同样是走在前面的或具有"先进性"的，也同样在演示着我们今后必须承担的宿命，由此我们作为"现代化"的落后的学生，再不学学样子去同样经历"精神分裂"，也就对不住那些"现代化"进程中的老师了。

由此可见，眼下几乎众口一词的"审美现代性"，和我早就提出来的"现代感应性"，这两者之间最主要或最本质的区别，就并不在是否从现代的西方世界中，看到了发生在感性心理上的那些变化，而在于到底是从"空间"还是从"时间"上，来认识、判断和处理这一系列的变化。看起来，正如苏姗·弗里德曼所指出的，长期的西方侵袭的确造成了这样的心理，它把1492年之后发生在欧洲的所有事件，全都不容置疑地看成了现代性的本初"标准"，又把在任何其他地方出现的现代现象，都统统视作边缘的、派生的、迟到的、仿效的和差等的。由此一来，原本只存在于特定时空中的西方现代性，也就被夸张成了普遍历史的目的论的终点。——这种作为"欧洲中心论"的历史目的论，正是被苏姗·弗里德曼尖锐批评的"时段化"，因为它必然要把西方的昨天，比附或推广为非西方的今天，又必然要把西方的今天，比附或推广为非西方的明天。而在她即将发表于《中国学术》的文章中，身处文学系的苏珊·弗里德曼还更进一步指出，这种既隐含又无处不在的"时段化"的思路，往往正是在打着所谓**"审美现代主义"**的名义：

> 时段化（Periodization）在现代主义研究中尤其具有局限性，因为它强化了有关"西方"与"西方社会及文化"的意识形态构建，视之为确定世界历史的核心所在。韩瑞抱怨"时段化这一概念在文学研究中那种近乎绝对的统治，对于文学专业而言，这种统治意味着一种想象力与意志的集体失败"。我同意他的说法，但我更将此视为比文学专业本身更广泛的问题。我想强调的是，即便是策略性的时段化，也有危险性。当现代主义研究这把保护伞不断地伸展，越变越宽阔时，受到压抑的时段化又开始回归，而现代性的"源初"意义施展出卡里斯玛般的牵引力，即它是一种1500年之后或启蒙之后的西方现象，在欧洲与美国的文化中心产生出了审美现代主义，从十九世纪中后期直至二十世纪四十年代。这一独特的都市现代主义及其在艺术与文学上的经验形式仍然在相关领域保持着对于认识论与制度建构的控制，从而使一种传统的历史时段得以恢复。[①]

值得提示的是，即使是在苏珊·弗里德曼的上述论文中，那个所谓"审美现代主义"的提法，也只是在翻译过程中被悄然"生

---

①苏珊·弗里德曼：《现代性的故事：长时段中的行星尺度》，《中国学术》第三十九辑，北京：商务印书馆，2018年，第8—9页，着重号为引者所加。

产"出来的，换言之，说到底还只是一个根据现成字典来转换的日文词汇。由此我们就必须警觉地提示，其实当西方人写下 aesthetic modernity 或 aesthetic modernism 的时候，尤其在过了卡夫卡和波德莱尔的时代之后，在心中实在未必会联想到那个增生的"美"字，相反他们能想到的只会是"感性向度的现代性"。而正是这种微妙的、往往很难被觉察的语义差异，才促使我终于忍不住在这里提出，干脆就用"现代感应性"（modern sensitivity）来置换掉"审美现代性"（aesthetic modernity）；否则的话，我们就无法在心理上建立一道"隔离墙"，以防那个"美"字再沿着旧有的路径被夹带进来。当然话说回来，也正因为我本人是被夹到了中日之间，才会敏感到在这方面无端增生的问题，——因为正如我在几十年前就已看到的，其实在经过了现代主义洗礼的西方，那个"美"字早已不再具备什么主导地位，甚至早已让位给其在感性心理上的对手了：

> 希腊的很容易就会变为邪恶的。如果艺术必须接纳乱伦和恋尸癖，审美的也就和道德的产生了冲突。真相是丑陋的，并不美丽。如果艺术家要还原整个现实，不论是作为自然主义小说家还是魔鬼般的后波德莱尔式诗歌，他都必须经受叶芝所谓贫民区的洗礼，拒绝正统的道德荣誉以便在想象上变得与人类存在的黏液和垃圾一致。只有如此他才能将排泄物聚合为永恒的。这是美学版本的受难与重生，赋予诗人以某种圣洁的光环。然而在既被祝福又被诅咒的传统意义上来说他也是圣性的。通过想象性移情来生存就会丧失自我；失去自我的存在就是一种

虚无；虚无则令人忧惧地接近于邪恶。[1]

至此再来总结一下，如果跟我现在提出的"现代感应性"相比，或者跟我早前提出的"丑学"和"丑艺术"相比，后来逐渐流行起来的、有关"审美现代性"的提法，实在是犯了双重的理解错误，或者说竟是连一个字也不对。首先，那个写在前边的**审美**一词，既然对于跨文化传播中的生产性，或者对于萨义德所讲的"理论的旅行"，还缺乏足够的意识和相应的警觉，就显然是以讹传讹的和谬以千里的。事实上，一旦缺乏了我此前所凸显的"丑"字，也就悄然抹去了在西方的"现代感应性"中那种最为特异、也最能让国人感到惊讶的要点。而这样一来，这种说法也就在无中生有地，沿用起"美"或"审美"的说法，掩盖或抹去了那种畸变心理应有的生隔，使得国人无从由此警觉地醒悟到，那原本并不应是"放诸四海而皆准"的。其次，那个写在后边的**现代性**一词，既是在偷运前文所讲的那种"时段化"概念，而把空间的并置偷换成了时间的先后，更属于暗中的或不自觉的"欧洲中心论"。事实上，只要是先入为主地沿用了这类概念，就很难去如实凸显空间中的多样化，和文化上的选择性了。因而，即使这些论者后来想从西方的困境中走出，也是很难找到逃逸的门径和挣扎的出路了。最后，等这两个词汇再被并到一起，拼凑成了汉语中的**审美现代性**，那就更是把两个错误给叠加起来发酵了，因为这样一来，就把在西方语言中往往具有贬义的"现代性"一词，毫无根据地用"审美"的面纱给包裹起来，从而朦朦胧胧地增加了它的可接受性，也无端地添加了语义与理解的混乱。

<hr />

[1] 特里·伊格尔顿：《文化与上帝之死》，宋政超译，郑州：河南大学出版社，2016年，第91页。

之所以如此，主要地恐怕还是由于专业的限制，使得那些以"美学"为业的现代学者，大体上缺乏对于其他专业的兴趣，只能把西方学界有关"现代性"的论述，不管三七二十一地生吞活剥过来，并没有了解那些论述在西方语境中的本意。

凡此种种，都在强烈呼吁着一次范式更新。然而，考虑到《西方的丑学》成书之早，面对着拖到现在才想起来的、显然已大为迟到的范式更新，还是不免有几分唏嘘与抱憾。不过，回顾起来也应当平心地承认，就算是天性敏感地写出了这本书，以自己当时的学力和这本早熟的小书，还远不足以在中西的复杂对话中，具备足够强大的自觉性和主体性。大概也正是这个原因，才促使我刚刚写完了这本书，就马上听从自家心智的呼唤，而转向了中国美学、比较文学和国学研究；无论如何，只要还不能去背靠更为强大的传统，我也就无法获得更加强大的心力，就无法旗鼓相当地进行文明对话。当然，同样也是因为这个原因，即使后来在北大或清华的课堂上，出于教学任务也必须讲授"美学"，我也只愿讲授已经若有所悟的"比较美学"，——那毕竟更容易凸显对话意识，从而既唤醒同学们也唤醒我自己，必须从以往的泥沼中拔脚出来，从更高的视角来俯瞰文化板块的碰撞。

毫无疑问，我已经就此又写出了一些书，而且还将会写出更多的书，只是在这里不便展开来谈了。可这样一来，就留下了个必须作答的问题，那就是站到了这样的高度上，该怎样来回顾当年的那次写作？我觉得，也没有必要硬撑着去唱高调，说自己绝对义无反顾地"不悔少作"。事实上，如果到了今天再让我重新发笔，那么在对比之下，很容易发现在这本"处女作"中，还存在着很多稚嫩和疏漏的地方，它们既源自我当时思想的稚气，也由于当时还只是国门乍开，一下子还读不到更多的参考材料。可即使如此，我却又并不觉得这本早年之作，只属于一种"视唱练耳"的作业或功课，对于现在的学界已经完全过时了；恰恰相反，有了前文中对于"审美现代性"的那些剖析，我回过头来仍觉得自己当年的处理，在相形之下要简单明了、干净利落得多，而且也更加找准了方向，和显出了理论的潜力。

那么这又说明了什么呢？——以我看来，这件事再一次雄辩地证明了，从事理论工作的最基本前提，就是要具备追根究底的能力，和独立运思的能力，从而在研究中显出你的独创性。无论来势多大、气场多足的权威，只要没经过自己头脑的核验，就不能被内心认定为真正的权威，也无论传承多久、传播多广的公理，只要还没被自己的头脑想通，就不能被当作由此出发的前提。——正是在这样的心态下，我才在《丑学》的一开始就写下了一段疑问，而这种疑问，其实也正是自己在自修"美学"的第一天就想到的："Aesthetics 的原义既然是'感性学'，而'美'既然不过是区区的感性诸范畴（Aesthetic Categories）之一，人们却为什么又将'美'这样一个范畴去取代整个'感性学'的所有其他范畴，而把 Aesthetics 译成了'美学'呢？"[①]

由此可见，如果不是内心中总是抱持着这一问，或者说，如果后来漫不经心地、或者强迫自己去略过了这一问，那么，也就不会有我后来在此书中紧抓不放的问题了——"埃锡塔惕克为什么是美学"？同样地，也就不会有我在本文中再接踵追问的问题了——"埃锡塔为什么是审美"？当然了，那就更不会有我借此想要发挥和演示出的对话意识。而一旦写到这里，也就可以引用前述那次讲演的结尾，来终结这篇或已有点嫌长的文章了：

---

① 刘东：《西方的丑学》，成都：四川人民出版社，2018 年，第 42 页。

应当看到，西方先锋派艺术及其理论的困境，恰正是我们进行"弯道超车"的契机，大家应该为此感到欢欣鼓舞才是，怎么反而有人会替它感到头疼、感到绝望呢？如果用一句英文来表达，眼下正应当大喝一声——"This is your big disaster, not ours."所以，眼下的当务之急，还应回到我早年在《西方的丑学》中的思路，其中最关键的一条，就是不能把空间与时间给弄混了。中国和西方的区别，或者整个非西方世界同西方世界的区别，原本应当是属于空间性的，也就是说，是分属于不同的文化部落的，可惜有些人却将它看成时间性的了，由此就把西方直接看成"进步"的化身了，还美其名曰这是什么"审美现代性"。在我看来，这种缺乏反思的、亦步亦趋的提法，在观念上和实践上的恶果，就只能是无论西方人犯下什么错误，我们都必须跟着犯什么错误，永远像一群"过江之鲫"一样，去盲目跟从前边那只"头羊"的后尘，——设若如此，我们过去吃过的那些悲惨的苦头，才真的都是白白地、枉然地、活该地遭受了。①

2018年3月2日于清华学堂218室

---

① 刘东：《当先锋艺术不再挑战》。

江苏文脉的激活

——从大学发展的角度看

应邀到以"江苏发展"为题的会议上发表主旨讲演，不仅让我由此而深感荣幸，也同时想到了自己的责任。我的祖籍虽然在山东峄城，可我本人却出生在江苏徐州，而且也就在那一方水土中长大，再来到南京大学读书和教书。此后，我虽然为了深造而负笈京城，却一直跟江苏的同乡、特别是这边出版界的同仁，保持着富有耐力的长期合作。久而久之，我在这边主持的丛书已达六套，包括在国内规模最大的《海外中国研究丛书》，和规模第二大的《人文与社会译丛》。在既成果丰硕、又煞费苦心的合作中，我不断感受到了家乡父老对于文化的挚爱，也正因此，晚近我又正和江苏人民出版社的同仁们，在规划另一套纯属原创的学术丛书——《梧桐书丛》。如果它能够顺利出版的话，就将是我为你们主持的第七套丛书了。

还应当补充说明一点。操持学术出版虽然劳心劳力，但它对我却并非只意味着"牺牲"，因为正是在这种接续的合作中，才使我本人哪怕只是从心情上，得以从学院的高楼深院走出来，获得服务于并有用于社会的感受；而且，也正是这种"仍然有用"、甚至"天降大任"的感觉，才足以构成强烈而持续的心理发动机，让我至少比较容易从疲惫中快速恢复过来。此外，这类的主持工作只要能真正投入进去，也不像寻常往往误以为的那样，只是在"为人作嫁"而耽误自家学业，相反倒会使视野变得更加开阔与敏锐；也正因此，我们清华国学院的前贤如梁启超、王国维，当年也都进行过与此相似的主持工作，并且借此而大大提升了自己的学术境界。

不过，在简单交代完这些之后，我就要径直切入"江苏文脉"的话题了，因为根据会议的通知，正是要我来讲这种文脉的继承与创新。从前边所讲的就可以看出，这种文脉一直都在生生不息地活跃着，否则这边的出版界就不会如此强大，甚至凤凰集团即使在全国范围内也属首屈一指。尽管建国以后的行省划分，把作为有机文化概念的"江南"，给简单而僵硬地切割开来了，但毕竟，我们还是可以从"江苏"这块地方，感受到最能代表中国文化魅力的、精致而发达的文化生活。相对而言，这里有着最为丰足、优雅、温润、敦厚的文化个性，也有着对于文化传统的最为沉稳的呵护与持守。这自然使我们回想到，早从将近两千年前的六朝开始，这里就荟萃了天下最多的文人士夫，从而承载了文化重心朝向南方的转移，并以独立而高贵的精神气质，多次倡导了引领全国的学术创造。

的确，即使在号称"大一统"的古代中国，文化中心也并不总是跟政治中心重叠的，尤其对曾经跟长安、洛阳、燕京并称为"京"的金陵来说，否则它也就不会依照方位而被称作"南京"了。别的不说，即使南京到后来只是作为陪都，然而晚明江南士夫的讲学之风，却曾跟北方的皇权遥相对抗，从而主导了整个知识阶层的舆论，并作为独立议政的学界清流，对当时的官府构成了巨大压力。而到了此后的清代乃至民国，则无论是昆山的顾炎武，还是南通的张謇，也无论是高邮的王家，还是无锡的钱家，也都是要么开一代风气之先，要么存满门治学之风，继续演示出此间的"人杰地灵"。也正因为这样，我们才可以理解，孙中山当年何以偏要选在南京，来建立中华民国的临时政府。毕竟，也只有这里由长期历史所形成的地望，所谓"钟山虎踞，石头龙蟠"的王气，才可以迅速在国人心中建立起中央的威信。

当然，也正是在这样的回顾中，我们也会不无遗憾地发现，这个古来素称富甲天下、曾被誉为"苏常熟，天下足"的鱼米之乡，也曾在发展中遭遇过偶然的顿挫。比如，要是没有明初的那次迁都，或者没有民初的那次迁都，那么，这里原本就会是整个中国的心脏。再如，要是没有太平天国的那次洗劫，或者没有日本强盗的那次屠城，这里的文化生态就会保有得更完好。更不要说，建国后那种统一而强制的行省建制，往往使历史在这里的丰厚积淀，也构成了某种无形的发展障碍。比如，假如没有来自江苏的足够支撑，大概原本隶属它的上海就不会快速发展；但反过来，也正因为沪上发展得这么快，它从民国时代起就逐渐脱离了江苏，反而把围绕它周边的江苏地带，都转变成了大上海的"后院"。再如，又由于要把江苏一连串的历史名城，强行纳入到单一的行省建制中，就使得像苏州、扬州、无锡这样的城市，尽管在历史上原都属于不可多得，却都要被强行压低它们的行政级别，无法配备起相应规模的综合大学。从这个意义来讲，甚至就连江苏以往的较好基础，也都对后来的齐头并进构成了障碍；也就是说，要是换到其他不够发达的省份，像这等的明星城市准会被推为重镇，可江苏却苦于这样的城市实在太多了。

坦白地讲，既然家乡父老给我出了一个难题，要我来讲讲江苏文脉的发展与创新，那么我作为一个生长于斯的人，出于发自肺腑的、不可推卸的责任感，也不愿无关痛痒地敷衍了事，因为我正是在上述历史语境下，来理解这种传统的历史与现实的。于是，又为了能更好地展望未来，我就一方面要切实找出以往的缺憾，以看出现实中的欠缺与不足，否则就无法寻绎今后的方向。而接着在另一方面，作为一个来自首都清华的学者，我还要再从"全国一盘棋"的角度，来看看江苏文脉在预期中的创新，究竟应当朝什么方向去激活。否则，我们就不可能非常自觉地，把这样一个局部性的发展，纳入到全国的阶段性任务之中，——那任务也属于一种更大"文脉"的激活，或者以我常用的表述来讲，是要建立起"中国文化的现代形态"。

我本人长期执教于高等学府，就先从我所熟悉的本行谈起，再来发挥它对于整个社会的辐射作用。单刀直入地说，如果1952年的那次"院系调整"，是把以往综合与多元的教育格局，变成了仿照苏联的单一高教体制，由此既闭锁了民间和私立办学的空间，又开启了"重理轻文"的偏颇方向，那么至少，即使在那个国力单薄的时代，中国的高校都还享有它相对均衡的布局，从而并立或串联着当时的一串名牌大学。比如，当时在国人心目中，不光是有首都的北大清华和八大学院，也还有南大、南开、复旦、浙大、武大、中山、吉大、厦大，以及兰州大学和西安交大。在这中间，尤其要数我的母校南京大学，由于拥有当年中央大学的雄厚底子，所以即使是经过了"院系调整"，仍属于不可忽视的学术重镇，以至于即使到了我们入学以后，当中科院在1980年重新评选时，北大和南大所拥有的学部委员，也只有42名和38名之差，只比北大差了区区4名。

按理说，随着综合国力和宏观调配的加强，应当出现更合理而均衡的体制。可事与愿违，布局反是朝着更不多元的方向发展的。由于户口的松动和人才的流动，也由于中央拨款的明显倾斜，如今首都高校的优势是更加明显了，而其他地区的权重则大多相对下降。也许，唯一能稍许抵抗这种趋势的，就要数长三角和珠三角地区的大学了，部分是因为"孔雀"还愿意东南飞，部分则是因为这里相对雄厚的地方财政。可无论如何，由于并没有开启多元办学的空间，我们的高教体制就没有顺应着改革开放的大势，在经济较为发达、生态较为宜人的沿海，建立起一连串新时代的、或曰改革开放时代的名牌大学，这就使得我先后任教的北大清华，如果跟发达国家的哈佛耶鲁，或者牛津剑桥的情况相比，反而越来越像不那么开放的莫斯科大学，乃至德黑兰大学，或者开罗大学了。

换句话说，苏联式的失败经验反倒在加剧，这当然决不符合历史的趋势，而且这样的缺憾，还不是光靠增加经费就足以改变的，因为如果基本的体制无法理顺，那么越往倾斜的体制上增加投入，那个体制就反而会更加倾斜。无论如何，只要是太过集中和太过官僚化，就不可能展开有效的思想竞争，就不可能激发出真正的学术繁荣。如果说，建国初期的那次"院系调整"，其目的之一正在于思想的统辖，比如曾把全国的哲学系都合并到北大，让整个国家只剩下一个哲学系，让全体哲学家都来受教于艾思奇，那么，我们现在竟又看到了同样的情况，那就是很多原本身在江苏的优秀学者，也因为种种原因而集凑到了北京，包括我目前所在的这个清华国学院，从而越发加强了北京的优势地位。其实，也正因为如此，才会出现刚开始所讲的情况，那就是尽管江苏的出版业高度繁荣，但它主要是由北京学者在进行支撑的；而且，即使这种情况维持了很多年，也没见到沿着这种卓有成效的合作，再在本地进行进一步的整合，从而发展出具有造血功能的知识生产机制来。

当然不必太过沮丧和失望，只要还能去正视这些问题。实际上，一旦发现了这种不正常，也就发现了进行改进的余地，也便使得对于历史的自觉激活，找到了符合历史趋势的方向。凡是熟悉国际汉学史的学者，都知道那个"费正清的鱼缸"的故事，即只要是想要发展"中国研究"的大学，都会到哈佛的鱼缸里去捞两条小鱼，于是列文森就去了伯克利加州大学，芮玛丽就去了耶鲁大学，柯伟林就去了华盛顿大学，傅里曼就去了威斯康星大学；此后，列文森又在伯克利教出了魏斐德，而魏斐德的弟子周锡瑞和曾小萍，又被输送到了圣地亚哥加州大学和哥伦比亚大学，如此一窝窝地"蜜蜂分巢"下去，终于导致了"中国研究"在全美范围的繁荣，乃至造成了美国汉学相对于欧洲汉学的优势。正是在这样的对比下，即使我本人是长期任教于那两所顶尖大学，但我还是要直言不讳地指出，尽管北大清华都是国家的荣耀，但如果过于在意去维护它们的荣耀与势能，使之在学术上越来越享有"一言堂"，反倒不利于整个国家的文化发展。相反，只有把一把好牌分发到大家手里，才能构成大学间的竞争动力，才能导致学术思想的杂交与强健。

因此，正是从上述两个层面的发展缺憾，反而共同引出了激活江苏文脉的方向。在这里，为了让这种方向显得一目了然，可以用一句话来挑明我的建言，那就是参考着古今中外的正反经验，理应利用江苏在各方面的现有基础，去既循序渐进又坚定不移地，把它的仍然享有相对优势的高校群，打造成像美国加州大学那样的"大学联盟"。要是能够做到这一点，则江苏的文化便可得到更均衡的发展，乃至整个中国的文化，也都可以由此而得到更均衡的发展。所以，无论从哪个层面看，这都属于"有百利而无一弊"的事情；而且这样一来，江苏的发展与全国的发展，也会呈现出更加同步和促进的关系。

从正面来看，中国的经济总量已经跃居为世界第二了，甚至可以乐观地说是在世界上"坐二望一"了；但从反面来看，我们国家却仍有可能陷入"中等收入陷阱"，也就是说，仍有可能陷入发展的长期停滞，甚至因此而陷入更加全面的困局。那么，究竟如何完成进一步的突破，让整个国家得到繁荣昌盛和长治久安？我在前年年底腾讯网的获奖会上，一口气对此提出了"六点忧虑"，包括对于环境的忧虑，对于人口的忧虑，对于体制的忧虑等等，而其中相当突出的一点，正是对于"创新能力"的忧虑。正如阿玛提亚·森在《作为自由的发展》中所论述的，只用"国民收入"来衡量必是片面的，只有等作为"能力"的"自由"也得到了发展，才可以是验证"一国福利"的终极指标。因此，只有等我们在"能力"方面也显出了相应的势头，乃至不亚于大洋彼岸的那个超级大国了，这种乐观的"坐二望一"才不会是一句空话。也正因为这样，我们眼下也就必须清醒地认识到，中国还远不具备沾沾自喜、故步自封的资格，还必须在从头理顺知识生产体系方面，下大力气汲取所有行之有效的经验。

　　无论如何，跟那种僵化的苏联体制相比，美国的高校布局远不是"大一统"的，相反任何有头脑的人都很难想象，他们会把哈佛、耶鲁、普林斯顿和斯坦福，全都办到"天子脚下"即华盛顿特区去。还不光如此，当我于 20 年前首次在全美周游讲演时，如果东海岸那些著名的常春藤大学，已经让我不由得感到了叹为观止的话，那么，恰恰是西海岸那一连串的加州大学，才真正让我不由得感到了足够的"文化震动"。这是因为，一旦你几乎无论来到这里的哪座城市，都能看到一所具有相当规模、足够水准、且高度活跃的大学，你就不能不由衷地发出赞叹，这个国家的学术界竟有这般的深度和厚度！尽管在《美国新闻与世界报道》的排名中，加州大学的各校区并不那么靠前和显眼，可毕竟它的伯克利校区、洛杉矶校区、圣芭芭拉校区、尔湾校区、戴维斯校区、圣地亚哥校区，也从来都会名列在前几十名；而如果我们再考虑到，同样位于加州的还有著名的斯坦福大学、加州理工学院和南加州大学，那就更会对加州的"富可敌国"印象深刻了。

　　因此，既然中国的国力正向那个方向迈进，那么我们对于这种精神资源的配置，就必须同样显出一种大国的格局，要打造一派多元并存、相互促进，既藏富于民又养学于民的升平景象和豪迈气派。而眼下，我们一方面已经看到并承认了，以往那种不断"摊大饼"的机械模式，早把首都地区的肚子给活活撑破了，不然也不会溢出另辟"副都"的设想来。可另一方面，如果就高等教育的布局而言，尽管不断出现各种要迁出分校的传言，可大家仍然很难合理地被说服，今后真正具有活力的文化增长点，会蹦出在那片刚用圆规划出的新区。——恰恰相反，至少在一个可以预见的时间段内，那里无论是干燥的生态还是生活，都不会是一个适于居住的所在，而充满了推土机轰鸣声的发展初期，更不会是一个适于思考的所在。

在这个意义上，就不难顺理成章地想到，如果在首都以外的高等学校，就数长三角和珠三角保住了势头，那么，又因为广东主要是在力保中山大学，而浙江主要是在力保浙江大学，所以，也就只剩下江苏这一个相对发达的省份，保留下来的发展基座还比较丰富。比如，不光在南京一地就拥有南京大学、东南大学这样两所著名的综合大学，以及其他一连串的著名专科大学，而且在苏州、南通、扬州也都拥有当地的综合大学，此外还有位于无锡的江南大学、位于镇江的江苏大学，以及位于南京的南京师范大学、位于徐州的江苏师范大学等等，这证明江苏的高教配置还是相对均衡的。既然如此，就理应发出这样的展望：正因为江苏有着一系列的明星城市，而且它们在过去的发展中也曾受到了遏制，所以，这一串链条也就有可能在新的机遇下突然闪耀起来，顺势发展出一系列相映生辉的明星大学，或者说，是像加州大学那样由一系列优秀高校组成的、足以跟常春藤联盟分庭抗礼的大学联盟。

当然，即使依稀看到了通往远方的路，那条路还是需要一脚一脚地踩出来。所以，只要仍然下不了决心或者不能持之以恒，这种大学联盟就有可能还只是空想，并不会自动地显现为某种现实性。长期以来，我们只会用"短平快"的硬性指标，而不是用一个或一组追求"独立精神、自由思想"的大学，乃至于它们所晕染出来的、活跃于整座城市的文化氛围，来考核与验收一位地方官员的政绩。也正因为这样，才催生出了《人民的名义》中的那位李达康书记；而这样一位既有一点偏执、又有几分可爱的干部形象，又正是在你们拍摄的电视剧中创造出来的。这恐怕正好可以说明，江苏的干部们比谁都更多地意识到了，仅仅去单向度地强调经济发展，而没有社会发展和文化发展的配套，会带来偏颇的功利导向和总体的文化失衡，甚至终究会让一个地区"穷得只剩下钱"了。既然如此，要想建立起希望中的大学联盟，就首先需要上上下下的普遍共识，特别是省市领导层的普遍共识，而且是连续多少代领导层的普遍共识，就像我当初替你们设计的那些丛书选题，要是没有江苏人民和译林几代老总的接力，那也不可能成长为国内首屈一指的两大学术丛书。

那么，究竟怎么再把新的传统熬出来？跟前边的话题一脉相承，还是不能只去单向度地看问题，也就是说，不能只把它理解为经费的追加再追加。既然想把这里打造成新的文化中心，那就需要首先调研清楚，一个名副其实的文化中心，究竟需要哪几种最基本的要素。我十几年前曾在伯克利加州大学，做过一个题为《北京文化的三原色》的讲演，从而现身说法地解释过这个问题。大家知道，光学上的所谓"三原色"，是指足以调出各种颜色的"红黄蓝"，而我也正好借用这三种基本色，来代表同时在支撑北京学界的，来自政府（红色）、民间（黄土）和国外（蓝海）的资源，从而指出北京的文化特色到底在何处。也就是说，在中国目前的所有城市中间，也只有那里的文化调色板，相对地尚不缺乏足以模拟自然的光谱，由此调出的颜色才更加连续、丰富和从容。耐人寻味的是，尽管北京当前的雾霾是如此深重，竟还是有那么多人想在那里买房子，而且主要的吸引他们的理由，还是那里的著名高校和医院；所以你们看看，就连北京那种畸形的房地产市场，也都是由它繁荣的文化在支撑着的，或许干脆说就是由这些读书人在支撑着的。

既然如此，如果真想建起由一串明星组成的大学联盟，那么归根结底，还是要从补足基本的"三原色"入手。要从总体的文化氛围进行检讨，为什么这边的生态要优越于北京，这里的生活也要精致于北京，然而读书人一旦有了机会，无论是在成名前设法考过去，还是在成名后设法调过去，总还是在向往那个文化的中心。我这样讲并不意味着，地方上的大学就没有优秀的学者，尤其是并不意味着，地方上的大学就没有读书的种子。然而，只要当今的高教格局不改变，那么新一轮读书种子就势必会，要么因为外在条件的相应限制，而未能如愿地成长为领军人才，要么则靠自己本人的超常努力，而终于成为了那样的领军人才，于是就等着再被集中到北京去。所以，我在这里要特别提醒一句，正因为素有前边赞扬过的"温润、敦厚"的个性，就更要着力培养这里的自由讲学之风，不是去打压，而是要像爱护眼睛一样地，去呵护和鼓励心怀天下的志向，否则这种个性就会变为"柔弱"甚至"懦弱"，而治学的格局就会显得局促而狭小。惟其如此，这里才能顺利地、而且成批量地，既能培养出、又能养得住留得下一流乃至超一流学者。

令人欣喜的是，要是真能建成这种大学联盟，我们就很容易再接着发出一步步的畅想。比如，第一，在江苏省的这一串高校内部，就足以产生出更多的研讨学理的张力，从而彼此互动地激发学术发展，共同促成整个地区的文化繁荣和风貌改变。第二，在学术研究范式日新月异、甚至转瞬就斗转星移的时代，就像加州学派当年曾经做过的那样，这里的大学联盟也可以利用其"后发优势"，在许多重大的方向和领域进行"弯道超车"，而不再只是亦步亦趋于原有的学术中心。第三，这样做至少也是部分卸去了"大学排名"的压力，从而解脱了单纯在经费数量上的恶性竞争，因为再要进行比较的话，将来的参数也不会再是单纯的哪一所大学了，而是整整一组可以同时进入前列的大学，而且它们作为一组联盟的实力也将无可匹敌。第四，更重要和更贴近的是，江苏省内的发展会更加均衡与合理，不会让税收偏向地仅仅流向某一个城市，从而江苏的考生也就有了更多的选择，不再会即使考分远远高于其他的省份，也仍然不能如愿而公平地升入较好的大学。

最后，还要谈谈大学对于城市的晕染与回报，也正因此，我这篇讲演才不是仅仅针对大学的。正如刚才对于北京文化的分析那样，一方面，不能把大学只看成费钱和烧钱的地方，而要看到一座城市乃至一方水土，其最为美好和最为高贵的拱顶石，正在于它那种既欣欣向荣、又享有盛誉的学术文化，所以在这个意义上，大学的"无用之用"反而有它的"至用"。另一方面，也不能把"文化"理解得太过狭隘，说白了无非是一种旅游业或者拍卖业的心态，满眼只盯着老祖宗留下什么值钱的遗物，却视而不见这里还活跃着哪些学派，这里正研讨着哪些难题，这里正运思着哪些头脑，这里正成长着哪些大师，好像那些老祖宗留下的后代倒反而不值一提了。无论如何，尽管我们眼下还无法未卜先知，这里最终是否会拥有这样的大学联盟，但我们至少可以确切地知道，哪座城市拥有了那样的大学、乃至哪个省份拥有了那一串大学，那座城市就会得到文化的更多滋养，而那个省份就会拥有令国人向往的明星城市链。——也只有到了那个时候，回到我们这次讲演的主题，我们才可以毫无愧色地说，"江苏文脉"是被我们"传承"下来了，是被我们"创新"出来了，是被我们朝着一个辉煌的方向激活了。而这样一来，我们自己在这条文脉中的地位，也就不再会是空白一片了，甚至也能为后人留下点什么，供他们去凭吊，去收藏，去追思，去怀想。

2017 年 5 月 23 日改定于清华学堂 218 室

重振江南文运

一

提起江南，谁都能背出这首有名的词：

江南好，
风景旧曾谙；
日出江花红胜火，
春来江水绿如蓝。
能不忆江南？

——白居易《忆江南》

这首词的意思，等一下还会分析。可无论如何，对比起来，直到最新的《世俗主义之乐》一书，西方人才开始反思到，即使没有宗教想象的极乐，我们在这个现世里，也照样是有相当的快乐的，也同样可以借以抚慰平生；不过，即使到了今天，这一点在西方仍然是有争论的，甚至这种观点还是不占主流的。

无论如何，这一点对于中国人来讲，却从来都不是问题；恰恰相反，正像钱锺书在《管锥编》搜集到的，他们倒是主张"天上乐不如人间"。——正因为这样，才有了广寒宫中饱受凄清的嫦娥，和向往人间日常温情的七仙女。

进一步说，对于一个"无宗教而有道德"的文明来说，江南又最是我们中国人心中的福地。——就连形容别的地方美好，都要拿来同江南相比，比得上就算是美好的，比如所谓"塞上江南"。

二

然而，江南人又不光会享福，江南人也特别勤劳。

跟希伯来精神中那种天生的伊甸园不同，跟《圣经》中那种"流着奶与蜜"的应许之地也不同，又是古代中国人自己的辛劳汗水，才亲手开辟和创造了这块福地。——也正因为这样，即使那天上的仙女下凡到人间，她所属意的也不是天生富贵的白马王子，或者游手好闲的公子哥儿，而是正在稻田里辛勤劳作的放牛郎。

王建革的《水乡生态与江南社会》，也提到了这个江南地区，几乎是全凭人力打造出来的。——甚至，就连十八世纪的法国思想家孟德斯鸠，居然也知道中国江南的富庶与美丽，而且他还知道，这种美丽与富饶完全是人力所为："他们完全依仗人力清除积水，造就了中华帝国最美丽的两个省份。正是这两个省份无与伦比的肥沃，令欧洲人对幅员广大的中国有了繁荣富庶的印象。"（《孟德斯鸠论中国》，许明龙编译，北京：商务印书馆，2016 年，第 250 页。）

在以往的文章中，我也谈到过"南方型的文化"，认为正是在这种辛勤的劳作态度中，以及与之配伍的精细的生活享受中，不仅蕴含着如今已经震惊世界的能量，也蕴含着规定中国未来方向的力量之一。

三

又特别值得一提的是，我本人目前任教的清华国学院，那著名的四大导师，都与江南有着某种联系。——让我们来历数一下：

王国维出生于浙江海宁，并且曾在南通教书；

赵元任出生于江苏常州；

梁启超曾在东南大学教书；

陈寅恪曾在南京居住，并希望归葬在西湖畔。

当然，提到梁先生的那次教书，只算留下了一个伏笔，而接下来我还会继续发挥。

四

同样地，当年的大才子苏东坡，也是希望归老于这个地方：

> 吾来阳羡，船入荆溪，意思豁然，如惬平生之欲。
>
> 逝将归老，殆是前缘。王逸少云"我卒当以乐死"，殆非虚言。
>
> 吾性好种植，能手自接果木，尤好栽橘。
>
> 阳羡在洞庭上，柑橘栽至易得。暇当买一小园，种柑橘三百本。
>
> 屈原作《橘颂》，吾园若成，当作一亭，名之曰"楚颂"。（苏轼：《楚颂帖》）

一千多年过去了，这里仍是中国最宜居的地方。

正因为这样，在三十多年前，当我必须离开这里前往北京的时候，内心中也是充满了留恋，充满了挣扎。——于是，一旦条件允许，我也就预先在太湖边上买好了房子，留待退休后归老于是。

五

上次在"江苏发展大会"上，看到了"水韵江苏"的表演，自然也有几分喜欢，却又觉得还不够味，毕竟太"水"太虚了，弥漫在一片雾气中。

在大会的开幕式上，也只有北大的前校长许智宏，才在讲话中提到了东林书院，说明他虽然是物理学家，却没有白白在我们北大待过。

这里的确是有——小桥流水人家，杏花春雨江南；但不要忘记了，这里同时又有——风声雨声读书声，和国事家事天下事。

所以，并不全都是吴侬软语、柔弱温顺，也照样有过人的才华，和跌宕的奇气；也并不全都是小家碧玉，即使是李香君，即使是柳如是。

曾几何时，这里正是中国文化的制高点，即使退一步说，也至少是其中主要的制高点之一。

六

当然，如果从文化分层的角度看，如果举鲁迅的家乡为例，那么这里又既是蔡元培的家，也是孔乙己的家，还是阿Q的家。

由此就必须记住，江南从来都是一种二元的存在。所以必须警惕，如果弄得不好，它也很有可能被阉割成一种"失魂落魄"的、单向度的样子。

不妨试想，要是在这一方水土中，完全没有蔡元培，而只有孔乙己和阿Q，那会是怎样的一副样子？

这是我今天要特别提醒的，这也是我一旦乘着高铁出京、来到太湖边上小住时，就往往会获得的突出感受。

七

即使从历史上看，在江南这块水土上，也并不是只有琴棋书画、吹拉弹唱、生活精致、园林小巧。

还有顾炎武，黄宗羲，吕留良；

还有钱大昕，段玉裁，高邮二王；

还有马一浮，李叔同，丰子恺；

还有柳亚子，苏曼殊，吴梅。

所以，不能忘却了这些主心骨，这些在吴侬软语背后的、深层的文化意蕴，和难得的阳刚之气。

由此再来回顾，即使是开头那首《江南好》，那也是白居易写的，他强调"歌诗合为事而作"，也只是在创作了《新乐府》之余，才偶一为之地写了那三首千古传唱的词作，换言之，那只是在偶尔地让"百炼钢化作绕指柔"。而且即使如此，他笔下的格调与气度，也跟"奉旨填词"的柳三变不同，所以，也不要把"日出江花红胜火，春来江水绿如蓝"这样的句子，简单地混同于柳永的"市列珠玑，户盈罗绮，竞豪奢"。

八

所以，就像不能把古代社会留下的各种节庆，只过成了元宵节、粽子节、月饼节一样，也不能把这个"人杰地灵"的江南，过成了仅仅具有物质层面、单纯满足低层欲望的所在。——而要非常警觉地意识到，如果把"人杰"给弄丢了的话，那么"地灵"也不会单独存在。

进一步说，就要更加宏观地意识到，江南文化是中国传统文化的一部分。

而传统文化最高的拱顶石，就是传统的学术文化。——这种传统学术文化到了今天，其交融的总体则被我们称作"国学"。

并且，这种久违了、或者痛失过的"国学"，又正在中国大地上坚定地复兴，容不得人们再去小觑或忽视。

九

上一次，我又在"江苏发展大会"上讲过，上海对于江南来说，可说是成也萧何，败也萧何；或者更具体地说，对于江南地区而言，其实是成也上海，败也上海。

也就是说，如果没有江南的基础，那么即使有了五口通商，也不会拱出一个如此繁华的上海；可一旦拱出了这个巨无霸的上海，江南本身也就逐渐失去了自主性。

正所谓一切"风脉"都被拔尽了，江苏只成了大上海的后院，它生存的目的只在于那个大都市。

十

那么，这种传统究竟如何发扬？——显然，就不能只是再跟着十里洋场走。

上海的优势，当然在于更能得国际风气之先，更能反映外来文化的冲击，也更能见出中国人民向世界开放的决心，这使它成为了整个远东的国际大都会。

我刚刚从珠海和香港回来，曾经便捷地利用了新造的港珠澳大桥，一路上可以看得很清楚，其实珠三角的一体化，就是以香港为龙头和灵魂的。

那么，正在呼之欲出的长三角一体化，究竟是个什么样子？是仍然只由单独的一个点，来带动和整合一大片区域，还是让这一大片区域自身，也充分地激发和活跃起来，转而去促进、中和与补足那一个点？是仍然像席尔斯所描述的，继续表现为"中心与边缘"，从而继续展示现代性的空间特征，还是变得更加绵延、平均和自然，从而克服现代性的这种弊端？

无论如何，这个更为广大的江南地区，如果也要发挥自己的优长，那么，就需要更加敦厚的人情，更有韵味的生活，更有情致的景色，换句话说，那就需要自觉地激活本土的传统。

在此基础上，才能进行优势互补，从而做到良性互动，和互通有无。只有这样，整个的长三角地区，才不会只是一群过江之鲫，全都跟着上海的领头羊，一直走到席卷全球的"麦当劳化"中。

十一

那么，这种传统又如何继承？

并不是说，这就只能一味地守成，就跟明治以后的日本似的，只剩下一些不再进化的、固定的文化符号。我曾在别处历数过这一组符号，比如"和服、木屐、料理、清酒、泡汤、花道、茶道、香道、相扑、能剧、艺妓、俳句、樱花、寺庙、和纸、榻榻米、浮世绘、富士山"，它们确实非常传统，非常正宗，也非常"日本"，只可惜从此也就很少变化，只是僵化地点缀在现代生活中。

事实上，我们也已经看到，江苏这边也有同样的倾向了，比如刺绣、评弹、昆曲、泥人、紫砂壶等等，也都被说成是江苏的符号了。所以，如果我在这里不予提醒，那么想必将来的归宿也差不多。

正因为这样，就需要幡然醒悟地转念，去追问在那些被称作符号的东西背后，真正堪称灵魂的底层的东西是什么？——只有这样的灵魂，才可能再被灌注到江南的躯体中，让它获得伸展、生长和壮大的动力。也只有靠着这样的灵魂，那些文化符号才不会是死物，才会继续地沿着生活的逻辑而演进。

十二

由此我们就可以总结说，山不在高，有仙则名；而一方水土也不在贫富，有了大学者则灵，有了活跃的学术气氛则灵，有了充沛的文化创造力则灵。

事实上，正如我在前边已经说过的，以往的所谓江南文脉，那种灵秀之气，那种如画的性质，那种精雅的格调，并不是天生就有的，而是由大学者和大文人住出来的。

这也就意味着，一旦失去了那样的居住者，江南就丧失高雅的创造力了，就看不到继续创生的肇因了。

十三

长期以来，对于当今的读书人来讲，必须做出的选择就在于，江南地区的物质生活虽好，气候和水土也都更宜人，可惜又只有忍痛离开江南，到更具文化内涵的地方去，尤其是在天子脚下的北京去，才能满足自己的求知欲，成就自己的大学问。

比如，无锡的钱家虽有丰厚的家学，可无论是钱穆，还是钱钟书，却又都必须背井离乡，到北京去忍受那里的风沙，——也只是在此之后，才在那边动念怀想自己的家乡。

再说，刚才提到的本院导师梁启超，原本也很想在东南大学有所施展的，却被这里尖酸刻薄的秀才们，当面背地地冷嘲热讽，终究被排挤回到了北京，这才成就了他在清华的另一番事业。——当然如果事后复盘，那么我们也可以说，是东南大学的狭隘心胸，才把这份到手的辉煌，拱手转送给了清华大学。

回想我自己当年，还不是被同样的尴尬给逼走了？甚至直到现在，尽管为此吃了很多苦，喝了很多的风沙尘土，却也不能说自己就"后悔"了。——即使只从对家乡的回馈来讲，比如那两套在中国数一数二的丛书，看看它们的格局与敏锐，也是只有在北京才能完成的事业。

在这个意义上，如果弄得不好的话，纯粹局促在江左的士夫，也往往给人一种局限的印象，就像《三国演义》中的"舌战群儒"，那么多高冠博带的江东名流，又有哪个是人家卧龙先生的对手？

十四

说到这里，就应当再来总结一下，如果确实真心实意地，想要重振"江南的文运"，那么，就必须首先向"江南的文脉"灌注生气。

那生气，来自对于读书氛围的呵护，来自对于书中内容的真心热爱，而不是仅仅把它当作一种歌舞升平的点缀。——那生气，来自对于家国天下的关注，来自对于整个人类命运的关注。

所以，必须要有深切厚重之气，而不能一说到所谓"江南才子"，就给人一种既轻薄浮浪、又使酒仗气的印象，就令人想起来电影《三笑》中，那位既风流倜傥、又文人无行的唐伯虎。

要心怀警觉地意识到，古人一说到那个秦淮河，往往就会想到"商女不知亡国恨"的批评诗句，就会想到"梦里不知身是客"的悲惨身世。——换句话说，古人意识中的江南，当然首先意味着"人间福地"，但与此同时，要是弄得不好的话，却又同时意味着软弱、贪欢与偏安。

十五

而这也就向我们严肃地提出了，真的想要重振"江南的文运"，就必须形成新的文化造血机制。——而形成这种文化造血机制的关键，对于江南这一方独特的、有利有弊的水土而言，最当务之急的就是引进阳刚之气。

要像爱护眼睛一样地，爱护这里的朗朗读书声，爱护这里研讨学术的氛围，爱护这里独立思考、从而卓然成家的风习。

与此同时，不要一讲到古代的文化教育，就讲此地曾经出过多少状元。其实读读王阳明的书，就会知道书院的建立与坚持，就是为了弥补科举制度的不足，以免天下士夫的心志，都被那种科场文字所收编。所以毋宁说，真正能为一个地方带来光荣的，毋宁是它曾经拥有多少出名的书院，而书院中又曾拥有哪些出名的山长。

同样的道理，也不要一讲到当今的文化教育，就讲此地又出现了多少高考状元，那无非都输送到我们清华、北大去了，所以除了那一顿谢师宴之外，他们将来基本上不属于这个地方。所以，真正对这方水土更为重要的，是此处又恢复了多少书院，又建起了多少涌满读者的书店，乃至于，又拥有了像昔日的常州学派这样敢于独出机杼地代圣贤立言的学者群。

真要是到了那个时候，这里再生出了下一代的我，他也就不必再为了学术的发展，而心有不甘地被迫地背井离乡了。——甚至，真要是到了那个时候，那么，即使不必再挨到退休，我也都将看到返回江南的可能了，而且，那也不能算什么"归老"于是了，因为那已不再需要以牺牲学业为代价了，而可以一边尽兴地投入工作、一边安享这里的精致生活，真是乐何如之！

不管怎么说，我们现在可以共同地盼望着那一天。

2018 年 11 月 21 日拟于清华学堂 218 室

补记：

那天没有讲这么细。当然在江南也有阳刚之气。但要注意，一是有地域之分，吴文化比较温和，而越文化比较倔强。二是有阶层之分，也就是说，在北方比如燕赵，是社会下层尚武，多慷慨悲歌，而社会上层尚文，显得更加柔弱；但这种区分到了江南，则正好颠倒过来，士大夫还是儒家的士大夫，但他们相对而言却显得比较刚强，比如史可法、黄宗羲，倒是社会下层反而更加柔顺。

正因为这样，这种刚强在江南，由于更多地涉及文人的气节，最终也就是以死殉节或明志，并不能带兵打胜仗。

我前边说的是，由于南方民风软弱，所以那些文人雅士，原本在北方是最软弱的，到了南方反而被看作是最宁折不弯的，由此才造成了这种绝望的情况，而钱谦益也明知这种绝望，于是发生了两难。

将来的研究可能会揭示，这并不是同一批从东非走出的智人，或许吴文化地区的人类，智商较高而睾丸素较低。

大学并非天然合理

——序《大学之思》丛书

　　这里集中收录的，多是美国同事们对于高等教育——当然主要是他们自己的高等教育——的批判性反思。

　　要说"挑剔"的话，这几乎就是在"鸡蛋里挑骨头"了。——尤其是在晚近的紧张竞争中，人们已可以看得更加清楚：那种既生机勃勃、又纪律严明的高等教育，几乎就是这个国家最大的比较优势了。而且，这样的优势竟还能长期地维持不坠，以至于哈佛文理学院前院长亨利·罗索夫斯基在几十年前讲的话，居然可以当作刚刚发表出来的新闻稿来读：

　　　　当外国经济竞争对手似乎在一个接一个的领域里超过我们的日子里，可以再次保证确信一点：美国毫无问题地主宰世界的一个重大的产业，那就是高等教育。世界上 2/3 到 3/4 的最好大学是在美国。这个事实是最近对美国高等教育展开批评的许多人所忽略的……我们经济中有哪个其他部分能作类似的说明？有棒球、橄榄球和篮球队——但名单也到此为止了。没有人会说今天的美国有 2/3 的全球最佳钢铁厂、汽车厂、芯片制造厂、银行或政府部门。我们处在高等教育质量表上的高端地位是非同一般的，它可能是一项特殊的国家资产，需要加以说明。①

　　可即使如此，那些远在大洋彼岸的同事，还是对自己置身其中的高等学府，进行着毫不容情的、且不稍间断的批判。而且，这种批判也并无丝毫矫情之嫌，相反倒是充满了由衷的愤怒，正如斯坦福大学前校长唐纳德·肯尼迪所讲的："高等教育已经融入我们的生活。我们在所有的事情上离不开它，也相信它的价值。当它带给我们失败，我们就变得失望；而当它开销太大，我们就变得愤怒。这种超乎寻常、至关重要的机构究竟是什么？它是怎样逐渐成为今天这种状况的？"②——于是也不待言，也正因为这种力道很大、又接踵而至的批判，才给了我们这套丛书以持续不断的迻译内容。

　　那么，他们都在"挑剔"或批判些什么呢？我在为《大学之忧》丛书所写的第二篇序文中，曾经随手进行过一些简单的枚举：

　　　　——忧虑它的过度市场化和企业化，忧虑它的精神流失；
　　　　——忧虑它的批量生产和形式主义，忧虑它的鼓励平庸；
　　　　——忧虑它的集体腐败和拉帮结派，忧虑它的风格趋同；
　　　　——忧虑时而出现弄虚作假和剽窃，忧虑它被外间污染；
　　　　——忧虑它像飘蓬一样无根地变异，忧虑它丢失了传统；
　　　　——忧虑它太贴向财大气粗的金主，忧虑它失去了独立；
　　　　——忧虑它虚掷纳税人的辛勤血汗，忧虑它有违于公平……③

①转引自克拉克·克尔：《大学之用》（第五版），高铦等译，第129页，北京大学出版社即出。
②（美）唐纳德·肯尼迪：《学术责任》，阎凤桥等译，北京：新华出版社，2002年，第6页。
③刘东：《再序〈大学之忧〉丛书》（修订稿），此文原为高等教育出版社出版的《大学之忧》丛书的总序，之后我又作了修订，修订稿未刊。

所以，乍看虽然不无矛盾、细想又在情理之中的是，一方面，即使他们享有相对正常的学术秩序，即使他们的顶尖大学简直像"漂在钱海"里，可至少照身在其中的人们看来，这个"小世界"也并非什么"理想国"。恐怕正是因此，才至少在自己从事的人文学科，导致了曾经让我感到蹊跷不已的现象："何以美国拥有那么多功力深厚的同行，但将其全部知识原创性叠加在一起，却远远及不上一个小小的巴黎？"①可另一方面，又正因为从来都未曾对现状满足过，他们那些富于力道的批判话语，还是从效果上构成了持续激发的马刺，终究使那边的高校保住了总体的优势。——这种充满张力的辩证状态，用我以往发出的论说来讲正是：一方面，"知识群体突然兴奋地发现，大学这个他们最为熟悉的教育机构，正好提供了一个近在手边的文化案例，使自己可以充分发挥解析与批判的特长，从而不仅可以指望以自己的写作活动来改进身边的境遇，甚至还可以以此来报效大学所属的总体社会。"②而另一方面，"同时也要平心地说一句，无论出现了多少问题，又正因为保持着这样的忧患，正因为可以公开发表这种忧思，正因为由此可以促进改革，他们的大学才保持着相对的优势，成为当代美国已经屈指可数的优势和骄傲之一。"③

实际上，即使美国只具备高等教育这一个优势，也足以盖过它许许多多的次要优势，从而在根本上创造着和保持着综合的国力，这才是美国大学最令人敬畏和值得学习的地方。三年前，我曾在"腾讯思享会"举办的授奖仪式上，历数过自己对当代中国的种种忧虑，包括"生态恶化""创新不足""生育下滑""社会萎缩"和"文化垮

①刘东：《社科院的自我理由》，《理论与心智》，南京：江苏人民出版社，2001年，第223页。
②刘东：《众声喧哗的大学论说》，《我们的学术生态：被污染和被损害的》，杭州：浙江大学出版社，2012年，第55页。
③刘东：《再序〈大学之忧〉丛书》（修订稿）。

塌"等等，而"创新不足"又在其中排得相当靠前，因为它正在把中国拖向"中等收入"的无奈陷阱。——事实上，这一点又跟我们每天都在校园里发出的长吁短叹密切相关："从我作为教授的角度来说，如果我们的教育还是死记硬背的应试教育，我相信我们的创新是不可指望的。我先教北大、后教清华，我的学生里边有很多状元，但是他们不会创新，他们的博士论文主题都是老师我给的。一个博士论文题目都找不到，怎么可能做出能打败乔布斯的新成果？"[1]

出于这样的忧虑，尽管我常常不赞成某些文人的"东施效颦"——他们往往弄得就连脸上的愤怒都必是"舶来"的——然而，一旦涉及到整个文明的"创造性根源"，我们却又不能不对外部的话语有所触动与响应，或者说，是不能不去倾听那些作为激发动力的对于大学制度的批判反思，并且由此而对身边的问题发出触类旁通的相应反思。无论如何，决不能再摆出"事不关己，高高挂起"的架势，更不能只是琢磨怎么去钻现有制度的空子，所以它越是千疮百孔地糟透了，就反而越让自己有机可乘、有利可图。否则的话，那一切自夸就都不过是在妄发"虚火"，既徒然地招人嫉恨，又浅薄得令人喷饭；而我们正在快速崛起的父母之邦，则更匹配不上最起码的、至少与其体量相适应的"脑容量"，只剩下规模庞大的肉体身躯，像是尚未进化到"智人"阶段的远古猿人，或者说，是因为缺乏自身创化的前进动能，而像是步履蹒跚、摇摇欲倒的泥足巨人。

熟悉我的友人都知道，这些都属于我长久的心结，所以也正是我一贯的坚持。而熟悉我的友人也都知道，大概我这辈子最不缺乏的，就是这种"咬定青山"的耐力。正是为此，我已连续两次推动过这方面的丛书，也曾一而再地为它撰写过总序。如今，四川人民

---

① 刘东：《社会自治可驯化政治力》，《腾讯文化》，2015 年 11 月 26 日。

出版社的这些同事，由于也都是来自我所任教的学府，也都能分享自己的这份心情——想必主要还是分享了我的这份苦痛——也就在一年以前接过了这个选题，于是乎，眼下也就轮到我来第三次撰写这种总序了。

应当转念去想到，我们置身其中的高等学府，并不单纯只是用来安顿自己的机构，以至一旦有幸猫到了里边，就什么样的话题都可以研究，哪方面的合理性都敢于追问，几乎是"上穷碧落下黄泉"，可偏偏就不去研究这个机构本身，更不去追问它的合理性。恰恰相反，这样的学术与教育机构，其本身也是脱生于具体的历史语境，也有自己的来龙去脉、起承转合，因此也就绝不可能是天经地义、天然合理的。既然如此，我们就只有通过不间断的检讨与反思，才有可能一步步地去改进和优化它，从而也让自己在其中发出的运思，都变得更加自如和富于活力，获得更上一层的解放与焕发。

与此同时，在这种潜心研读的过程中，正由于确然看到了来自西方本身的检讨，从而看出了即使是哈佛、耶鲁也并非无懈可击的，人们也就更容易从以往的盲从中解脱出来，尤其是，从当下对于"一流大学"的亦步亦趋的跟随中，幡然悔悟和恍然大悟地挣脱出来。事实上，针对这种不走脑子的盲目追随，自己在以往的论述中早已贬斥过了："必须警惕这样一种本质主义的倾向：一旦谈论起大学，总是贪图省事不假思索地以不变应万变——误以为只要从西方文明的源头略加寻索，就准能在那里找到必然预制好的万应良药来；甚至，即使很显然当代西方本身在教育实践中已经把那些理念弃而不用了，也仍然刻舟求剑地认为：只要能坚持表现得比西方还要西方，就一定会医治好当代中国的大学。"①

由此也便不在话下，用以取代这种盲目追随态度的，自当是我们本身的开动脑筋，与独立思考，从而让我们对于中国大学的构想与改造，也变得更加自觉、清醒和胸有成竹，并让我们置身其中的这些高等学府，也能逐渐配伍当代生活的紧迫要求。无论如何，总还希望能有更多志同道合的同事，来加入对于大学本身的这番阅读与思考，从而打从文化基因的隐秘深处，来激活整个中华民族的造血机制。——不管译介的工作将会多么艰涩与吃力，我们都愿把自己的这份额外辛劳，坚持不懈地奉献给有志于此的读者们！

2018 年 11 月 11 日
写于清华学堂 218 室

---

① 刘东：《众声喧哗的大学论说》，《我们的学术生态：被污染和被损害的》，杭州：浙江大学出版社，2012 年，第 41 页。

这回是别人"厉害了"

——在《海外中国研究丛书》出版30周年回顾暨学术研讨会上的发言

女士们、先生们：上午好！

　　对于出版业的同事来说，这套规模巨大、影响深远的丛书，当然是一项值得称道的成就，而这项成就的取得，也当然要归功于他们堪称罕见的耐力，归功于他们对于学术的高度热忱。三十年来，这套丛书历经了先后五任的社领导，也一直背负着相当的财务负担，可是这些出版人不光是矢志不移，而且还越干越带劲越干越投入了。也正是因此，在这个创办三十周年的日子里，从我这边最能够深切地感受到，这些出版人都比我本人更兴奋。就冲这一点，我们就应当首先祝贺他们。——正像我以前打过的比方：你刚把一杯咖啡给端起来时，那意味着大概你只是想要提提神；而如果把它静静地端上两个小时，那大概意味着你为什么事情出了神；可要是你把它一动不动地端上三十年，那么，就连你自己都已经修炼成为文物了！

　　进一步说，这项成功的获得，还要归功于它的规模同样庞大的译者队伍。学术翻译本来就不轻松，本来就属于为人作嫁的功德，更不要说到了这个错乱的当下，再差劲的学术写作都能申报成果，而再优秀的学术翻译又都不能。可即使这样，我们如果屈指算来，还是有前后不下200位的译者，共同支撑起了它的180多个选题。在这个意义上，大陆的学者既为数众多，又不怕吃苦，这应属于我们最大的比较优势。

与此相联，如此卷帙浩繁、而且内容深奥的丛书，也只有当它背靠一个为数巨大、而且底蕴深厚的语言共同体时，才有可能指望它的成功。事实上，只要同台湾的出版业一比，看看那边的读者群是多么狭小，而学术阅读的范围也是多么狭小，以至于那边的学术出版业，也曾被我形容为"有自由而无空间"，那么就可以反过来想象，我们所有幸背靠的这些海量读者，会怎样丰厚地滋养这边的出版业。

又因为这样，我们还可以进一步体会到，这种成功的获得，更要仰仗广大读者对于学术的热爱，以及，我们经由这种热爱又可以看出来的，他们对于中国的过去、现在和未来，都抱持着怎样的好奇、关切或焦虑。在这个意义上，这才是这套书的强大民意基础，也就是说，这些读者是把手中的钞票，无形中当作了选票，在他们有权选择的图书市场上，向我们的出版项目投了赞成票。

当然，更加须臾也离不开的，还是这套丛书的原作者们，也即海外汉学的同行们，我们特别请来了其中的几位代表，以便当场向他们表示由衷的敬意。这一层感激之情，其实我早在20多年前，也就是早在1997年，就已在哈佛的费正清中心表达过，还是当着史华兹教授的面："不管你们的具体论点能否被最终接受，你们都以无可辩驳的学术量，帮我们维护着学术研究的尊严，并以此吸引回来了一部分读者。"

而更加重要的，也是从更加宏观、也是更加隐秘的角度看，这套书的大获成功，又决定性地得益于中国的持续开放。耐人寻味的是，只需稍加对比就不难发现，正是这套不捐细流的丛书才证明了，中国读者在心态的开放上，反而超过了既号称享有自由、又号称重视翻译的日本人。——"当我把译介工作拓展到日本研究以后，又首先选定了 50 种这方面的公认名著，然后就到日本的图书馆去进行查找，却发现日本人竟然只翻译了这些书中的寥寥数种，不过在十分之一到五分之一之间。所以相比起来，也许有点出乎西方观察家的意料，倒是中国人在更加心态开放地，更加心胸开阔地，对待产生于他们国家东亚系里的那些学术成果。"

至于我个人所做的工作，即使不能说是微不足道的，也总算是积下了一点业绩，但无论如何都不能说是"功德无量"的，尽管我也常会听到这样的谬奖，可我对此从来都不敢领受。——毕竟，我本人也是志不在此，否则的话，作为一位同样在从事研究的学者，我也不过就是在"狐假虎威"了，也就是说，在座的汉学家才是真正的老虎，而我本人则只是装模作样的狐狸。

我这么说，是因为已然悲壮地意识到，算来算去，也只有我们这代人才最是命苦。——由于几乎是从精神废墟中起步的，我就曾把这代人所肩负的文化使命，概括成了"译百家书，成一家言"八个字。也就是说，这是要把"从鸠摩罗什到王阳明"的千年消化历程，压缩到短短一代的学术生命中去完成；而且，"不管这样的使命多么艰难，它对我们还显得特别紧迫，因为只要不能完成这个使命，就无法思想出'中国文化的现代形态'，我们也就终会有负于自己的时代。"

在这个意义上，一方面，尽管身在出版业的那些朋友，是有充足的理由来进行庆祝，并且接受我们诚挚的敬意，可另一方面，一旦谈到身在学界的我们自己，却不能只因为引进了别人的研究，就可以同样有理由沾沾自喜地庆祝。要知道，我们此生的工作是成是败，还远在"未定之天"，还要取决于我们的接续努力，或者根本就不努力。而且，说到黯然神伤之处，其实正是这套书的成功，才更向我本人提示了岁月的流逝。——无论什么人，哪怕他再是铁打的，哪怕他再注意保养，只要他能把一套丛书主编了三十个年头，那么，就算他还没有垂垂老矣，也总归已经是老之将至了。

接着这个话题来发挥。也只有从这个角度观察，才能看出这套书对于我们的真实意义。事实上，那意义并不在于成功，而只在于一种激发，一种警醒，甚至是一种挑战。甚至于，正因为这些引进的汉学著作，白纸黑字地标示了海外同行的水准与原创，就反而使我们的任务显得更加艰巨了，——既然我们的任何可以预期的成果，都只有在国学与汉学的并长争高中，才能被真正令人满意地创造出来。

正是在这个意义上，就千万别再乱讲什么"厉害了""厉害了"。恰恰是摆在面前的这套书，最能证明我们并没有那么"厉害"，而"厉害"的其实是人家。——照此说来，我们如果真想"厉害"一点，就必须在认真阅读这套丛书的同时，再冷静客观地找出自己的差距，并且毫不讳疾忌医地展开新一轮的学习。而为了做到这一点，我们先要知道这些严肃的学术著作，都是在什么样的学术环境下，什么样的精神状态下，什么样的学术纪律下，才顺理成章地能被生产出来的。

比如，如果真心想要"厉害"一点，那么，我们对于自己祖国的学术研究，就至少要跟国外的同行旗鼓相当。也就是说，在我们自己的学术活动中，也需要同样的细致绵密，同样的角度新颖，而且为了达到这一点，就需要同样去展开真刀真枪的、却又充满善意的学术批评。

再如，如果真心想要"厉害"一点，那么，我们就要从这套丛书更上一层，另起炉灶地创办一个《中国研究文摘》来，以便及时反映更加新颖的、以论文为发表形式的成果，——而且更为重要的是，我们借此更要跟国际上的同行，展现更加即时的对话意识，让彼此独立做出的学术研究，又都能打从初始阶段，就能考虑到对方的问题意识。

又如，如果真心想要"厉害"一点，那么，我们就不仅要在中国研究方面，企望做到跟国际同行们并驾齐驱，更重要的是，也应当在今后去努力争取——至少不能泯灭这样的企图心——即使在美国研究、乃至西方研究方面，也能够跟他们并驾齐驱，也就是说，能够让美国同行也把我们对他们国家的研究，就像我们今天所做的那样，也真能当作必须参考的、舍此就不能获得突破的成果。

又如，如果真心想要"厉害"一点，那么，我们就必须除了对中国和美国之外，还对世界上的所有其他地区，特别是目前被称作"一带一路"的地区，都展开同等规模与水准的学术研究。我们必须从学科的划分中了解到，我们眼下引进的这些中国研究成果，在美国那边正属于"地区研究"的范畴，而且也不过就是其中的一个环节而已。

又如，如果真心想要"厉害"一点，那么，即使是面对着国际上的战略对手，我们也不光需要智库式的短期对策研究，还更需要学院式的长远学术研究。而既然如此，我们就需要不亚于美国的学术资源，尤其是需要不劣于它的资源分布方式，同样地，我们就需要不亚于美国的学术自主，而不能样样都听从长官意志的摆布。

又如，如果真心想要"厉害"一点，那么，我们就不仅需要知道必须向文科加大投入，还必须知道怎样去内行地进行这种投入。而反过来说，如果还是像我们现在这样，不断地用社科基金这样的官方资源，去强化国家的意志和收编学者的思想，那么这样的投入其实是越多就越糟，就越会捆绑住学者的手足。

又如，如果真心想要"厉害"一点，那么，在国内的同行之间，就要像国外同行所做的那样，必须去密切相互间的切磋交流，而不能既坚持不读同行出版的新作，而且还认为自己的这种充耳不闻，并不是自己的、反倒是作者的耻辱；与此同时，我们也不能一旦为校园里请来了讲演者，就觉得那只是为年轻的同学们请的，而自己早已到了无需再听的程度。

又如，如果真心想要"厉害"一点，那么，我们就不光是需要灵活的学科建制，而非样样都必须纳入僵化的学科代码，以便让学科的发展能及时跟上社会的需求，而且，我们还更需要让所有的这些学科，包括传统学科与新兴学科，都进行交叉和互补的交流，以便让我们对于整个这个地区的把握，可以像美国那边的"地区研究"一样，建立在多学科的交叉、立体认知之上。

又如，如果真心想要"厉害"一点，那么，我们就必须努力去争取让我们的中文，对于国外同行不再只意味着一种"材料语言"，就像我们自己也可以去通晓藏语、满语或突厥语，但却不会有人用那样的材料语言，去公开发表自己的研究成果。而为了做到这一点，就需要从两个方面去把握平衡，就像我以前在阐述《中国学术》的办刊目标时，曾经反复就此强调的那样："它一方面希望'力争中文成为国际学术的工作语言'，反对不分青红皂白统统不给汉语学术成果打分的做法，另一方面又呼求'提升我国人文及社科的研究水准'，反对把自己的被动局面统统归咎于别人的偏见和歧视。"

又如，如果真心想要"厉害"一点，那么，我们就需要让自家做出的"理论创新"，也能转过来辐射到其他研究领域中去；或者说，就像我的老友裴宜理所指出的，争取把中国研究变成理论生产的"出超"领域："照我看来，我们的学术灵魂到底能否得救，很大程度上就取决于能否完成此种创新。这是因为：首先，它更能提醒在理论思维和经验事实上的某种小心翼翼的平衡，而不是仅仅修补舶来研究范式的千疮百孔的篱笆；其次，它更能突出本国传统资源的能动作用，而不是片面强调外缘文化模式的解释功能；再说，尤为重要的是，它可以扩散这种研究在世界范围的辐射效应，而不是白白把它的贡献和意义局限于中国一隅。"

　　最后再说个笑话。即使把这些全都给做到了，我还是不怎么敢确定，我们就真能算得上怎么"厉害了"，也不过就是平平常常吧？中华民族真想有点出息，也先要经由别人去验证，就像我今天当他们讲的，而不能可着劲地自吹自擂，既浅薄可笑又招人嫉恨。正因此，尤其在最近一段时间，大概是受到了恶刺激，只要听到有谁在讲什么"厉害了"，"厉害了"，我就会由这种奇异的句式，想起了《西游记》的一个情节，那书中的小妖一旦逃回洞中，总是会气急败坏地惊呼着——"大王，祸事了，祸事了"！

2018 年 10 月 19 日于清华学堂 218 室

仁心一刻也不能断根*

题记：

  在过去，所谓"中学为体，西学为用"的文化纲领，曾在一片误解声中引发过尖锐的批判。而清华大学国学研究院的刘东认为，在华夏文明同世界发生对话时，这种纲领不仅是十分必要的，而且根本就是唯一可行的选择；而他所力主的"中国文化的现代形态"，则是"中体西用"纲领的进一步具体化。儒家当然要谋求自身的递进，迎着全球化带来的全面挑战，也把握着全球化带来的机遇，创造出既符合儒家基本价值、又贴合当今天下大势的新型形态。但与此同时，又须臾不可放弃自家的文化主体性，反要基于这种主体性来进行文化选择。刘东强调，过去由于丧失了这种警醒的主体性，无意中就把中、西文化中恶劣因素全都凑到了一起，这才造成了有史以来最为失序的乱局；而只有坚定地恢复这种主体性，自觉地把两种文化中优秀因素结合起来，才能创造出一种"其命维新"的文明图式，让中国人的生活逐步走上可以预见未来的正轨。

---

* 这篇问答，本于作者 2014 年 8 月 24 日在河南"嵩山论坛"上接受凤凰网记者张露萌的访谈，其前半部分后来曾经发表在《凤凰都市》杂志上。此后，作者又对全文进行了彻底的订正和扩充，篇幅较前增加了一倍。

"中体西用"就是中国文化的现代形态

记者：您怎样看待现代语境下的中西方文明对话？

刘东：当然是需要对话，而且是高密度的长时间的对话。不过，既然是在对话，就要有作为独立双方的对话者，否则就失去了交流的意义，就成了单方面的"训话"，或者成了无益的对牛弹琴。正是在这个问题上，我们过去没能理解那个"中体西用"的文化纲领。可说白了，自西方文明的现代扩张以来，世界上所有的非西方文明，既然不是原创地产生了这种"现代性"，那么，且不说这种"现代性"本身有没有问题，即使只是为了适应西方的全方位冲击，也只有一条现实的路可走，它在日本表现为"和魂洋才"的选择纲领，在印度则表现为"甘地主义"的传统激活，在中国又表现为"中体西用"的文化策略……再说得更具体一点，用我自己喜欢的表述方式来讲，那也正是在寻求"中国文化的现代形态"。一方面，必须在很大的程度上，心悦诚服地接受西方的示范和导引，否则它也不会表现得如此有力。但另一方面，又绝对不能人云亦云地盲从，要凡事都要开动自家的脑筋，真正做到"知其所以然"，而不能像"文革"的愚昧口号那样，对人家"理解的要执行，不理解的也要执行"。比如，西方文化由于历史地理的原因，是由"两希文明"偶合杂凑而成的，这"两希"就是希腊和希伯来文化；而中国文明早在它定型之初，就已受到了"先秦理性主义"的决定性洗礼，自古以来就讲究"未知生，焉知死"，就讲究"不语怪力乱神"。这样一来，对于所谓"亚伯拉罕宗教"中的迷信因素，儒家文化圈中的精英阶层，总是百思不得其解的，所以是总也难以接受的；可另一方面，对于来自希腊文化中的"德先生""赛先生"，乃至它的戏剧、哲学、美术，则又因为它恰合自己的"先秦理性主义"的精神，恰合自己现世主义的生活态度，恰合自己的"民胞物与"的理念，而表现出由衷的、有时甚至是相当勇敢的欢迎。这就是一种基于自身主体性的文化选择与文化利用。

你把它说成是"转型"也好，"激活"也罢，总之在这个关键时刻，最怕的就是把文化给弄断了根。哪怕是在一代人的时间中，也绝不能把文明进程给斩断。像"己所不欲，勿施于人""己欲立而立人，己欲达而达人"这样的基本做人准则，如果给一朝否弃了，那么整个文明空间就塌缩下来，就不再存在支撑发展的支援意识，从而也就不再存在"创造性转化"的余地了。既然要去追求"中国文化的现代形态"，当然要进行很多改造，甚至忍受很多阵痛，但有一条却绝对属于例外：仁心是一刻都不能断根！

早在上世纪的40年代，陈寅恪就非常沉重地讲过，"余少喜临川新法之新，而老同涑水迂叟之迂。盖验以人心之厚薄，民生之荣悴，则知五十年来，如车轮之逆转，似有合于所谓退化论之说者。"但很可惜，许多人只有败落到了今天的地步，才能领会陈先生的这种先知先觉。而这样一种在理解上的滞后和愚昧，也就导致了今天极度的文化失范。

追求自家的文化主体性，并不意味着就此不再开放。其实这几十年来，恐怕很少有人像我这样，对于西学的译介投以如此大的热情，毕竟大陆的第一大学术丛书（《海外中国研究丛书》），和第二大学术丛书（《人文与社会译丛》），都是由我一人倾力主持翻译的。从这方面来讲，西方学术营养的汲取，肯定是帮助我们强身健体了。不过与此同时，为什么对于自家的传统，反而要束手束脚、拒之千里呢？所以，这就需要第二次"解放思想"了：既然对西学显得那样解放，哪能对中国学问如此保守呢？那不也是一种心胸狭隘吗？毕竟，儒学原本就是兼容并包的，它并不会妨碍西学的引进；而且，这个"无宗教而有道德"的文明，又完全是可以兼容，甚至支撑现代科学的。

儒家要现代转化 价值内核不能动

记者：儒家在现代转化中需要注意哪些问题？

刘东：无论人们想要肯定它还是否定它，中华文明的主干毕竟还是儒家。而它在现时代所遭到的最大挑战，既然并不在对于科学技术的涵容上，那么自然也就突出地反映在制度文化方面。所以，尽管在儒家的仁学体系之内，做出一种顺应现时代的制度安排，并不会属于它的"位阶最高"的价值关切，但那毕竟也属于"燃眉之急"的文化建设。要带有紧迫感地认识到，在这两者的关系未能妥帖理顺之前，更具体一点讲，在儒学未能沿着自身理路推导到现代制度之前，或者说，在现代制度未能背靠儒学而得到文化支撑之前，我们都还不能沾沾自喜地说，已经算是找到了"中国文化的现代形态"。

然而，即使是在这个制度文化的问题上，也同样不能忘却自家的主体性。要平心静气地看到，在常常被遗忘的历史时间中，儒家曾经沿着它的价值关切，创造出很多具体的善政标准，比如轻徭、薄税、尚贤、使能、勤政、爱民、纳谏、重教……——尽管也必须跟着追加一句，它当时当然也只是最大限度地，争取到了能被一个专制政体所接受的程度。但无论如何，正是沿着"人皆可以为尧舜"的理念，才及早地创造出了科举制度，它使得那个时代的中国社会，在向上流动方面是举世最高的；也正是顺着"天听自我民听"的理念，才独创性地设立了监察制度，让言官们专司"挑皇帝毛病"之职。试想，除开这个曾被看扁的"儒家中国"之外，在世界上还有别的古代文明，也曾创造出过类似的制度，让体现着儒学理念的士大夫，去跟专制的君主"共治天下"吗？

有一种由来已久的误解，把儒家文明完全看成是"古代的"，又把西方文明完全看成是"现代的"，这就把原本属于空间性质的区分，偷换成了时间顺序上的先后，而这又正好符合西方的"文化政治"。我在西方学界的很多好朋友，比如苏珊·弗里德曼（Susan Friedman）和包华石（Martin Powrs），都在撰文揭露这样的"文化政治"，它最喜欢把所有的好东西，都说成由西方世界独自创造的，而不是产生于"文化间性"之上的。由此，我们就要上溯到伏尔泰的时代了，在那个"中国热"的时代，有很多中国的制度文化因子，都被传播和引进到了西方，并作为一种惊喜的激发或参考，促进或参与了那里的政治现代性。由此可知，在所有的前现代文明中，恰恰是中华文明的先哲们，创造出过最为靠近现代的制度因子，所以它不仅确实有过制度创新，而且曾经长期引领过制度创新。不仅如此，作为一种"无宗教而有道德"的文明，它当年还实实在在地激发过伏尔泰，所以它当年就曾居于启蒙思潮的核心，就属于一种雏形形态的启蒙话语。从这个意义来看，那种把西方等同于创新、把中国等同于古老的观念，也就从逻辑上站不住脚了。

不待言，儒学也必须谋求自身的递进。然而我还要补充一句，真正应当脱胎换骨的，却不是它自己的价值内核，否则那就根本不再是儒学了。应当看到，这毕竟是一种产生于"轴心时代"的、具有特别精神价值的、饱含独到生命智慧的"人生解决方案"。在这个意义上，它绝对属于全人类的精神财富，容不得任何人轻率地撒弃。正因为这样，我们既要去密切关怀当代生活，又应跟任何有限的历史阶段，包括跟这个特别"厚今薄古"的当下，都保持为思考所必须的距离，以保留再去修正历史的后劲。正因为这样，我们眼下真正紧迫的思想任务，也就不是去鹦鹉学舌地去强辩，别人已有的哪些东西我们也有；而是对照着儒学的价值参考系，去既有建设性、又有批判性地，回答由当今的生产和生活方式所带来的尖锐挑战，哪怕这种回答受思想逻辑的内在制约，要对某些时髦的东西去犯颜"说不"。如果没有这样的文化主体性，没有这种思考上的定力和勇气，那么，实则就既不可能建成"中国文化的现代形态"，也不可能真正去达到"全盘西化"，而只能像现在这个糟心样子，既把别人的所有毛病都接了过来，又拿到自己的失范语境下去发酵放大，最终把西方的坏东西和中国的坏东西全部结合起来了。

记者：您在新书《再造传统：带着警觉加入全球》里面提到："真正迫在眉睫的就是有效激活本土文化的原创力。"我们一直在提"创新"，而似乎我们缺少的正是这种原创力，对此您有何看法和建议？

刘东：其实从全球史的宏大角度来看，人类真正最富于创造性的年代，还是那个出现了孔子、释迦牟尼、苏格拉底和犹太教先知的时代，也就是公元前五世纪左右的那个"轴心时代"。我们现在受现代性的误导，对于"工具理性"的层面太过看重，所以一旦提到所谓的"发明"，马上就想到了爱迪生那样的"发明"，就连自家最为看重的"四大发明"，也是比照着爱迪生的发明来列举的。然而，在整个人类文明史中，真正举足轻重的创造活动，却必定属于"文明图式"的创造，或者属于"价值理性"的创造。你看由孔子、释迦牟尼、苏格拉底等人教导出来的这几个世界性文明，只要是置身于它们各自的文化圈中，那么所有此后的那些细部发明，就都是在这几大"圣哲"的感召下产生出来的。从这个意义来说，真正想要焕发文化的创造性，还是要回到孔子当年的思考起点，回到对于"价值理性"和"人生解决方案"的发明上来。当然，我们要进入的应当是更高水平的"轴心时代"，因为那会是基于孔子、苏格拉底、释迦牟尼等人的对话，再重新创造出的、综合了全人类智慧的"价值理性"和"人生解决方案"；而这和我开头所说的"中体西用"，或者"中国文化的现代形态"，根本就属于同一个意思。真要是达到了那样的文明基点，人类才能学会更加"正确"地生活，他们也才能豪迈地回过头来，发现其实五千年的文明还太过年轻，而更高的文明是从自己脚下开始，是我们才把过去和未来在这里"打了个扣"。——这才是我所定义的创造性，也才是值得憧憬的创造性。

2014 年 9 月 17 日修订于清华学堂

真理原在辩难中

——就《海外中国研究丛书》答南都记者问

南都：回到最初的原点：最早版的《海外中国研究丛书》上，顾问是李慎之、金克木、戈宝权，主编是李泽厚和庞朴，而你和姚大力是副主编，为什么会这样？

刘东：我们那一代学者中，很有意思的一点是，往往有人年纪虽不大、辈分却不小。像陈嘉映跟着熊伟，陈来跟着冯友兰，姚大力跟着韩儒林，都像是直接续上了张三丰的"老儿子"。那时候，由于正朝着民国时代的学术回归，老先生就跟我们比较贴心，而跟中年学者的关系反倒相对隔膜。当然，像李泽厚和庞朴这样的翘楚，由于在智识上比较超前，则又可以说是其中的例外。至于你问，为何选择那三位老先生当顾问，这应当是说明了，我们一上来还是想要广角环顾的，即同时向他们讨教来自西方、印度和俄苏的汉学。但后来证明，这样的顾问设置并不成功。从整个世界的实情来看，西方汉学还是一枝独秀。

创办这套丛书的时候，我自己还只是个博士生，担心老师嫌我不专心写论文，就把李、庞两位导师顶了上去，而把实际的操作者即我和大力，只写成了副主编。不过从一开始，就是我和大力一手操办的，选题都是我亲手确定的，丛书的总序也是由我执笔的。李老师当然也改了几句话，把我在面对那片书海时的战战兢兢，改成

313

了他那种成竹在胸的口气，而且他还特别标明，此后连"一个字"都不许更改了，这就是他一向的脾气。这样一来，虽然自己对这些改动很挠头，也只好姑且先这样了。不料到了九十年代，整个语境和气场都转变了，又不得不应着出版社的要求，把所有这些虚应故事都去掉。

南都：像周国平、何光沪、沈宗美这样编委具体发挥什么作用？

刘东：由于我本人独特的经历，是从南京出发而负笈北京，就有了一南一北两个分编委会。不过，实则在北京的分编委会中，主要是我一个人在独力支撑，不像南京的分编委会还有实际活动。那时候，至少在名义上，都喜欢拉出这么一个阵容，让新兴的学界结成一个群体，去和作为机构的出版社谈判，这是八十年代后期的一种常态。所以，后来有很多人包括我自己，都成了所谓的"编委专业户"。另外，由于当时的出版社，还不具备足以编稿的相应编辑，编委会的成员也就有了额外的任务，那就是帮着一字一句地校阅，而如此需要耗时和献身的任务，现在回想起来都不可思议！由此，出版社发下来的、本来就少得可怜的编辑费，也就是每千字三、五块钱，主要也都要分给相应的责编们。

由于我在此之前，已经是《走向未来丛书》和《文化：中国与世界》丛书的编委，就知道如何去组织和运作这种编委会，而如果没有这股凝结起来的力量，出版社也不会买这些年轻学者的账，让渡出相应的选题权和审稿权。当时，我的主要合作者是姚大力，他当时正在执掌南大历史学系，是很难得的有思想的历史学家，先是我在南大结识的学长，后来则结成了一生的好友。此外，还有后来下海的段小光、张继武，以及沈宗美、钱乘旦、张伯伟等，我们经常在一起吃饭议事。需要特别提及的是，南大在打开国门这方面，曾经相当靠前甚至超前，其主要标志就是那个中美中心，可以从那里得到最新的图书和信息。

南都：你当时最早接触到《海外中国研究丛书》是怎样一个过程？

刘东：当时能还读到的书毕竟还少，其主要来源有这么两个：第一，刚才已经提到，主要靠南大和霍普金斯大学合办的中美中心，它不仅自己有相当不错的收藏，还能从霍普金斯大学本部直接调书。第二，刚才也已经提到过了，戈宝权算是我当时的亲戚，我在他的相片下面贴上自己的相片，这样按照当时的规定，也就可以顶着他的名义去借书了，这在当时的年轻学者中，很算是一种优惠的"特权"。这样，我就经常利用北图的西文新书陈列室，它当时还设在北海那边，从我借住的干面胡同社科院宿舍，很容易就可以骑车往返。

我对这些汉学图书的看法，有过一些不断递进的变化。一上来，只是单纯看哪本书好，看它是否帮我解开了一个疙瘩。比如像《胡适与中国文艺复兴》这样的书，就曾让我觉得顿开茅塞，所以它当然就会被选中。要知道，我当年就住在罗尔纲的楼上，他正是胡适的三大秘书之一，所以看过他笔下的胡适回忆，当然会有先入为主的印象。然而，只是看了格里德的书之后，才知道原来胡适也有另外一面，而老先生们在压力下写出的回忆，还更多的只属于乞求过关的交代材料。

然而，仅仅这么单篇单本地看，并不能识得庐山真面目。像史华兹的《寻求富强：严复与西方》，我就曾多次引用过它，而每次的感觉都不太一样。照我现在看来，他是摆放了一长串特别精巧的多米诺骨牌，以便单纯从思想史的角度来解释：中国人起先是喜欢英美思想的，然而由于特别急于救亡，严复就创造性地误读了穆勒，反而把作为价值的个人主义，只当成了一个撬动历史的工具，用它来寻求集体即国家的富强，于是这种解读就从英美倒向了法国，再从法国倒向了集权的苏俄，从而有了中国共产主义的兴起……且不说这是否符合历史事实，因为你如果看看殷海光的叙述，就可以知道中国的自由主义者，仍是把严复当作思想的先驱。问题的更大关键在于，这本书潜在的理论预设，只是建立在类似柏林的自由主义理念之上，所以它对穆勒思想的理解，也只是建立在牛津的伯林之上，而不是目前更流行的剑桥学派之上，不能去了解自由主义本身的历史生成问题。——如果不是这样，那么此书对于严复的那些批评，只怕从一开始就不能成立。

所以，无论汉学还是西方的中国研究，其实都还是西学的一个分支，是所谓 Western Scholarship on China。在这个大脉络下，尽管我们的确煽起了汉学热，然而不无遗憾的是，还很少有人真正能读懂那些书。——你必须要在具体的历史语境下，沿着西方学术的自身脉络，去研读每一本特定的汉学著作。从这样的要求出发，我在北大开设汉学课程之前，曾经按年份排定了汉学大事记，尽量让每本图书都各归其位，以便去设身理解它们的产生语境。正因为这样，也许我还算稍微知道这张知识地图的人。也正因为这样，自己也就站在了一个看似尴尬、其实恰到好处的位置：既不断去热心引入汉学家的著作，又率先去号召跟他们尖锐地对话。如果这些书能帮我们找到真理，那真理也只在彼此的对话过程中，——这个过程诱使我们不断调整自己的位置，去更全面地、多角度地观察同一个事物。

南都：那么很多年轻读者怎么办？

刘东：他们就更要加强知识间的串讲和勾连，否则的话，如果只有兴趣或时间去看某一本书，而又想从中找到想要倚靠的支点，那么这样的读书活动，就不仅不能带来精神的自由，反而会带来思想的枷锁。——顺便说一句，我们就在清华倡导对话的学风，不断地把著名汉学家请到校园，让同学们高山仰止地听讲演，当面领略名家的风采与思想；然后，在他们的讲演刚刚结束之后，我和我的同侪又马上站起来，毫不容情地、劈头盖脸地提出商榷，请讲演者当场就予以回答。据说在这个时候，同学们也觉得最有收获，甚至有的同学对我说，他就是专门来听最后部分的，因为看高手过招最为过瘾，知道真理原来是在彼此辩难中、在方生方成中。

有很多人都提出，希望能由我提供一本汉学知识地图。我也的确制订了类似的写作计划，比如那本尚在手边的《洞见与不见》，就是在分析中国研究的种种成就与缺点，这部讲稿已在北大讲过很多遍，今后总会找出时间把它整理好的。但即使这样，我还是只能去讲最精彩的部分，而不会事无巨细地进行描述，那样的话篇幅实在太过浩大，而且也实在不符合我的性格。不过，反过来我还是要提醒，如果你想学术性地进入汉学，还是要做很多细致的笨功夫，就像我当年做过的那样，否则就很难去 deeply reading 和 close reading，也就很难真正体会到其中的文心。

南都：《海外中国研究丛书》开始于八十年代丛书热中期，如何看待其他丛书给你的影响？

刘东：刚才已经说过，从体例制订和体制创新来说，《海外中国研究丛书》是八十年代丛书热的产物，所以在一定的意义上，所有诸如此类的丛书，都是在向《走向未来》丛书学习的，而它的率先创办是有里程碑意义的。当然，后来从丛书的规模和内容来说，《文化：中国与世界》更有后来居上之势，而把这两个编委会加在一起，也就构成了当时北京的主要知识团体。如果中国后来不是走向了岔路，那么让这些团体进一步发展下去，再形成民国式的松散议会党团，就像当年梁启超周围的进步党那样，也不是完全没有可能的。

即使不说这种失去的可能性，而只是从学术文化本身来说，那两套丛书对我本人也相当重要。我当时在自己的口语习惯中，把刚创办的《海外中国研究丛书》说成是"小丛书"，而把前两套成型的丛书则说成是"大丛书"。那个时候还不可能料到，后来这种"大小"竟颠倒了过来，那两套丛书都戛然而止了，反而是《海外中国研究丛书》成了第一大的丛书。从当时的心情讲，那两套丛书更属于大家的事业，甚至更是我们各自的心头肉，我自己写作或翻译的前三本书，即《西方的丑学》《马克斯·韦伯》和《维特根斯坦哲学导论》，全都贡献给了《走向未来》丛书，而且我也越来越参与它的活动，从作者变成了编委，又从编委变成了《走向未来》杂志的副主编……

南都：从他们身上也能得到一些教训吧？

刘东：我从中积累到的经验就是，做丛书只能去"朝花夕拾"，而绝不能去揠苗助长，要人家限期写完一本书。我加入《走向未来》丛书的时候，它早已成为一种固定的、而且相对成功的模式，那就是先由编委会去忙碌一年、再由出版社到了哪月哪天，从成都飞到北京来取走成稿。这样做，肯定是有助于大造声势，而且如果创办前有所积累，那么最初几年也肯定红火。只是，如果从知识生产的角度讲，你要求作者必须快速写出来，其内容就一定会泥沙俱下，而且你为了赶任务也只好将就，所以弄到后来就会日渐被动。

正因为有了这些教训，所以我后来创办丛书的时候，都是要找到一个知识领域，在其中业已看到了大批成熟的果实，可以从容进行我的"采摘"活动了；另外，这个领域最好还是鲜活生长着的，所以去创办一套这样的丛书，就是要去开辟一个知识的增长点，只要人家那边的学术活动不停止，我们这边的翻译活动也就不会消歇。我在江苏人民出版社的六十周年纪念活动中，就曾反复强调说明过，正是这些自我作古的编辑活动，改变了以往对于丛书的理解。——"它要引进的是总体的知识领域，它要成为的是中国研究界的窗口，它要采撷的是不断涌现的域外新作，这样一来，它的规模壮大就没有止境，除非国外同行都不再写书了，或者写出来的都不再是好书了！”

　　当然，就我个人的求知欲望而言，跟汉学家们对话了那么多年，也未免有点觉得效益递减，所以对我本人的智力拓展，反而不如别的知识领域，来得更加新奇、激发和过瘾。当然，反正这些汉学名家们，也大多都结成了好朋友，等他们出了新书我还会选的。不过，就我个人的主要关注点而言，却会把精力再挪到其他领域，那至少对我个人更重要也更有趣。

　　南都：这个丛书的未来发展，你已经讲过，是要做一些补偏救弊的工作，那么推出《女性研究系列》跟《海外学子系列》，是不是也是一个新的方向？

　　刘东：将来也许还会有《中国美术史系列》等等。美国的“中国研究”的主流，是以历史学研究为其基本形态，而又以社会科学方法为其基本特色，这一点是不容置疑的。然而，读着读着你又会发现，就算你已“纲举目张”地抓住了它的主流，还是有很多好书被你遗漏了，比如它的思想史研究、女性研究、城市研究、电影研究、环境研究等等。所以进行这种补遗的工作，一来是鉴于，人家也有相应的对口领域，否则你的介绍就不够完整；二来也是鉴于，像环境系列、女性系列等等，也都对应着中国社会的相应失衡。

　　比如这么多年的改革开放，受损最多的一个社会群体，那就应当是中国的女性了，甚至我们平时所讲的“下岗工人”，恐怕首先也就是指“下岗女性”。然而最为可怕的是，我们不仅没有制订出扶助她们的政策，不仅未曾进行摆正这种失衡的实践，就连认识到这种失衡的心态，也都完全没有调整过来。比如，据说有个三陪女经过奋斗，后来不知怎么就当上了副厅长，这就被那些小报热炒起来，先入为主就成了负面的东西，非要往黄色的联想上拉，这就有很大的认识偏差！难道三陪女就非要终身制么？她就不能经过自己的努力，流动到更高的社会阶层么？谁还情愿当这个"性工作者"么？她一开始不是也没有别的办法么？那么，由此反映出的落伍观念，跟"文革"的出身制度、印度的种姓制度，到底又有什么不同呢？——正是凡此种种的失衡，都迫使我想要通过国际接轨，来引进符合世界潮流的观念。

南都：江苏人民的《海外中国研究丛书》延续下来了，为何后来又启动了译林那套《人文与社会译丛》？

刘东：自己心智上有这样的渴求，外部也有这样的现实危机，两者加在一起就构成了新的动机，使我不能停留于只引进海外的中学，还要进一步引入海外的西学，——而且这一次还和早年不同，应当是更加新派、盯紧社会的西学。前一种心智上的动机，还应当说跟此前的汉学引进有关，因为一旦继续深入了解下去，就会发现某本书中的新奇观点，其源头并不在于这本书或者这位作者，而在于当前国际流行的哪种学术观念，就像街上流行红裙子或黑裙子一样。而这样一来，我们也被迫要在理论上登堂入室，更透彻地去了解人家的家法本身，以便在对话中可以知己知彼，不再被人用时髦理论给灌得酩酊大醉。

后一种现实中的动机更加重要，——自己所以要再进行这种引进，既是源自对于亲历历史的悔恨，更是源自对于未来发展的展望。我相信，就在自己的有生之年中，历史终究还会向我们再闪现机会的，但愿我们到了那个时候，已经通过这些年的阅读与反刍，进行了稍微充分一点的准备，以便能切实抓住那样的机会，既知道规避其中的巨大风险，又知道如何充满技巧地扭转危局，从而把中国带出危机，带向光明，带上永续发展的大道。

正因为这样，无论我本人编辑过多少套书，我都要借这个机会郑重说明，其实唯有这一套书的论题与内容，才具有最高的学术重要性。——实际上，就连西方本身也不会有更深的东西了，那已经就是他们最后的奥秘了，所以只要我们认真研读了这套书，还有同它论题相近的其他著作，再结合自己历史的传统和本土的经验，就足以积聚起跟西方对话的智力，也就足以在未来的某个历史瞬间，像美国当年的那些幸运的开国者一样，为子孙万代一举写出足以确保长久福祉的决定性文献！

2013 年 3 月 15 日改定

我们并未"功成名就"（代后记）*

受邀走进这座新清华学堂，却是参加一个校外组织的活动，不免生出一种奇妙的感觉，不知该由你们来接待我，还是该由我来欢迎大家？

至少，你们的记者确切地知道——她刚刚在那边采访过我——我的办公室就设在老清华学堂，一新一旧相距只有几百米。那里曾是清华国学院的旧址，当年的所谓"四大导师"，就曾在那边做出他们的学问。而我们还是在这块老地方，又把这个神话给复建起来，也正因为这样，在那种浓郁的治学气场中，无论是运思、辩谈还是写作，都会让人觉得若有神助，就像有老前辈的神灵附体。

只是屈指算来，那次复建也是十年前的事了，岁月岂能不催人老去？更有甚者，前一阵子又重回到浙大，住在西湖旁边的青芝坞，目睹老校区的旧时风物，更使我心头不禁怵然一动，想起从1982年到这里执教，竟已过去了整整38个年头！

正所谓"三十八年过去"了，不过，我可没有"可上九天揽月，可下五洋捉鳖"的心情，不觉得有资格去"志得意满"。相反，正如我在一篇序言中所说，"即使在大天白日，也往往会恍然感觉到，简

---

* 2019年12月29日在《南方人物周刊》第15届"魅力人物致敬盛典"上的获奖演说。

直像是进入了哪个危险的北极镜头，战战兢兢地站在日渐消融、越缩越小的冰面上，惊惧地听到四面传来的崩塌声，而随时都有彻底掉入海底的危险……"

说白了，别看都混得了俗世的功名，我们并没有"功成名就"！只要从学术本身来衡量，那些都无非是过眼烟云。——再说得具体点儿，其实就数我们这代学人"最是命苦"。如果摊上正常的太平年月，一位选定学术生涯的人，只要能"读百家书，成一家言"，那就差可算是大功告成了。可我们呢，既遇到剧烈的中西碰撞，又是从"文革"的焚书坑中走来，想要去简单地继承已不可能，只能去一边阅读自家的古书，建立起文化的"主体性"，一边翻译舶来的洋书，建立起跟世界的"对话性"，此间的差距岂可以道里计？

为此，我曾把这一代学人的使命，概括成"译百家书，成一家言"。此间虽只有一字之差，这却是要把"从鸠摩罗什到王阳明"的一千年，压缩到短短的一代人中去完成，其艰辛、难度与折磨就可想而知了；可另一方面，这种"译百家书，成一家言"的使命，还又特别急不可待、特别火烧火燎，因为只要不能完成这个，就无法构想"中国文化的现代形态"，而社会就只能继续失序下去，人心也就会继续"找不着北"。

当然，也有干脆就因陋就简的，也就是说，年龄既已是老大不小了，索性就只去"砍柴"不去"磨刀"，采取了"以量代质"的障眼法，可着劲儿修补和铺陈旧说，以博取半真半假的世俗功名。不过，至少就我的内心而言，却不愿如此窝囊地"认命"，——毕竟对于创造性的工作而言，在"最差的"和"中等的"之间，终究是不会有实质性差别的，顶多也只能蒙混学术的官僚，而绝对骗不过子孙后代！

既然来做学问，那终究是"无巧可讨"的。所以从一开始，我也并非没有相应的思想准备，去接受终究还是"未能完成"的结局。

换句话说,此种"命运"就很可能对自己意味着,还没有熬到完成"译百家书"的任务,学术生涯就眼看要结束了。这也就严酷地意味着,我本人可能只是甘当"铺路石",寄望于把思想的任务传递下来。

在这个意义上,可以说弥足庆幸、甚至不无侥幸的是,从参加《走向未来丛书》和《文化:中国与世界》丛书,再到创办《海外中国研究丛书》和《人文与社会译丛》,虽然经过了三十多年的苦熬,也肯定耗去了宝贵的年华,可自己并没有熬到"官子阶段",至少还没有耗到"视茫茫,发苍苍,齿牙动摇"的地步,而且,至少精力也未见多少衰退,还是几十年来一以贯之地,每天可以夜读到凌晨三点。

这当然也是因为,我至今还是未敢片刻稍忘,我们这代人最终能否"得救",仍然在于能否完成"理论创新"。尽管在一方面,我们可以毫无愧色地说,"作为处于最高处的文化拱顶石之一,西方的学术文化从未像今天这样,竟是如此清晰、全景而辉煌地崭露给我们了!"可在另一方面,毕竟任何社会或文化理论,都只能是具体文明的特定"语法",而一旦把某种"语法"抽离它的语境,就终究会显得有些"水土不服"。即使辛辛苦苦,把所有欧洲理论都翻译过来,那也不过是对于欧洲历史经验的、带有欧洲思维特点的总结,还是跟我们的现实环境显现出若隐若现的隔阂。

正是在这个意义上,就让我感到了一丝说不出的苦涩。当然还是要谢谢各方的鼓励,让我在近年来一再以各种形式获奖。不过,暗地里我却又心知肚明:这大多还是冲着我主编的那十几套丛书,特别是中国第一大和第二大的那两套丛书,而较少针对自己更耗神、更费力的写作吧?——然而,这不只属于你的准备阶段吗?就算你已经领着大家去"译百家书"了,可你自己暗中咬定的"成一家言"呢?

当然，一个人活到了这个份上，也可以心安理得地领受恭维，即所谓"著作等身，编书充栋"。可是，要是对照"译百家书，成一家言"的使命，那么也可以讽刺地意味着，我们这代人竟只有这样的命，非要到寻常接近退休的年龄段，才开始更自如地舒展翅膀，准备朝更高的天穹腾空而起。

同样地，一个学者的学术生涯，既然挨到了今天的地步，当然也可以笑着叹口气，说没想到能忙到这种程度，竟然既是运动员，又是教练，还是裁判，更是领队。可是，要是对照"译百家书，成一家言"的使命，我还是矢志不移、慎终如始地念叨着，自己毕竟首先是一位运动员，不能仅仅用别人的创造，来替代自己的匠心独运的创造。

也不敢说，这能算什么"踏遍青山人未老"。尽管就职业分工来说，"生命周期"确实有所不同，可只要还是血肉之躯，就终究要一天天地老化，所以终究只能是"病夫治学"。此中甘苦，正如我的一本近作中所说："命运对同属于'血肉之躯'的人文学者来说，又格外地增添了另一层的残酷。它并不会因为你学得了一肚子学问，就额外给你哪怕只多一天的寿数。恰恰相反，正因为你是凭靠半生的苦读与苦思，才获得了那一肚子的学问，和满脑子的智慧，所以长期的伏案用功和夜不成寐，反而会使你从视网膜、到颈椎、到腰椎、到坐骨神经，再到帮助睡眠的脑垂体，都比别人更易于磨损、疼痛与衰老。"

可话说回来，这毕竟又是最接近"突破"的年龄，正如我在《咏叹之年》中所说的："如果我们把人生比作歌剧，那么自己眼下正在经历的这个盛年，也就正好比人生的咏叹之年。一方面，这无疑是最清楚地意识到生命限制的年岁：此时已不再有从头补课的机会，你以往曾经学会了什么，现在就只能去做什么，从而将来也就只能成就什么。但另一方面，这却又是一个最接近于超越自我极限的年岁：与当下正面临的突破相比，以往的作品有可能太过稚嫩，以后的脑力又有可能有所衰减，全都算不得数，因而只有此时此刻的手笔，最接近于成就一生的功业。"——无论如何，有幸成为一位文科学者，这实际上主要是指，你通过一辈子的冥想与苦读，来守望这样一个有可能成果丰硕的盛年！

在这个意义上，我们就有理由来庆幸，自己选择了"人文学者"的生涯。这使我们的生命虽也同样有限，却获得了有可能去超出有限的思力！而在这种"超拔"出来的"立体"人生中，我们也就有了理由去坚持这样的信念：一方面，这个世俗的世界，这种有限的历史，总是会随物赋形、变动不居的，也总是会犯错误、走弯路的，但另一方面，我们的观念世界，我们的理性世界，我们的学术思想，却不光是不会犯错和更加稳固的，而且，它还可以被我们转而利用起来，去修正和理顺那个有限的世界。

是啊，幸亏我们是人文学者，从而使自己有理由充实地活下去，知道自己只要还活跃着，思考着，就仍然不失为我们这个社会的思维器官。当然与此同时，也希望这个社会在今后一段时间，能更加关注我们"成一家言"的创造性工作，——比如我本人已经发表和将要发表的《悲剧的文化解析》三部曲、《文化与美学》三部曲，特别是《先秦理性主义的遗产》四部曲和《轴心对话》三部曲，它们都远远地瞄着"成一家言"的目标。

最后，考虑到今天这里毕竟是你们的主场，而且竟还把好意带到了自己的家门口，我要特别向你们表示由衷的敬意和谢意！

2019 年 12 月 28 日写于清华学堂 218 室